MANVILLE

D1531943

_____

A

_____

De

_____

Fecha

MAX LUCADO

LECTURAS INSPIRADORAS DE LUCADO

ESPERANZA y ALIENTO
para TU VIDA DIARIA

GRUPO NELSON
Una división de Thomas Nelson Publishers
Desde 1798

NASHVILLE   DALLAS   MÉXICO DF.   RÍO DE JANEIRO

Editora General: *Graciela Lelli*
Diseño de páginas: *Mandi Cofer*
Adaptación del diseño al español: *Grupo Nivel Uno, Inc.*

ISBN: 978-1-60255-734-5

Impreso en Estados Unidos de América

12 13 14 15 16 QG 9 8 7 6 5 4 3 2 1

A Marcelle Le Gallo– en celebración por treinta años de feliz servicio en la Iglesia Oak Hills

Contenido

Contenido

Reconocimientos

*M*i más profunda gratitud a los cientos de amigos que han contribuido con su tiempo y su talento para la creación de estos libros durante más de veinticinco años: redactores, editores, diseñadores, impresores, equipos de ventas, libreros, ilustradores, publicistas. Me siento muy agradecido.

Algunos miembros clave del equipo han aportado sus revisiones a cada página de cada libro: Karen Hill, Liz Heaney, Carol Bartley, Steve y Cheryl Green, Susan Ligon, y David Moberg. No tengo palabras para describir su excelente trabajo. Gracias.

Mi profundo afecto a la familia más amada de este lado del cielo.

La Biblia

Una mina de tesoros por descubrir

En un viaje al Reino Unido, nuestra familia visitó un castillo. En el centro de los jardines había un laberinto. Vuelta tras vuelta de arbustos altos hasta los hombros, que llevaban a un camino sin salida tras otro. Sigue satisfactoriamente por el laberinto y descubre la puerta a una elevada torre en medio del jardín. Si ves las fotos de nuestro viaje, verás a cuatro de los cinco miembros de nuestra familia de pie en la cima de la torre. Pero alguien está aún en tierra... ¿Imagina quién? Yo estaba atollado entre el follaje. No podía encontrar el camino correcto a tomar.

Ah, pero entonces oí una voz desde arriba. «¡Mira, papá!» Miré hacia arriba y vi a Sara, quien observaba desde la torrecilla en la cima. «Estás yendo por el camino equivocado –explicó ella–. Regresa y da vuelta a la derecha».

¿Crees que confié en ella? No tenía que hacerlo. Pude haber confiado en mis propios instintos, haber consultado a otros turistas confundidos, haberme sentado a hacer pucheros y a preguntarme por qué Dios dejaría que me ocurriera esto. Sin embargo, ¿sabes qué hice? Escuché. La posición de Sara era más ventajosa que la mía. Ella estaba sobre el laberinto. Podía ver lo que yo no podía.

¿No crees que deberíamos hacer lo mismo con Dios? «¿No está Dios en la altura de los cielos?» (Job 22.12). «Excelso sobre todas las naciones es Jehová, sobre los cielos su gloria» (Sal 113.4). ¿No puede Él ver lo que se nos escapa? ¿No quiere Él sacarnos y llevarnos a casa? Entonces deberíamos hacer lo que Jesús hizo.

Confía en la Biblia. Duda de tus dudas antes que dudar de tus creencias. Jesús dijo a Satanás: «No sólo de pan vivirá el hombre, sino de toda palabra que sale de la boca de Dios» (Mt 4.4). El tiempo del verbo «salir» sugiere que Dios está constante y agresivamente comunicándose con el mundo por medio de su Palabra. ¡Dios aún habla!

—*MI SALVADOR Y VECINO*

*S*i vamos a ser como Jesús, debemos tener un tiempo regular para hablar con Dios y escuchar su Palabra.

—*COMO JESÚS*

*C*onfía también en su Palabra. No confíes en tus emociones, ni en tus opiniones, ni siquiera en tus amigos. En el desierto, préstale atención solo a la voz de Dios.

Además, Jesús es nuestro modelo. ¿Recuerdas cómo Satanás lo provocó? «Si eres Hijo de Dios...» (Lc 4.3, 9). ¿Por qué Satanás diría esto? Porque sabía lo que Cristo había oído en el bautismo: «Este es mi Hijo amado, en quien tengo complacencia» (Mt 3.17).

«¿Eres de verdad el Hijo de Dios?», pregunta Satanás. Luego viene el desafío: «¡Pruébalo!» La prueba es hacer algo:

«Di a esta piedra que se convierta en pan» (Lc 4.3).

«Si tú postrado me adorares, todos serán tuyos» (v. 7).

«Échate de aquí abajo» (v. 9).

¡Qué sutil seducción! Satanás no denuncia a Dios, simplemente siembra dudas acerca de Dios. ¿Es suficiente su obra? A las obras terrenales –como transformar piedras en pan o saltar del templo– les da igual importancia que a las obras celestiales. Él intenta, siempre gradualmente, que nuestra fuente de confianza deje de ser la promesa divina y que nuestro desempeño tome su lugar.

Jesús no muerde el anzuelo. No se necesitan señales celestiales. No solicita un relámpago. Sencillamente cita la Biblia. Tres tentaciones.

Tres declaraciones.

«Escrito está» (v. 4).

«Escrito está» (v. 8).

«Dicho está» (v. 12).

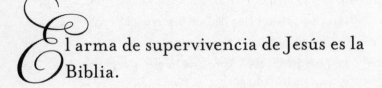

El arma de supervivencia de Jesús es la Biblia.

El arma de supervivencia de Jesús es la Biblia. Si las Escrituras fueron suficientes para su desierto, ¿no deberían ser suficientes para el nuestro? Entiende bien. Todo lo que tú y yo necesitamos para sobrevivir en el desierto está en el Libro. Simplemente debemos hacerle caso.

—*Mi Salvador y vecino*

A través de las palabras de los profetas, {Dios} usó las Escrituras para revelar su voluntad. ¿No hace lo mismo en el día de hoy? Abre la Palabra de Dios y hallarás su voluntad.

—*La gran casa de Dios*

*D*ios nos habla por medio de su Palabra. El primer paso al leer la Biblia es pedirle a Dios ayuda para comprenderla. «Mas el Consolador, el Espíritu Santo, a quien el Padre enviará en mi nombre, Él os enseñará todas las cosas, y os recordará todo lo que yo os he dicho» (Jn 14.26).

Antes de leer la Biblia, ora. No te acerques a las Escrituras buscando tus propias ideas; busca las de Dios. Lee la Biblia con oración. También, léela con cuidado. Jesús nos dijo: «Buscad, y hallaréis» (Mt 7.7). Dios elogia a los que meditan en las Escrituras noche y día (véase Sal 1.2). La Biblia no es un periódico en el que se leen los titulares, sino una mina que hay que aprovechar. «Si como a la plata la buscares, y la escudriñares como a tesoros, entonces entenderás el temor de Jehová, y hallarás el conocimiento de Dios» (Pr 2.4-5).

Este es un punto práctico. Estudia la Biblia un poco a la vez. Dios parece enviar mensajes como enviaba el maná: una porción para un día a la vez. Él provee «mandamiento tras mandamiento, mandato sobre mandato, renglón tras renglón, línea sobre línea, un poquito allí, otro poquito allá» (Is 28.10). Prefiere profundidad a cantidad. Lee hasta que un versículo «te golpee», entonces detente y medita en él. Copia ese versículo en un papel, o escríbelo en tu diario, y reflexiona en él varias veces.

La mañana en que escribí este capítulo, por ejemplo, mi tiempo devocional me halló en Mateo 18. Había leído apenas cuatro versículos cuando leí: *«El más importante en el Reino de Dios es el que se humilla y se vuelve como este niño».* No tuve que seguir adelante. Copié las palabras en mi diario, y he meditado y pensado en ellas durante el día. Varias veces le he preguntado a Dios: «¿Cómo puedo ser más como un niño?» Para el final del día me vino el recuerdo de mi tendencia a andar apurado y mi proclividad a afanarme.

¿Aprenderé lo que Dios quiere? Si escucho, lo aprenderé.

No te desanimes si tu lectura cosecha poco. Algunos días una porción menor es todo lo que necesitamos. Una niñita regresó de su primer día en la escuela. Su mamá le preguntó:

–¿Aprendiste algo?

–Me parece que no –respondió la niña–. Tengo que volver mañana, y pasado mañana, y todos los días.

No te acerques a las Escrituras buscando tus propias ideas; busca las de Dios.

Ese es el caso con el aprendizaje. Es el mismo caso con el estudio de la Biblia. La comprensión viene un poco a la vez, y por toda la vida.

—*COMO JESÚS*

¿Tienes una Biblia? Entonces léela.

¿Tienes algún otro libro que alguna vez haya sido descrito de esta manera? «Ciertamente, la palabra de Dios es viva y poderosa, y más cortante que cualquier espada de dos filos. Penetra hasta lo más profundo del alma y del espíritu, hasta la médula de los huesos, y juzga los pensamientos y las intenciones del corazón» (Heb 4.12).

«Viva y poderosa». ¡Las palabras de la Biblia tienen vida! Sustantivos con ritmo de pulsación. Adjetivos musculares. Verbos revoloteando de aquí para allá atravesando las páginas. Dios obra a través de estas palabras. La Biblia es a Dios lo que un guante quirúrgico es al cirujano. Logra, a través de ellos, tocarte profundamente.

¿No has sentido alguna vez su contacto?

En una última, solitaria hora, lees estas palabras: «Nunca te dejaré; jamás te abandonaré» (Heb 13.5). La oración reconforta como una mano sobre tu hombro.

—*ENFRENTE A SUS GIGANTES*

¡Las palabras de la Biblia ofrecen vida!... Dios trabaja a través de su Palabra.

A la gente le han enseñado a justificar estúpidamente que se base en sus «sentimientos». «Sentí a Dios dirigiéndome a engañar a mi esposa... a ser indiferente a mis cuentas... a mentir a mi jefe... a coquetear con una vecina casada». Tenlo presente: Dios nunca te conducirá a violar su Palabra. No va a contradecir sus enseñanzas. Ten cuidado con la frase: «Dios, permíteme... » No bromees. No disimules tu pecado como si fuese una indicación de Dios. Él no te indica mentir, engañar o lastimar. Él te conducirá fielmente a través de las palabras de su Escritura y los consejos de sus fieles.

—*ENFRENTE A SUS GIGANTES*

*L*os siguientes párrafos documentan cómo este escritor se degeneró hasta llegar a la actividad criminal. Los hechos son verdaderos y no he cambiado ningún nombre. Lo confieso. Quebranté la ley. Lo que es peor. ¡No tengo intención de dejar de hacerlo!

Mis acciones delictivas empezaron sin quererlo. El camino que tomo hacia mi oficina me lleva hacia el sur a una intersección donde cada persona que vive en Texas da la vuelta hacia el este. Todas las mañanas tengo que esperar *largos* minutos en una *larga* fila frente a un semáforo *largo*, siempre rezongando: «Debe haber una manera mejor». Hace pocos días la hallé. Mientras todavía estaba como a medio kilómetro de la luz, descubrí un atajo, un callejón detrás de un centro comercial. Valía la pena probar. Puse las luces direccionales, di rápidamente la vuelta a la izquierda, les dije adiós a los otros conductores que avanzaban como tortugas y me arriesgué. Esquivé los depósitos de basura y evadí los topes de velocidad y *voilà*. ¡Resultó! El callejón me llevó a la avenida que iba hacia el este con varios minutos de adelanto con respecto al resto de la sociedad.

Lewis y Clark se hubieran sentido orgullosos. A decir verdad, yo lo estaba. Desde entonces siempre salía a la cabeza del grupo. Todas las mañanas, mientras el resto de los automóviles esperaban en fila, me metía en mi autopista privada y calurosamente me aplaudía por ver lo que otros no habían visto. Me sorprendí de que nadie lo hubiera descubierto antes, pero, de nuevo, pocos tienen innatas habilidades de navegación como las mías.

Una mañana Denalyn iba conmigo.

—Voy a hacerte recordar por qué te casaste conmigo —le dije mientras nos acercábamos a la intersección—. ¿Ves esa larga fila de autos? ¿Oyes la marcha fúnebre de los suburbios? ¿Ves esa monotonía de humanidad? No es para mí. ¡Observa!

Como cazador en safari, salí de la calle de seis carriles a la de un solo carril y le enseñé a mi esposa la autopista directa a la libertad.

—¿Qué te parece? —le pregunté esperando su aprobación.

—Pienso que quebrantaste la ley.

—¿Qué?

—Acabas de recorrer en sentido contrario una calle de una sola vía.

—No es cierto.

—Regresa y compruébalo.

Lo hice. Tenía razón. De alguna manera no había visto el letrero indicador. Mi «carretera menos usada» era una ruta no permitida.

Frente a un enorme depósito de basura anaranjado había un cartel: «No entrar». Por eso la gente me miraba tan extrañada cuando veía que me metía por ese callejón. Pensé que sentían envidia; ellas pensaban que estaba loco.

Pero mi problema no es lo que hice antes de saber la ley. Mi problema es lo que quiero hacer ahora, después de conocerla. Piensas que no tengo ganas de usar el callejón, ¡pero las tengo! Parte de mí todavía quiere usar el atajo. Parte de mí quiere quebrantar la ley. (Perdónenme todos los policías que leen este libro.) Cada mañana las voces en mi interior tienen esta discusión.

Mi «debes» dice: «Es ilegal».

Mi «quieres» responde: «Pero nunca me han atrapado».

Mi «debes» recuerda: «La ley es ley».

Mi «quieres» contrarresta: «Pero la ley no es para conductores cuidadosos como yo. Además, dedicaré a la oración los cinco minutos que ahorro».

Mi «debes» no se las traga. «Ora en el automóvil».

Antes de conocer la ley me sentía en paz. Ahora que la conozco ha ocurrido una insurrección. Me destroza. Por un lado sé lo que debo hacer, pero no quiero hacerlo. Mis ojos leen el cartel «No entrar», pero mi cuerpo no quiere obedecer. Lo que debo hacer y lo que termino haciendo son dos asuntos diferentes. Me iba mejor al no saber la ley.

¿Suena familiar? A lo mejor. Para muchos es el itinerario del alma. Antes de venir a Cristo todos teníamos infinidad de atajos. La inmoralidad era un atajo al placer. El engaño era un atajo al éxito. La jactancia era un atajo a la popularidad. Mentir era un atajo al poder.

Entonces hallamos a Cristo, descubrimos gracia y vimos los letreros...

Todos estos años has estado tomando atajos sin jamás ver el cartel: «No entrar». Pero ahora lo ves. Ahora lo sabes. Lo sé, lo sé... habría sido más fácil si nunca hubieras visto el letrero, pero ahora se te ha revelado la ley. De modo que, ¿ahora qué haces?

Tu batalla es idéntica a la que se libraba dentro del corazón de Pablo.

Porque sabemos que la ley es espiritual; mas yo soy carnal, vendido al pecado. Porque lo que hago, no lo entiendo; pues no hago lo que quiero, sino lo que aborrezco, eso hago. Y si lo que no quiero, esto hago, apruebo que la ley es buena. De manera que ya no soy yo quien hace aquello, sino el pecado que mora en mí. Y yo sé que en mí, esto es, en mi carne, no mora el bien; porque el querer el bien está en mí, pero no el hacerlo. Porque no hago el bien que quiero, sino el mal que no quiero, eso hago. Y si hago lo que no quiero, ya no lo hago yo, sino el pecado que mora en mí.

Así que, queriendo yo hacer el bien, hallo esta ley: que el mal está en mí. Porque según el hombre interior, me deleito en la ley de Dios; pero veo otra ley en mis miembros, que se rebela contra la ley de mi mente, y que me lleva cautivo a la ley del pecado que está en mis miembros. (Ro 7.14-23)

La guerra civil del alma.

Permíteme darte una segunda verdad para llevar al campo de batalla. La primera fue tu posición: eres hijo de Dios. La segunda es tu principio: la Palabra de Dios.

Cuando estamos bajo ataque, tenemos la tendencia a cuestionar la validez de los mandamientos de Dios; racionalizamos como lo hice yo con la calle de una sola vía. *La ley es para otros, no para mí. Soy un buen conductor.* Al cuestionar la validez de la ley, reduzco en mi mente la autoridad de la ley.

Por eso Pablo se apresura a recordarnos: «La ley a la verdad es santa, y el mandamiento santo, justo y bueno» (Ro 7.12). Los mandamientos de Dios son santos porque proceden de un mundo diferente, de una esfera diferente, desde una perspectiva diferente.

En cierto sentido, el letrero «No entrar» en mi callejón prohibido procedía de una esfera diferente. Los pensamientos de los legisladores de nuestra ciudad no son como los míos. Ellos se preocupan por el bien público; yo me preocupo por mi conveniencia personal. Ellos quieren lo mejor para la ciudad. Yo quiero lo mejor para mí. Ellos saben lo que es seguro. Yo sé lo que es más rápido. Pero ellos no crearon las leyes para mi placer; hicieron las leyes para mi seguridad.

Lo mismo sucede con Dios. Los que consideramos atajos, Dios los ve como desastres. Él no dicta las leyes para nuestro placer. Las da para nuestra protección. En ocasiones de conflicto debemos confiar en su sabiduría, no en la nuestra. Él diseñó el sistema; sabe lo que necesitamos.

—*EN MANOS DE LA GRACIA*

Iglesia

La familia de Dios

Somos, increíblemente, el cuerpo de Cristo. Y aunque no actuemos como nuestro Padre, no hay verdad más grande que esta: Somos suyos. Inalterablemente. Él nos ama. Para siempre. Nada nos puede separar del amor de Cristo (Ro 8.38-39).

—*EL TRUENO APACIBLE*

Las Escrituras comparan a la iglesia con un poema. «Porque somos hechura suya» (Ef 2.10). La palabra griega para «hechura» desciende de la raíz *poeo* o *poesía*. ¡Somos el poema de Dios! Lo que Longfellow o Góngora hicieron con papel y pluma, lo hizo nuestro Creador con nosotros. Somos la expresión de su mejor arte creativo.

Pero no eres tú el poema de Dios. Ni tampoco soy yo. *Nosotros* somos ese poema. La poesía exige variedad. «Y hay diversidad de ministerios, pero el Señor es el mismo. Y hay diversidad de operaciones, pero Dios, que hace todas las cosas en todos, es el mismo» (1 Co 12.6). Para escribir su mensaje Dios utiliza todos los tipos de letra. Pensadores lógicos. Adoradores emotivos. Líderes dinámicos. Seguidores dóciles. Los visionarios que lideran, los estudiosos que ponderan, los generosos que pagan las cuentas. Verbos llenos de acción. Nombres sólidos como rocas. Enigmáticos signos de interrogación. Solos, somos signos en una página que no dicen nada. Pero juntos, somos inspiración. «Vosotros, pues, {juntos} sois el cuerpo de Cristo, y miembros cada uno en particular» (1 Co 12.27).

—*CURA PARA LA VIDA COMÚN*

En 1976 los terremotos devastaron las tierras altas de Guatemala. Miles de personas murieron, y decenas de miles se quedaron sin casa. Un filántropo se ofreció a patrocinar un equipo de ayuda de nuestra universidad. Este folleto fue colgado en nuestro dormitorio: «Se necesitan estudiantes que quieran usar sus vacaciones de primavera para construir casas de hormigón en Quetzaltenango». Yo me presenté, fui aceptado y empecé a asistir a las sesiones de orientación.

En total éramos doce. La mayoría estudiantes en el ministerio. Parecía que a todos nos encantaba discutir sobre teología. Aún éramos lo suficientemente jóvenes en nuestra fe para creer que teníamos todas las respuestas. Esto sirvió para tener animadas discusiones. Bromeábamos sobre un montón de temas controvertidos. No puedo recordarlos todos, pero la lista incluía temas habituales como los dones carismáticos, el fin de los tiempos, estilos de adoración y estrategias de iglesia. Para cuando llegamos a Guatemala, habíamos tratado todos los temas polémicos y mostrado nuestros verdaderos caracteres. Yo había distinguido los fieles de los infieles, los sanos de los herejes. Sabía quien estaba dentro y quien estaba fuera.

Pero pronto todo eso fue olvidado. La destrucción causada por el terremoto hizo que nuestras diferencias parecieran diminutas. Pueblos enteros habían sido arrasados. Los niños vagaban entre los escombros. Largas colas de gente herida esperaban atención médica. De repente nuestras opiniones parecían insignificantes. El desastre exigía trabajo en equipo. El desafío creó un equipo.

La tarea convirtió a rivales en compañeros. Recuerdo a un tipo en particular. Él y yo teníamos claras diferencias de opinión respecto a los estilos de música para la adoración. Yo, el pensador relevante y sin prejuicios, era partidario de la música contemporánea, más animada. Él, el hombre de las cavernas pelma y cerrado, defendía los himnos y los himnarios. Pero cuando apilábamos ladrillos para las casas, ¿adivina quiénes trabajaban codo con codo? Y cuando lo hicimos empezamos a cantar juntos. Cantamos canciones viejas y nuevas, lentas y rápidas. Solo más tarde me di cuenta de la ironía. Nuestro interés común nos dio una canción en común.

Éste había sido siempre el plan de Jesús. Ninguno de nosotros puede hacer solo lo que podemos hacer todos nosotros juntos. ¿Recuerdas la comisión que dejó a los discípulos?

«Y me seréis ⁅todos colectivamente⁆ testigos» (Hch 1.8). Jesús no hizo nombramientos individuales. No hizo arrodillar a uno por uno en fila y les hizo caballeros individualmente.

«Tú, Pedro, serás mi testigo... »

Ninguno de nosotros puede hacer solo lo que podemos hacer todos nosotros juntos.... Jesucristo trabaja en comunidad.

«Tú, Juan, serás mi testigo...»

«Tú, María Magdalena, serás mi testigo...»

Más bien fue algo así como: «Ustedes {la suma de todos ustedes} serán mis testigos...». Jesús trabaja en comunidad. Por esta razón no encontramos pronombres personales ni verbos en singular en la primera descripción de la iglesia.

—*MÁS ALLÁ DE TU VIDA*

*L*a gente en un avión y la gente en las bancas de la iglesia tienen mucho en común. Están de viaje. La mayoría se porta bien y están bien vestidos. Algunos dormitan, y otros miran por las ventanas. La mayoría, si no todos, están satisfechos con una experiencia predecible. Para muchos, la característica de un buen vuelo y la característica de un buen culto de adoración son las mismas. «Bueno», nos gusta decir. «Fue un buen vuelo/culto de adoración». Salimos de la misma manera como entramos, y estamos contentos de regresar la próxima vez.

Unos pocos, sin embargo, no están contentos con que sea bueno. Anhelan algo más. El niño que acaba de pasarme, por ejemplo. Le oí antes de alcanzar a verlo. Ya estaba sobre mi asiento cuando preguntó: «¿De veras me dejarán conocer al piloto?» O bien tenía gran suerte o fue muy listo porque hizo la petición justo cuando entraba al avión. La pregunta llegó hasta la cabina, haciendo que el piloto se inclinara para ver.

–¿Alguien me busca? –preguntó.

El niño levantó al instante la mano como respondiendo a la pregunta de la maestra de segundo grado.

—¡Yo!

—Pues bien, ven.

Con el asentimiento de su mamá, el muchachito entró al mundo de controles y medidores de la cabina, y pocos minutos más tarde salió con los ojos enormemente abiertos.

—¡Grandioso! —exclamó—. ¡Me alegro de estar en este avión!

La cara de ningún otro pasajero mostraba ese asombro. Debería saberlo. Puse atención. El interés del niño despertó el mío, así que estudié las expresiones de los demás pasajeros, y no encontré nada de ese entusiasmo. Vi en su mayoría contentamiento: viajeros contentos de estar en el avión, contentos de estar cerca a su destino, contentos de estar fuera del aeropuerto, contentos de quedarse sentados y hablar poco.

Había unas pocas excepciones. Más o menos cinco mujeres de edad mediana, que llevaban sombreros de paja y tenían bolsas de playa no estaban contentas; estaban exuberantes. Se reían mientras avanzaban por el pasillo. Apuesto a que eran madres que habían conseguido la libertad de la cocina y de los hijos por unos pocos días. El hombre de traje azul sentado al otro lado del pasillo no estaba contento; estaba malhumorado. Abrió su computador y le gruñó a la pantalla durante todo el viaje. La mayoría de nosotros, no obstante, estábamos más contentos que aquel hombre y más moderados que las señoras. La mayoría estábamos contentos. Contentos con un vuelo predecible, sin contratiempos. Contentos de tener un «buen» vuelo.

Puesto que eso era lo que buscábamos, eso fue lo que conseguimos. El niño, por otro lado, quería más. Quería ver al piloto. Si se le pide que describa el vuelo, no diría «bueno». Lo más probable es que mostraría las alas que le dio el piloto, y diría: «Vi al hombre en su propio asiento».

¿Ves por qué digo que la gente en el avión y la gente en las bancas de la iglesia tienen mucho en común? Entra en la nave de cualquier iglesia y mira las caras. Unos pocos están conteniendo risitas, un par están malhumorados, pero la gran mayoría estamos contentos. Contentos de estar allí. Contentos de estar sentados, mirar fijamente al frente y salir cuando el culto se acaba. Contentos de disfrutar una asamblea sin sorpresas ni turbulencia. Contentos con un «buen» culto. «Buscad y hallaréis», prometió Jesús (véase Mt 7.7).

Y puesto que un buen culto es todo lo que buscamos, un buen culto es por lo general lo que hallamos.

Unos pocos, sin embargo, buscan más. Unos pocos vienen con el entusiasmo del niño. Esos pocos se van como el niño se fue, con los ojos bien abiertos con el asombro de haber estado en la presencia del piloto mismo...

¿Vienes a la iglesia con un corazón con hambre de adorar? Nuestro Salvador lo hizo.

¿Puedo instarte a que seas como Jesús? Prepara tu corazón para la adoración. Deja que Dios cambie tu cara mediante la adoración. Demuestra el poder de la adoración. Sobre todo, busca la cara del piloto. El niño lo hizo. Debido a que buscó al piloto, salió con su cara cambiada y un par de alas. Lo mismo puede pasarte a ti.

—*COMO JESÚS*

*É*s extraño que algunas personas gusten de la sombra de la iglesia mientras rehúsan echar raíces. Dios, sí. Iglesia, no. Les atraen los beneficios, pero se resisten al compromiso. La música, el mensaje, la conciencia limpia: aceptan las ventajas de la iglesia. Y así, la cortejan, la visitan. Disfrutan la cita ocasional. Estas personas utilizan a la iglesia. Pero, ¿comprometerse con ella? No, eso no. Desean mantener abiertas sus opciones. No quieren perder una oportunidad.

Creo que ya la han perdido. Sin la iglesia, se pierden la herramienta asignada por Dios para su promoción. Pues ella es un lugar clave para hacer lo que mejor sabemos hacer por la gloria de Dios.

—*CURA PARA LA VIDA COMÚN*

*E*scribo esto... un sábado por la mañana en Boston. Vine aquí como orador a una conferencia. Luego de cumplir con mi compromiso anoche, hice algo muy espiritual: asistí a un juego de baloncesto de los Boston Celtics. No lo pude resistir. Boston Garden es un estadio que había deseado conocer desde mi niñez. Además Boston jugaba contra mi equipo preferido: los San Antonio Spurs.

Al ocupar mi asiento, se me ocurrió que tal vez era el único simpatizante de los Spurs presente en esa multitud. Sería sabio mantenerme en silencio. Pero eso era difícil de hacer. Me contuve por unos pocos minutos, pero nada más. Al finalizar el primer cuarto estaba dejando escapar solitarios gritos de júbilo cada vez que los Spurs anotaban un tanto.

La gente estaba empezando a darse vuelta y mirar. Es un asunto arriesgado, esta rutina de la voz en el desierto.

Fue en ese momento que noté que tenía un amigo del otro lado del pasillo. Él, también, aplaudía a los Spurs. Cuando yo aplaudía, él también. Tenía un compañero. Nos alentamos el uno al otro. Me sentí mejor.

Al finalizar el primer cuarto le hice la señal del dedo pulgar levantado. Me respondió de la misma manera. Solo era un adolescente. No tenía importancia. Nos unía el lazo más elevado de la camaradería.

Ese es uno de los propósitos de la iglesia. Toda la semana animas al equipo visitante. Aplaudes el éxito de Aquel a quien el mundo se opone. Te pones de pie cuando todos los demás permanecen sentados y te sientas cuando todos se ponen de pie.

En algún momento te hace falta apoyo. Necesitas estar con personas que demuestren su júbilo cuando lo haces tú. Precisas lo que la Biblia denomina *comunión*. Y la necesitas cada semana. Después de todo, solo puedes aguantar cierto tiempo antes de considerar unirte a la multitud.

—*Cuando Dios susurra tu nombre*

*D*ios tiene un solo rebaño. Por alguna razón no entendemos eso. Las divisiones religiosas no son idea suya. Franquicias y sectarismos no están en el plan de Dios. Él tiene un solo rebaño. El rebaño tiene un solo pastor. Y aunque nosotros creamos que hay muchos, estamos equivocados. Hay uno solo.

En ninguna parte de la Biblia se nos dice que edifiquemos la unidad. Simplemente se nos dice que mantengamos la unidad que ya existe. Pablo nos exhorta a mantenernos «siempre unidos, con la ayuda del Espíritu Santo» (Ef 4.3). Nuestra misión no es inventar unidad, sino admitirla.

Tengo dos hermanas y un hermano. Somos hermanos porque procedemos de la misma familia. Tenemos el mismo padre y la misma madre. Estoy seguro que ha habido ocasiones cuando no habrían querido llamarme hermano, pero no han tenido más remedio que hacerlo.

Ni nosotros. Cuando veo a alguien llamando a Dios *Padre* y a Jesús *Salvador*, estoy ante un hermano, no importa el nombre de su iglesia ni denominación.

Y a propósito de los nombres de las iglesias de los cuales hacemos tanto ruido. En el cielo no existen. El Libro de la Vida no incluye el nombre de tu denominación al lado del tuyo. ¿Por qué? Porque no es la denominación la que te salva. Y me pregunto, si no hay denominaciones en el cielo, ¿por qué las tenemos en la tierra?

¿Qué ocurriría (reconozco que esta es una idea loca), pero qué ocurriría si un día cualquiera todas las iglesias se pusieran de acuerdo para cambiar el nombre a simplemente «iglesia»? ¿Qué pasaría si se quitara toda referencia a la denominación y todos fuéramos simplemente cristianos? Y entonces, cuando la gente tuviera que escoger a qué iglesia asistir, no lo haría por el letrero externo... sino por el corazón de quienes están dentro. Y así, cuando a la gente se le preguntara a qué iglesia asiste, su respuesta no tendría un nombre, sino una ubicación.

Y luego a nosotros los cristianos ya no nos conocerían por lo que nos divide, sino que se nos conocería por lo que nos une: nuestro Padre común.

¿Idea loca? Quizás.

Pero pienso que a Dios le gustaría. Fue idea de Él desde el principio.

—*EL TRUENO APACIBLE*

Cuando veo a alguien llamando a Dios Padre y a Jesús *Salvador*, estoy ante un hermano, no importa el nombre de su iglesia ni denominación.

Dios está construyendo una familia. Una familia permanente. Las familias del mundo tienen corta vida. Aun aquellos que evitan el divorcio son a la larga divididos por la muerte. La familia de Dios, sin embargo, sobrevivirá al Universo. «Por esta causa doblo mis rodillas ante el Padre de nuestro Señor Jesucristo, de quien toma nombre toda familia en los cielos y en la tierra» (Ef 3.14-15).

Incluso Jesús definió a su familia según la fe y no según la carne. «La gente que estaba sentada alrededor de él le dijo: Tu madre y tus hermanos están afuera, y te buscan. Él les respondió diciendo:

¿Quién es mi madre y mis hermanos?... Porque todo aquel que hace la voluntad de Dios, ése es mi hermano, y mi hermana, y mi madre» (Mr 3.32-33, 35).

Una creencia común identifica a los miembros de la familia de Dios. Y un afecto común les une. Pablo ofreció a la iglesia esta regla para las relaciones: «Amaos los unos a los otros con amor fraternal» (Ro 12.10). En la versión original en griego el apóstol es un artífice de las palabras, comenzando y terminando el versículo con términos gemelos sobre el amor fraternal. Empieza con «philostorgos» (*philos* significa amistoso; *storgos* quiere decir amor familiar) y concluye con «philadelphia» (*phileo* se traduce como afecto tierno; *adelphia* significa hermanos). Una producción exacta, aunque un poco elemental del versículo podría ser: «Tened una devoción amistosa y familiar por los demás en una forma familiar y amistosa». Si no pudiera captarnos con el primer adjetivo, Pablo nos captaría con el segundo. Con los dos nos recuerda que la iglesia es la familia de Dios

Una creencia común identifica a los miembros de la familia de Dios. Y un afecto común les une.

Tú no me escogiste a mí. Yo no te escogí. Puede que yo no te agrade. Puede que no me agrades. Pero como ambos le agradamos a Dios y Él nos escogió, somos familia.

—*Cura para la vida común*

*E*stamos en esto juntos. Somos más que seguidores de Jesús, más que discípulos de Cristo. «Somos miembros de su cuerpo» (Ef 5.30). «Y él es la cabeza del cuerpo que es la iglesia» (Col 1.18). Yo no soy su cuerpo; tú no eres su cuerpo. Nosotros –juntos– somos su cuerpo.

—*Más allá de tu vida*

Consuelo

Dios en las aflicciones de la vida

$\mathcal{M}$arta estaba sentada en un mundo húmedo, nublado, triste. Y Jesús se sentó a su lado. «Yo soy la resurrección y la vida; el que cree en mí, aunque esté muerto, vivirá» (Jn 11.25). Escucha esas palabras en un tono de Superman, si quieres. Clark Kent que desciende de la nada, se rasga la camisa y revienta botones para mostrar la S debajo. «¡YO SOY la Resurrección y la Vida!» ¿Ves un Salvador con la ternura del Exterminador evitando las lágrimas de Marta y María y, al hacerlo, diciéndoles a ellas y a todos los dolientes que levanten el ánimo y confíen?

Yo no. No, debido a lo que Jesús hace a continuación. Llora. Se sienta en una banca entre María y Marta, pone un brazo por encima de cada una y solloza. Entre los tres se revuelve una ola de tristeza. Se libera un monzón de lágrimas. Lágrimas que convierten en reflejos las concepciones de acuarelas de un Cristo caballero. Jesús llora.

Llora con ellas.

Llora por ellas.

Llora contigo.

Llora por ti.

Llora para que lo sepamos: el luto no es incredulidad. Unos ojos inundados no representan un corazón desleal. Una persona puede entrar en un cementerio con la misma certeza de Jesús en la vida después de la muerte, y sin embargo tener en el corazón un cráter como el de las torres gemelas. Cristo lo hizo. Él lloró, ¡y sabía que estaba a diez minutos de ver a un Lázaro vivo!

Además, las lágrimas de Jesús te permiten a ti derramar las tuyas. El dolor no significa que no confías. Simplemente significa que no puedes soportar el pensamiento de otro día sin el Jacob o el Lázaro de tu vida. Si Jesús da el amor, también comprende las lágrimas. Por lo tanto sufre, pero no sufras como aquellos que no conocen el resto de esta historia.

—*MI SALVADOR Y VECINO*

Carlos Andrés Baisdon-Niño estaba acostado con su libro favorito de historias bíblicas. Comenzó en el primer capítulo, y pasó todas las páginas hasta llegar al final. Cuando hubo terminado, lanzó un beso de buenas noches a mamá y papá, a sus tres *niñas*, y luego uno a Papá Dios. Cerró los ojos, se entregó al sueño y despertó en el cielo.

Carlos tenía tres años.

Cuando sus padres, Tim y Betsa, y yo nos reunimos para programar el funeral, querían que yo viera un video de Carlos. «Debiera verlo bailando», me dijo Tim. Una mirada me bastó para entender por qué. La forma en que el pequeño Carlos llevaba el ritmo de una canción latina no se puede describir con palabras. Se estremecía de arriba abajo. Movía los pies, balanceaba los brazos, hacía oscilar la cabeza. Daba la impresión que el ritmo cardiaco había subido para estar a la altura de su nativo pulso colombiano.

Nos reímos; los tres reímos. En la risa, por solo un momento, Carlos estuvo con nosotros. Por un momento no hubo leucemia, jeringas, sábanas ni quimioterapia. No hubo lápida que esculpir ni sepultura que cavar. Solo estaba Carlos. Y Carlos estaba bailando.

Pero cuando se detuvo el video, se detuvo también la risa. El papá y la mamá reiniciaron su lento caminar por el valle de sombra de muerte.

¿Estás pasando por la misma sombra? ¿Sostienen este libro las mismas manos que tocaron el rostro helado de un amigo? Los ojos que recorren estas páginas, ¿contemplaron también el cuerpo sin aliento de un marido, una esposa o un hijo? ¿Vas por el valle? Si no, este capítulo puede parecer innecesario. Siéntete libre de avanzar; aquí estará cuando lo necesites.

Sin embargo, si es así, debes saber que el bolso negro de la tristeza es difícil de llevar.

Es difícil de cargar porque no todos entienden su pesar. Al principio sí. En el funeral. Junto al sepulcro. Pero no ahora; no entienden que la tristeza permanece.

Tan silenciosamente como una nube se interpone entre tú y el sol de la tarde, los recuerdos se deslizan entre tú y el gozo, y te dejan en una sombra helada. No hay advertencia; no hay aviso. Basta el olor de la colonia que usaba o un verso de una canción que le gustaba, y estás otra vez en la triste despedida.

¿Por qué la tristeza no se aparta de ti?

Porque sepultaste más que a una persona. Sepultaste algo de ti mismo. John Donne dijo: «La muerte de cualquier hombre me disminuye». Es como si la raza humana residiera en un gran trampolín. Cuando uno se mueve, todos lo sienten, y mientras más cercana la relación, más emotiva es la partida. Cuando alguien que amas muere, te sientes muy afectado...

¿Por qué permanece la tristeza? Porque tratas con algo más que recuerdos: luchas con mañanas no vividos aún. No solo estás luchando contra la tristeza: luchas contra la desilusión. Luchas contra la ira.

Puede estar en la superficie. Puede ir por dentro. Puede ser una llama. Puede ser un soplete. Pero la ira vive en la casa del dolor. Ira por sí mismo. Ira por la vida. Ira por los militares, por el hospital o por el sistema de carreteras. Pero por sobre todo, ira por Dios. Ira que asume la forma de una pregunta de dos palabras breves: ¿Por qué? ¿Por qué él? ¿Por qué ella? ¿Por qué a nosotros?

Dios es un Dios bueno...
Aunque no entendamos sus
acciones, podemos confiar en su corazón.

Tú y yo sabemos que no podemos responder esa pregunta. Solo Dios sabe las razones que hay detrás de sus acciones. Pero hay una verdad clave sobre la cual podemos permanecer.

Nuestro Dios es un Dios bueno.

«Bueno y recto es Jehová» (Sal 25.8).

«Gustad, y ved que es bueno Jehová» (Sal 34.8).

Dios es un Dios bueno. Aquí es donde debemos empezar. Aunque no entendamos sus acciones, podemos confiar en su corazón.

—ALIGERE SU EQUIPAJE

«*¡Sorpresa!*»

Agrega a la lista de tristeza, peligro, emoción y ruido, la palabra *interrupción*. Los planes de Jesús son interrumpidos. Lo que él tiene en mente para ese día y lo que la gente tiene en mente para ese día son agendas diferentes. Lo que Jesús busca y lo que Jesús obtiene no es lo mismo.

¿Te suena familiar?

¿Recuerdas cuando querías dormir y al bebé le dio cólicos? ¿Recuerdas cuando tenías planeado ponerte al día en la oficina y te atrasaste todavía más? ¿Recuerdas cuando trataste de aprovechar el sábado para divertirte pero terminaste arreglando el fregadero en la cocina del vecino?

Relájate, amigo. También le ocurrió a Jesús.

Su pulso está acelerado. Sus ojos están cansados. Su corazón le pesa... Jesús sabe cómo te sientes.

De hecho, este podría ser un buen momento para hacer una pausa y digerir el mensaje central de este capítulo...

Jesús sabe cómo te sientes.

Piensa en esto y úsalo la próxima vez que tu mundo pase de la calma al caos.

Su pulso está acelerado. Sus ojos están cansados. Su corazón le pesa. Ha tenido que saltar de la cama con la garganta adolorida. Lo mantuvieron despierto hasta tarde y se tuvo que levantar temprano. *Jesús sabe cómo te sientes.*

Es posible que te cueste creer esto. Probablemente piensas que Jesús sabe lo que significa soportar grandes tragedias. Sin duda estás convencido que Jesús está familiarizado con la tristeza y ha luchado con el temor. Mucha gente acepta eso. ¿Pero puede Dios estar al tanto de las luchas y dolores de mi vida? ¿O de la tuya?

Por alguna razón, esto es difícil de creer.

Quizás esa sea la razón para que porciones de este día estén registradas en todos los Evangelios. Ninguna otra cosa, aparte de la crucifixión, la cuentan los escritores de los cuatro Evangelios ⧸Mt 14.1-33; Mr 6.1-51; Lc 9.1-27; Jn 6.1-21⧸. Ni el bautismo de Jesús. Ni su tentación. Ni siquiera su nacimiento. Pero los cuatro escriben sobre este día. Es como si Mateo, Marcos, Lucas y Juan supieran que tú te preguntarías si Dios entiende. Y proclaman su respuesta en una armonía de cuatro partes:

Jesús sabe cómo te sientes.

—*En el ojo de la tormenta*

*H*ace dos días leí una palabra en la Biblia que ha quedado grabada en mi corazón desde entonces.

A decir verdad, no sabía muy bien qué hacer con ella. No es más que una palabra, nada singular. Cuando me topé con ella (y a propósito esto fue exactamente lo que sucedió: estaba leyendo el pasaje a toda prisa cuando esta palabra salió de la nada y me hizo saltar como un reductor de velocidad), no sabía qué hacer con ella. No tenía una percha donde colgarla ni modo de catalogarla.

Era una palabra enigmática en un pasaje enigmático. Pero ahora, cuarenta y ocho horas después, he encontrado un lugar para ella, el lugar que le pertenece. ¡Vaya, qué palabra es esta! No la leas a menos que estés dispuesto a cambiar de opinión, porque esta palabrita podría sacudir un poco tu mobiliario espiritual.

Acompáñame a echar un vistazo al pasaje.

Luego regresó Jesús de la región de Tiro y se dirigió por Sidón al mar de Galilea, internándose en la región de Decápolis. Allí le llevaron un sordo tartamudo, y le suplicaban que pusiera la mano sobre él.

Jesús lo apartó de la multitud para estar a solas con él, le puso los dedos en los oídos y le tocó la lengua con saliva. Luego, mirando al cielo, suspiró profundamente y le dijo: «*¡Efatá!*» *(que significa: ¡Ábrete!)*. Con esto, se le abrieron los oídos al hombre, se le destrabó la lengua y comenzó a hablar normalmente. (Mr 7.34-35 NVI)

Tremendo pasaje, ¿no te parece?

Jesús aparece con un hombre mudo y con problemas de lenguaje. Quizás era tartamudo. Tal vez hablaba con un ceceo. Puede ser que a causa de su sordera nunca hubiera aprendido a articular bien las palabras.

Jesús, no queriendo sacar provecho de la situación, tomó aparte al hombre. Lo miró a la cara. Consciente de que era inútil hablar, explicó por medio de gestos lo que planeaba hacer. Escupió y tocó la lengua del hombre, haciéndole saber que aquello que le impedía hablar iba a ser quitado. Tocó sus oídos, que se alistaban a oír por primera vez.

Sin embargo, antes de que el hombre dijera una palabra o escuchara algún sonido, Jesús hizo algo inesperado.

Suspiró.

Yo hubiera esperado un aplauso, una canción, o una oración. Incluso un «¡aleluya!» o una breve enseñanza pertinente. Pero el Hijo de Dios no hizo nada de eso. En cambio, hizo una pausa, miró al cielo, y suspiró. De lo profundo de su ser brotó un torrente de emoción que fue más elocuente que las palabras.

Suspiro. La palabra parecía fuera de lugar.

De lo profundo de su ser brotó un torrente de emoción que fue más elocuente que las palabras.

Nunca había pensado en Dios como alguien que suspira. He pensado en Él como alguien que da órdenes. He pensado que es un Dios que llora. Pensaría en Dios como alguien que convocó a los muertos con una orden o que creó el universo con su palabra... ¿Pero un Dios que suspira?

Quizás esta expresión me haya cautivado porque soy muy dado a suspirar.

Ayer suspiré cuando visité a una dama cuyo esposo inválido ha empeorado tanto que no me reconoció. Pensó que yo intentaba venderle algo. Suspiré cuando una chiquilla de unos seis años, con ropa raída y cara sucia, me pidió monedas en el supermercado. Y suspiré hoy, cuando un hombre me relató que su esposa no pensaba perdonarlo.

Sin duda alguna tú también has tenido tu cuota de suspiros.

Si tienes hijos adolescentes, probablemente has suspirado. Si has tratado de resistir la tentación, puede que hayas suspirado. Si alguien ha puesto en duda tus motivos, o ha rechazado tus mejores actos de amor, has tenido que tomar aire y dejar escapar un doloroso suspiro.

He descubierto que existe un suspiro de alivio, un suspiro de expectativa, e incluso un suspiro de gozo. Pero ese no es el suspiro que relata Marcos 7. El suspiro descrito allí es una mezcla de frustración y tristeza. Está en algún punto entre un estallido de enojo y uno de llanto.

El apóstol Pablo se refirió a este tipo de suspiro, o gemido. En dos ocasiones dijo que los cristianos vamos a suspirar entretanto que sigamos en la tierra y anhelemos el cielo. La creación gime como si fuera a dar a luz. Incluso el Espíritu gime cuando interpreta nuestras oraciones (Ro 8.22-27).

Todos estos suspiros nacen de la misma ansiedad: el reconocimiento del dolor inesperado, o de la esperanza postergada.

El hombre no fue creado para vivir separado de su creador; por eso suspira anhelando su hogar. La creación no fue diseñada como habitación para el mal; por eso añora el Huerto. Y las conversaciones con Dios nunca fueron diseñadas para depender de un traductor; por eso el Espíritu gime a favor nuestro, aguardando el día en que los humanos verán a Dios cara a cara.

Y cuando Jesús miró a los ojos de esta víctima de Satanás, la respuesta adecuada fue suspirar. Fue como si dijera: «Esto nunca debió suceder. Tus oídos nunca fueron diseñados para no oír, tu lengua no fue hecha para tropezar con las palabras». Toda esa incongruencia le hizo languidecer.

De modo que encontré un lugar para la palabra. Podría parecerte extraño, pero la he puesto junto a la palabra *consuelo* porque, de manera indirecta, el sufrimiento de Dios es nuestro consuelo.

—*DIOS SE ACERCÓ*

*D*odrías escuchar las noticias de los labios de un policía: «Lo siento. No sobrevivió al accidente».

Podrías recibir una llamada de un amigo, que te dice: «El cirujano nos dio malas noticias».

Son demasiadas las esposas que han escuchado esta frase de parte de soldados con rostros sombríos: «Lamentamos informarles que... »

En esa clase de circunstancias, la primavera se vuelve invierno, los azules cambian a grises, los pájaros se silencian y el frío de la pena se instala en nosotros. Hace frío en el valle de sombra de la muerte.

El mensajero de David no es un doctor, un amigo o un soldado. Es un jadeante amalecita, con ropas desgarradas y el cabello lleno de mugre, que tropieza con el campamento Siclag con las noticias: «Nuestro ejército ha huido de la batalla, y muchos han caído muertos, contestó el mensajero. Entre los caídos en combate se cuentan Saúl y su hijo Jonatán» (2 S 1.4).

David sabe que los hebreos peleaban contra los filisteos. Sabe que Saúl y Jonatán peleaban por sus vidas. Y ahora ha estado esperando saber el resultado. Cuando el mensajero le presenta la corona y el brazalete de Saúl, David tiene las pruebas irrefutables: Saúl y Jonatán están muertos.

Jonatán, más cercano que un hermano, salvó la vida de David y juró proteger a sus hijos.

Saúl. El elegido por Dios. El ungido por Dios. Sí, hostigó a David. Atormentó a David. Pero aun así, era el elegido por Dios.

El rey ungido por Dios, muerto.

El mejor amigo de David, muerto.

David tiene que enfrentarse aún a otro gigante, el gigante del dolor.

Y como David, tenemos dos opciones:
huir o enfrentar al gigante.

Nosotros hemos sentido su pesada mano en nuestros hombros. No en Siclag, sino en salas de emergencia, en hospitales para niños, en restos de vehículos y en campos de batalla. Y como David, tenemos dos opciones: huir o enfrentar al gigante.

Muchos optan por huir del dolor. El capitán Woodrow Call exhortó al joven Newt a hacer eso. En la película *Lonesome Dove* {La paloma solitaria}, Call y Newt son parte de la conducción de ganado de Texas a Montana, en 1880. Cuando un enjambre de serpientes venenosas terminó con la vida del mejor amigo de Newt, Call ofreció un consejo, sumergido en el dolor por la pérdida del ser querido. En el entierro, bajo la sombra que los olmos le proporcionaban y rodeado de vaqueros, aconsejó: «Vete de aquí, hijo. Es la única manera de poder con la muerte. Vete de aquí».

¿Qué más puede hacer? La tumba provoca un dolor indescriptible que no tiene respuestas, estamos tentados a dar una vuelta e irnos. Cambiar de tema y eludir el problema, trabajar muy duro, tomar en cantidades, mantenernos muy ocupados, permanecer distantes, conducir al norte de Montana y no mirar hacia atrás.

Pagamos un precio muy alto cuando hacemos eso. La palabra en inglés que significa el dolor de la muerte viene de la raíz *reave*. Si la buscas en el diccionario, vas a leer: «Sacar por la fuerza, saquear, robar».

La muerte roba. La tumba saquea momentos y recuerdos: cumpleaños, vacaciones, lentas caminatas, charlas durante el té. Te encuentras desolado porque te robaron.

Has perdido la normalidad y no la encontrarás nunca más...

Justo cuando piensas que la bestia del dolor se ha ido, escuchas una canción que a ella le gustaba, o hueles la colonia que él usaba o pasas por un restaurante al que solían ir a comer. El gigante continúa apareciéndose.

Y el gigante del dolor se mantiene, conmoviéndonos:

Ansiedad. «¿Seré el próximo?»

Culpabilidad. «¿Qué fue lo que dije?» «¿Por qué no dije mejor... ?»

Melancolía. Ves a las parejas intactas y añoras a tu pareja. Ves a los padres con sus hijos y añoras al tuyo.

El gigante trae consigo insomnio, pérdida de apetito, causa que se te olviden las cosas, trae pensamientos de suicidio. El dolor no es una enfermedad mental, pero algunas veces se siente como si lo fuera.

El capitán Call no entendió esto.

Tus amigos quizá no lo entiendan.

Tú mismo quizá no lo entiendas. Pero, por favor, inténtalo. Comprende la gravedad de tu pérdida. No es que hayas perdido en un juego de Monopolio ni es que no sepas dónde dejaste tus llaves. No puedes simplemente alejarte de esto. En algún momento, en unos minutos o en unos meses, tendrás que hacer lo que hizo David: enfrentar tu dolor.

—*Enfrente a sus gigantes*

*H*ablamos de una vida breve, pero en comparación con la eternidad, ¿quién tiene una vida larga? Los días de vida de una persona en la tierra pueden parecer como una gota en el océano. Los tuyos y los míos parecen una gotita. Pero en comparación con el Pacífico de la eternidad, aun los años de Matusalén no alcanzan a llenar una copita. Santiago no habla solo a los jóvenes cuando dice: «¿Qué es vuestra vida? Ciertamente es neblina que se aparece por un poco de tiempo, y luego se desvanece» (Stg 4.14).

En el plan de Dios, cada vida es suficientemente larga y cada muerte ocurre en el momento oportuno. Aunque tú y yo pudiéramos desear una vida más larga, Dios sabe mejor las cosas.

Y, esto es importante, aunque tú y yo quisiéramos una vida más larga para nuestros seres amados, ellos no. Irónicamente, el primero que acepta la decisión de Dios acerca de la muerte es el que muere.

Mientras todavía movemos la cabeza sin creer lo que ha ocurrido, ellos elevan sus manos en adoración. Mientras lloramos junto al sepulcro, ellos están maravillados en el cielo. Mientras lanzamos preguntas a Dios, ellos lo están alabando.

—*ALIGERE SU EQUIPAJE*

*N*o sabemos cuánto tiempo lloró Jesús ni cuánto lloró David. Pero sí cuánto lloramos nosotros, y ese tiempo parece muy truncado. Los egipcios se visten de negro durante seis meses. Algunos musulmanes usan ropa de luto durante un año. Los judíos ortodoxos ofrecen oraciones por el pariente muerto cada día, durante once meses...

¿Y hoy? ¿Soy el único que siente que apuramos nuestras heridas?

El dolor toma su tiempo. Tómate ese tiempo. «El sabio tiene presente la muerte; el necio sólo piensa en la diversión» (Ec 7.4). *Lamentarse* quizás es un verbo extraño en nuestro mundo, pero no en las Escrituras. El setenta por ciento de los salmos son poemas de pena. ¿Por qué el Antiguo Testamento incluye un libro de lamentos? El hijo de David escribió: «Vale más llorar que reír; pues entristece el rostro, pero le hace bien al corazón» (Ec 7.3).

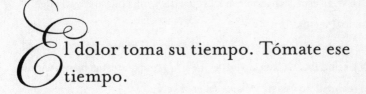El dolor toma su tiempo. Tómate ese
tiempo.

Exploramos los más profundos temas en la cueva del dolor. ¿Por qué estoy aquí? ¿Hacia dónde voy? El cementerio agita con fuerza preguntas vitales. David le otorga todas sus fuerzas a su angustia: «Cansado estoy de sollozar; toda la noche inundo de lágrimas mi cama, ¡mi lecho empapo con mi llanto!» (Sal 6.6).

Y luego: «La vida se me va en angustias, y los años en lamentos; la tristeza está acabando con mis fuerzas, y mis huesos se van debilitando» (31.10).

¿Estás enojado con Dios? Díselo. ¿Disgustado con Dios? Déjaselo saber. ¿Cansado de decirle a la gente que estás bien, cuando en realidad no es así? Déjales saber la verdad...

David llamó a la nación a estar de luto. Presentó el llanto como una política pública. Rechazó encubrir o hacer sorda la muerte. La enfrentó, la combatió, la desafió. Pero no la negó. Como su hijo Salomón explicó «un tiempo para llorar» (Ec 3.4).

Tómate ese tiempo.

—*ENFRENTE A SUS GIGANTES*

Compasión

Amor por los más pequeños

Algunos de ustedes tienen el toque maestro del Médico mismo. Usan sus manos para orar por los enfermos y ministrar a los débiles. Si no están tocándoles personalmente, sus manos están escribiendo cartas, marcando números telefónicos, horneando pan. Han aprendido el poder del toque.

Pero otros tendemos a olvidarnos. Nuestros corazones son buenos; es solo que nuestros recuerdos son malos. Nos olvidamos cuán significativo puede ser un toque. Tenemos miedo de decir cosas equivocadas, o usar el tono errado de voz, o actuar equivocadamente. Así que antes de hacerlo incorrectamente, no hacemos nada.

¿Acaso no te alegras de que Jesús no haya cometido semejante equivocación? Si tu temor de hacer algo equivocado te previene de hacer algo, ten presente la perspectiva de los leprosos del mundo. No son quisquillosos. No son remilgados. Sencillamente están solos. Están anhelando un toque divino.

Jesús tocó a los intocables del mundo. ¿Harás tú lo mismo?

—*COMO JESÚS*

𝒟ios nos exhorta a que cambiemos nuestro modo de mirar a la gente. No debemos verlos como gentiles o judíos, de confianza o desconocidos, liberales o conservadores. No debemos etiquetar. Etiquetar es calumniar. «Así que de ahora en adelante no consideraramos a nadie según criterios meramente humanos» (2 Co 5.16 NVI).

Miremos a la gente de forma distinta; mirémosles tal como nos miramos a nosotros mismos. Imperfectos, quizá. Inacabados, ciertamente. Pero una vez rescatados y restaurados, podemos emitir luz, al igual que las dos vidrieras de colores que adornan mi oficina.

Mi hermano las encontró apiladas en un depósito de chatarra. Una iglesia las había desechado. Dee, un hábil carpintero, las recogió. Repintó la madera astillada y reparó el marco desgastado. Selló algunas grietas en el vidrio de colores. Las ventanas no son perfectas. Pero suspendidas allí, donde el sol puede pasar a través de ellas, una luz multicolor se derrama en la habitación como una cascada.

Hay momentos en nuestra vida en los que tú y yo nos encontraremos gente que ha sido rechazada. Desechada. A veces por una iglesia. Y debemos elegir. ¿Abandonamos o rescatamos? ¿Les etiquetamos o les amamos? Sabemos qué eligió Jesús. Solo mira qué hizo con nosotros.

—*MÁS ALLÁ DE TU VIDA*

Es un día en verdad maravilloso cuando dejamos de trabajar para Dios y empezamos a trabajar con Dios.

—*COMO JESÚS*

Te sientes muy orgulloso de los guantes nuevos que acabas de comprar. El par viejo estaba desgastado y raído, te dejaba sin defensas contra el frío invernal. Por eso saliste a buscar guantes nuevos hasta que encontraste el par perfecto. ¿Cuántos examinaste? Varias docenas. ¿Cuántos probaste? Casi el mismo número. Después de todo, ¿de qué sirven los guantes si no te gustan o no te entran?

¡Ah! Por fin encontraste los que querías. La asistente del almacén te hizo el favor porque buscó debajo del mostrador y sacó un par en el empaque original. Pagaste el precio fijado y saliste al mismo tiempo que abrías la bolsa. Ahora sales a la avenida en una mañana helada y te preparas para ponerte tus guantes recién comprados.

Empiezas a caminar por el andén, quitas la cubierta de plástico e introduces tu mano en el material abrigador del guante, solo para quedar a medio camino. Un momento, ¡no puedes introducir tus dedos en las cavidades del guante! Las cinco entradas están firmemente cosidas. ¿Defecto de fábrica? ¿Una mala broma del almacén ¿Quién sabe? Una cosa es cierta: Tus dedos no caben en el guante. Tu puño sí, pero no tu mano extendida.

No es problema, dices para tus adentros, *me las arreglaré como pueda.*

Entonces introduces tu puño en la palma del guante con tus dedos doblados, mientras los dedos del guante quedan colgando. No es lo que tenías en mente, pero si de huirle al frío se trata, no es como para quejarte. Los dedos doblados se sienten cómodos y ya no te preocupa que se congelen.

La temperatura no es problema, pero sí lo es la funcionalidad. ¿Has intentado alguna vez levantar un periódico con los dedos doblados dentro de un guante? No es fácil. Tampoco lo es amarrarse los zapatos. Las manos se sienten como pezuñas de caballo. Si saludas a alguien de lejos, pensarán que es alguna clase de burla o insulto. Ni pensar en agarrar un lápiz o marcar un número telefónico. La tela flácida no tiene agarre ni consistencia.

Uno quiere tener dedos extendidos, fuertes y tensos. ¿Por qué? Hay hojas secas que rastrillar, un manubrio por virar, la mano de un vecino para apretar, etc. Es decir, uno tiene muchas cosas que hacer.

Esto mismo puede decirse de Dios. Los bebés necesitan abrazos. Los niños necesitan ser acurrucados en sus camas con un beso de las buenas noches. Los huérfanos de los enfermos de SIDA necesitan hogares. Los ejecutivos extenuados necesitan esperanza. Dios tiene trabajo que hacer y para hacerlo Él usa nuestras manos.

La mano es al guante lo que el Espíritu Santo al cristiano. «He aquí, yo estoy a la puerta y llamo; si alguno oye mi voz y abre la puerta, *entraré a él*, y cenaré con él, y él conmigo» (Ap 3.20). Dios entra a nosotros. En ciertas ocasiones lo hace de forma imperceptible y en otras irrumpe sin previo aviso. Dios mete sus dedos en nuestra vida, centímetro a centímetro, para reclamar el territorio que le pertenece por derecho propio.

Tu lengua. Él la reclama para su mensaje.

Tus pies. Los requiere para su propósito.

¿Tu mente? La hizo y se ha propuesto usarla para su gloria.

Dios mete sus dedos en nuestras vidas, y centímetro a centímetro reclama lo que justamente le pertenece.

¿Tus ojos, tu cara y tus manos? Por medio de ellos llorará, sonreirá y tocará.

Así como un guante responde a la fuerza de la mano, responderás a la dirección de Cristo hasta llegar al punto en que digas: «Con Cristo estoy juntamente crucificado, y ya no vivo yo, mas vive Cristo en mí...» (Gá 2.20).

—*ACÉRCATE SEDIENTO*

*L*a cura de Dios para la vida común incluye una fuerte dosis de servidumbre. Un oportuno recordatorio. Mientras celebras tu diseño exclusivo, ten cuidado. No te concentres tanto en lo que te gusta hacer que vayas a descuidar lo que es necesario hacer.

Un cambio de pañal a las 3:00 a.m. no parece idóneo la mayoría de las veces... Tal vez el visitar a tu vecino enfermo no es algo que te nace sin esfuerzo. Sin embargo, los enfermos necesitas estímulo, las cocheras necesitan limpieza, y los pañales necesitan cambiarse.

El mundo necesita siervos. Gente como Jesús que «no vino a ser servido, sino a servir» (Mt 20.28). Él escogió a la remota Nazaret en lugar de a la cosmopolita Jerusalén; el taller de carpintería de su padre, en vez de un palacio de columnas de mármol; y tres décadas de anonimato, antes que una vida de popularidad.

Jesús vino a servir. Favorecía la oración antes que el sueño; el desierto antes que el Jordán; apóstoles irascibles en vez de ángeles obedientes. Yo habría escogido a los ángeles. De tener la alternativa, habría formado mi equipo de apóstoles con querubines y serafines con los arcángeles Gabriel y Miguel, testigos del rescate en el Mar Rojo y del fuego que descendió sobre el Monte Carmelo. Yo habría escogido a los ángeles.

Pero no Jesús. Él optó por los seres humanos. Pedro, Andrés, Juan, y Mateo. Cuando la tormenta les asustó, Él hizo que amainara. Cuando no tenían para pagar los impuestos, Él proveyó. Y cuando no tenían vino para la boda o comida para la multitud, creó las dos cosas.

Él vino a servir.

—*CURA PARA LA VIDA COMÚN*

*L*a gente observa la forma en que actuamos más que oye lo que decimos.

—*EL TRUENO APACIBLE*

¿*C*uál es tu cociente de bondad? ¿Cuándo fue la última vez que hiciste algo por alguien de tu familia –ir a buscar una cobija, recoger la mesa, preparar el café– sin que te lo pidieran?

Piensa en tu colegio o lugar de trabajo. ¿Cuál es la persona a la que más ignoran o evitan? ¿Un estudiante tímido? ¿Un empleado gruñón? Quizás no habla el mismo idioma. Tal vez no encaja en el ambiente. ¿Eres bondadoso y amable con esa persona?

Los corazones bondadosos actúan de forma tranquila y silenciosa. Le ceden el paso a la joven madre con tres hijos. Recogen el cubo de la basura del vecino que se cayó en la calle. Y sobre todo, son bondadosos en la iglesia. Saben que quizás la persona más necesitada que conocerán en toda la semana es la que está parada en la entrada o sentada detrás de ellos en el culto. Pablo escribe: «Así que, según tengamos oportunidad, hagamos bien a todos, y mayormente a los de la familia de la fe» (Gá 6.10).

Y el desafío es aún mayor: ¿qué pasa con tus enemigos? ¿Qué tan bondadoso eres con los que quieren lo que tú quieres o se llevan lo que tienes?

Un amigo mío fue testigo de un gesto de bondad lleno de humor en una subasta. El propósito de la reunión era colectar dinero para una escuela. Alguien había donado un perrito de raza que derritió los corazones e hizo sacar las chequeras de muchas personas. Sobre todo a dos.

Estaban sentados en extremos opuestos de la sala, un hombre y una mujer. Durante la licitación, estas dos personas eran las más decididas. Otros desistieron, pero no este dúo. Uno y otro siguieron hasta llegar a varios miles de dólares. Ya no se trataba del perrito, sino de ganar. Era como la final de Wimbledon, y ninguno de los jugadores se separaba de la red. (Por cierto, al director de la escuela se le caía la baba.)

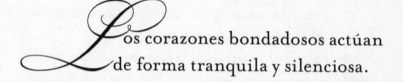
os corazones bondadosos actúan
de forma tranquila y silenciosa.

Al final el hombre cedió y dejó de litigar. «A la una, a las dos, a las tres. ¡Vendido!» El público irrumpió en aplausos y presentaron a la dama con su trofeo moviendo el rabo. A la señora se le suavizaron las facciones y después se sonrojó. Quizás se le olvidó dónde estaba. Nunca tuvo la intención de subirse a un cuadrilátero por doce asaltos durante una cena formal. Seguro que nunca tuvo en mente mostrarle al mundo su lado de perro de pelea.

¿A que no sabes lo que hizo? Cuando los aplausos amainaron, cruzó la sala y le ofreció el cachorro a su competidor.

Imagínate que hicieras eso con tus competidores. Con tus enemigos. Con el jefe que te despidió y con la esposa que te abandonó. ¿Te imaginas sorprendiéndolos con ese tipo de bondad? ¿Fácil? No, nadie dice que lo sea. Pero la misericordia es el gesto más profundo de la bondad. Pablo los iguala: «Sed bondadosos y misericordiosos los unos con los otros, perdonándoos unos a otros, como Dios también os perdonó a vosotros en Cristo» (Ef 4.32).

—*UN AMOR QUE PUEDES COMPARTIR*

*L*a mejor solución para la pobreza se encuentra en la compasión del pueblo de Dios. Las Escrituras no endosan un comunismo forzado, sino un voluntariado guiado por el Espíritu entre los hijos de Dios.

—*MÁS ALLÁ DE TU VIDA*

El 12 de enero de 2007, a las 7:51 a.m., un joven músico tomó su lugar al lado de una pared en una estación de metro en Washington D.C. Llevaba *jeans*, una camiseta de manga larga y una gorra de béisbol de los Washington Nationals. Abrió un estuche de violín, sacó el instrumento, tiró unos cuantos dólares y monedas pequeñas en la funda como señuelo y empezó a tocar.

Estuvo tocando los siguientes cuarenta y tres minutos. Tocó seis piezas clásicas. Durante ese rato pasaron 1,097 personas. Lanzaron en la pila de dinero un total de $32.17. De las 1,097 personas, siete, solo siete, se pararon más de un minuto para escuchar. Y de las siete, una, solo una, reconoció al violinista Joshua Bell.

Tres días antes de esta actuación en el metro, organizada por el *Washington Post*, Bell llenó el Symphony Hall de Boston, donde el precio de las entradas medianamente buenas ascendía a $100.00 dólares cada una. Dos semanas después del experimento, tocó en una sala tan llena que la audiencia tenía que permanecer en pie en Bethesda, Maryland. El talento de Joshua Bell puede venderse por $1,000 dólares el minuto. Ese día en la estación de metro apenas ganó suficiente dinero para comprar un par de zapatos baratos.

No puedes culpar al instrumento. Tocó con un Stradivarius construido en la época dorada del maestro violinista, valorado en $3.5 millones de dólares. No puedes culpar a la música. Bell tocó a la perfección una pieza de Johann Sebastian Bach, que el mismo Bell definió como «uno de los mayores logros de cualquier hombre en la historia».

Pero casi nadie lo notó. Nadie esperaba algo majestuoso en ese contexto. Los limpiabotas estaban a un lado, y en el otro había un kiosco. Había gente comprando revistas, periódicos, barritas de chocolate y billetes de lotería. Además, ¿a quién le sobraba el tiempo? Era un día laborable. Esta era la fuerza laboral de Washington. En su mayoría, funcionarios del gobierno que se dirigían a reuniones presupuestarias y sesiones con la junta directiva. ¿Quién tenía tiempo para darse cuenta de la belleza en medio de tanto ajetreo? La mayoría no lo tuvo.

Muchos de nosotros algún día nos daremos cuenta de que tampoco lo tuvimos. Desde la perspectiva celestial, miraremos atrás hacia esos días, días tan ocupados y abarrotados de cosas, y comprenderemos que *era Jesús el que estaba tocando el violín. Era Jesús el que llevaba ropas harapientas. Era Jesús el que estaba en el orfanato... en la prisión... en la chabola de cartón. La persona que necesitaba mi ayuda era Jesús.*

Hay muchas razones para ayudar a la gente que pasa por necesidad.

«La benevolencia es buena para el mundo».

«Todos estamos navegando en el mismo océano. Cuando la marea sube, todos nos beneficiamos».

«Rescatar a alguien de la pobreza es desatar el potencial que esa persona tiene para ser investigador, educador o doctor».

«Cuando reducimos la pobreza y la enfermedad, reducimos la guerra y las atrocidades. La gente saludable y feliz no hace daño a los demás».

La compasión tiene una docena de abogados defensores.

Pero para los cristianos no hay nada más sublime que esto: cuando amamos a los que pasan por necesidad, estamos amando a Jesús. Es un misterio más allá de toda ciencia, una verdad que supera las estadísticas. Sin embargo, es un mensaje que Jesús dejó claro como el agua: cuando amamos al necesitado, le amamos a Él.

—*MÁS ALLÁ DE TU VIDA*

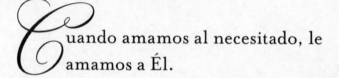
uando amamos al necesitado, le amamos a Él.

Creación

Un mundo envuelto en esplendor

¿Por qué contemplamos los atardeceres y escudriñamos el cielo en el verano? ¿Por qué buscamos el arco iris en la llovizna o examinamos el Gran Cañón? ¿Por qué nos dejamos fascinar por las olas del Pacífico e hipnotizar por las cataratas del Niágara? ¿A qué se debe nuestra fascinación por estos paisajes naturales?

¿La belleza? Así es. Pero, ¿acaso la belleza no revela a Alguien que es bello? ¿No es la inmensidad del océano un indicio de un Creador inmenso? ¿No serán el ritmo de las grullas migratorias y las belugas evidencia de una mente brillante? ¿Y no es eso precisamente lo que anhelamos? ¿Un Hacedor hermoso, un Creador inmenso, un Dios tan poderoso que puede comandar a las aves y a quien los peces obedecen?

—*No se trata de mí*

«*En* el principio *creó* Dios los cielos y la tierra» (Gn 1.1).

Eso es lo que dice. «Dios *creó* los cielos y la tierra». No dice «Dios *hizo* los cielos y la tierra». Tampoco dice que Él «fotocopió» los cielos y la tierra. Ni que construyó o produjo en masa. No. La palabra es *creó*.

Y esa sola palabra significa mucho. Crear es algo muy diferente a construir. La diferencia es bastante obvia. Construir algo requiere únicamente el uso de las manos, mientras que crear involucra el corazón y el alma.

Tal vez hayas notado esto en tu propia vida. Piensa en algo que hayas creado, quizás una pintura, una canción, o esas poesías que nunca has mostrado a nadie. O incluso la casa para el perro que está en el jardín.

¿Cómo te sientes respecto a esa creación? ¿Bien? Eso espero. ¿Orgulloso? ¿Hasta protector? Así debe ser. Una parte de ti vive en ese proyecto. Cuando creas algo, inviertes en ello parte de tu ser. Es una tarea muchísimo más elevada que una labor o quehacer cualquiera. ¡Es una expresión de ti mismo!

Ahora imagina la creatividad de Dios. A pesar de todo lo que desconocemos acerca de la creación, hay algo que sí sabemos: Dios lo hizo con una sonrisa. Creo que se divirtió de lo lindo. Pintar las rayas de la cebra, colgar las estrellas en el cielo, pintar de dorado el atardecer. ¡Qué creatividad! Estirar el cuello de la jirafa, diseñar el aleteo del ruiseñor, ponerle la risita a la hiena.

A pesar de todo lo que desconocemos acerca de la creación, hay algo que sí sabemos: Dios lo hizo con una sonrisa.

Se divirtió montones. Como un carpintero en su taller, disfrutó cada segundo. Invirtió todo su ser en su obra. Tanto se aplicó en su inventiva, que tomó un día libre al final de la semana solo para descansar.

Y luego, para cerrar con broche de oro, creó al hombre. Con su acostumbrada creatividad natural, sacó de un montón inservible de barro la inestimable especie que llamamos el ser humano. Un humano que fue el único en ostentar el sello «a su imagen».

En este punto de la historia uno podría sentirse tentado a saltar y aplaudir. «¡Bravo!» «¡Otra!» «¡Inigualable!» «¡Hermoso!»

Pero el aplauso sería prematuro. El Artista Divino aún está por presentar su creación más sublime.

A medida que se desarrolla la historia, un diablo en forma de serpiente alimenta al hombre con una frase y una manzana, y el ingenuo Adán se las tragó ambas. Este solo acto de rebelión pone en marcha un cortejo épico e imprevisible entre Dios y el hombre. Aunque los personajes y los escenarios cambian, la historia se repite una y otra vez. Dios, que sigue siendo el Creador compasivo, corteja a su creación. El hombre –la creación–, responde de forma alterna entre el arrepentimiento y la rebelión.

Y dentro de este sencillo libreto, la creatividad de Dios florece. Si te pareció que fue muy imaginativo con el mar y las estrellas, ¡espera nada más que leas lo que hace para llamar la atención de sus criaturas para que lo escuchen!

Por ejemplo:

Una mujer de noventa años queda embarazada.

Una mujer queda convertida en sal.

Una inundación cubre la tierra.

Un arbusto arde (¡pero no se quema!)

El Mar Rojo se abre.

Los muros de Jericó caen.

Llueve fuego del cielo.

Un burro habla.

¡Menudos efectos especiales! Pero estos hechos, con todo y lo ingeniosos, no se comparan con lo que estaba por suceder.

Cerca del final de la historia, Dios, motivado por el amor y dirigido por la divinidad, sorprendió a todos. Se hizo hombre. En un misterio insondable, se disfrazó de carpintero y vivió en una polvorienta aldea judía. Resuelto a demostrar su amor por su creación, recorrió de incógnito su propio mundo. Sus manos callosas tocaron heridas y sus palabras compasivas tocaron corazones. Se volvió uno de nosotros.

—*CON RAZÓN LO LLAMAN EL SALVADOR*

Dios, motivado por el amor y dirigido por la divinidad, sorprendió a todos. Se hizo hombre.

*N*o tenemos excusa debido a que Dios se nos ha revelado mediante su creación.

El salmista escribió: «Los cielos cuentan la gloria de Dios, y el firmamento anuncia la obra de sus manos. Un día emite palabra a otro día, y una noche a otra noche declara sabiduría. No hay lenguaje, ni palabras, ni es oída su voz. Por toda la tierra salió su voz, y hasta el extremo del mundo sus palabras» (Sal 19.1-4).

Cada estrella es un anuncio. Cada hoja un recordatorio. Los glaciares son megáfonos, las estaciones son capítulos, las nubes son banderas. La naturaleza es un canto de muchas partes, pero con un solo tema y un solo verso: *Dios es...*

La creación es el primer misionero de Dios. Hay quienes nunca han tenido una Biblia ni oído un versículo bíblico. Hay quienes mueren antes de que un traductor ponga en su idioma la Palabra de Dios. Hay millones que vivieron en la antigüedad o viven en tierras distantes lejos de los cristianos. Hay los sencillos de mente que no pueden comprender el evangelio. ¿Qué guarda el futuro para la persona que nunca ha oído de Dios?

De nuevo, la respuesta de Pablo es clara. El corazón humano puede conocer a Dios mediante la obra de sus manos en la naturaleza. Si eso es todo lo que uno ve jamás, es suficiente. Uno necesita tan solo responder a lo que se le ha dado. Y si solo se le ha dado el testimonio de la creación, tiene lo suficiente.

—EN MANOS DE LA GRACIA

La creación es el primer misionero de Dios.

¿Por qué lo hizo? Una choza hubiera bastado, pero nos dio una mansión. ¿Tenía que dar a las aves una canción y a los montes sus picos? ¿Estaba obligado a ponerle franjas a la cebra y jorobas al camello? ¿Entenderíamos la diferencia si hubiera hecho los atardeceres grises en vez de color naranja? ¿Por qué titilan las estrellas y las olas tienen crestas de blanca espuma? ¿Por qué salpica de rojo al cardenal y envuelve en sus vestiduras a la ballena blanca? ¿Por qué viste la creación con tanto esplendor? ¿Por qué pasar tanto trabajo para dar tales regalos?

¿Por qué lo haces tú? Te he visto buscar un regalo. Te he visto merodeando por los centros comerciales y recorriendo galerías. No me refiero a regalos obligatorios. No se trata de la compra de último minuto de un perfume barato en camino hacia una fiesta de cumpleaños. Olvídate de las ofertas y los baratillos. Me refiero a esa persona superespecial y a ese regalo más que especial. Me refiero a ir ahorrando de las compras unos pesos cada mes para regalarle botas de cuero de cocodrilo; examinar un sinfín de anillos para hallar el mejor diamante; no acostarse en la víspera de Navidad para armar la bicicleta nueva. ¿Por qué lo haces? Lo haces para que los ojos salten de las órbitas. Lo haces para que se pare el corazón. Lo haces para que se queden boquiabiertos. Lo haces para oír esas palabras de incredulidad: «¿Lo hiciste por *mí*?»

Por eso es que lo haces. Y por eso es que Dios lo hace. La próxima vez que el amanecer te quite el aliento o una pradera florida te deje sin habla, quédate así. No digas nada y escucha cómo el cielo murmura: «¿Te gusta? Lo hice para ti».

Estoy a punto de decirte algo que quizás te parezca difícil de creer. Vas a oír una opinión que tal vez ponga a prueba tu imaginación. No tienes que estar de acuerdo conmigo, pero me gustaría que lo considerásemos juntos. No tienes que comprarlo, pero al menos piénsalo. Es esto: *Si fueras la única persona sobre la tierra, la tierra luciría exactamente igual.* Los Himalayas tendrían aún su dramatismo y el Caribe sus encantos. El sol todavía se pondría tras las montañas por las tardes y esparciría su luz por el desierto en las mañanas. Si fueras el único peregrino sobre este globo, Dios no disminuiría su belleza en un solo grado.

Puesto que lo hizo todo por ti... Él espera que descubras su regalo. Espera que entres dando traspiés a la sala de estar, te restriegues los ojos somnolientos y veas la resplandeciente bicicleta roja que armó, para ti. Espera que tus ojos salten de las órbitas y tu corazón se detenga. Espera el momento en que te quedes con la boca abierta y te salte el corazón. Porque en ese silencio, Él se acerca y murmura: *Lo hice para ti.*

A veces, de su gran sabiduría, nuestro Padre celestial nos da un pedazo de cielo para mostrarnos que Él nos cuida.

¿Te resulta difícil creer en tanto amor? No hay problema... Solo porque no podemos imaginarnos a Dios regalándonos puestas de sol, no pienses que Dios no lo hace. Los pensamientos de Dios son más altos que nuestros pensamientos. Los caminos de Dios son más altos que los nuestros. Y a veces, de su gran sabiduría, nuestro Padre celestial nos da un pedazo de cielo para mostrarnos que Él nos cuida.

—*LA GRAN CASA DE DIOS*

Él salpiqueó anaranjado el amanecer
y limpió el cielo para que luciera azul.
Y si te gusta ver cómo se juntan los gansos,
Hay muchas posibilidades que eso lo puedas ver también.
¿Tuvo Él que hacer esponjosa la cola de la ardilla?
¿Se vio obligado a hacer que los pajarillos cantaran?
¿Y la forma divertida en que las gallinas corren
o la majestad del trueno que retumba?
¿Por qué dar aroma a las flores? ¿Por qué dar sabor a las comidas?
¿Será porque
a Él le encanta
ver esa mirada en tu rostro?

—*ÉL ESCOGIÓ LOS CLAVOS*

*V*amos al Huerto y veamos la semilla que trajo bendición y maldición. Veamos por qué Dios le dio al hombre... la elección.

Detrás de todo había una elección. Una decisión deliberada. Una acción informada. Él no tenía que hacerlo. Pero decidió hacerlo. Conocía el costo. Vio las implicaciones. Estaba consciente de las consecuencias.

No sabemos cuándo decidió hacerlo. No podemos saberlo.

No solo porque no estábamos allí. Si no, porque el tiempo no existía. No existía el *cuándo*. Ni el *mañana* o el *ayer* o *la próxima vez*. Porque no había tiempo. No sabemos cuándo pensó en la elección. Pero sí sabemos que lo hizo. No tenía que hacerlo. Pero lo hizo.

Decidió crear.

«En el principio creó Dios... » (Gn 1.1).

Con una decisión comienza la historia.

Desde entonces se puede medir la existencia.

De la nada vino la luz.

De la luz vino el día.

Luego el cielo... y la tierra.

¿Y sobre esta tierra? Una mano poderosa empezó a trabajar.

Se esculpieron los cañones. Se construyó el lecho de los océanos. Las montañas emergieron de la planicie.

Se esparcieron las estrellas. Un universo centelleó. Nuestro sol se transformó solo en uno entre millones. Nuestra galaxia se convirtió en una entre miles. En forma invisible, los planetas quedaron unidos a soles que se mueven en el espacio a velocidades inimaginables. Las estrellas alumbran con un calor que podría derretir nuestro planeta en cuestión de segundos.

La mano detrás de todo esto era poderosa. Él es poderoso.

Y con este poder, Él creó. Tan naturalmente como canta una avecilla o un pez nada, creó.

Como un artista no puede dejar de pintar y un corredor no puede dejar de correr, Él no podía dejar de crear. Él era el Creador. De orilla a orilla, Él fue el Creador. Un soñador y diseñador incansable.

De la paleta del Artista Eterno surgieron esplendores inimitables. Antes que hubiera una persona para verlo, su creación estaba preñada de maravillas. Las flores no solo crecieron sino que florecieron. Los polluelos no solo nacieron; también empollaron. Los salmones no solo nadaron, sino que también saltaron.

Lo ordinario no tenía lugar en su universo.

Tuvo que haber quedado satisfecho. Los creadores disfrutan creando. ¡Estoy seguro que sus órdenes fueron divertidísimas! «Hipopótamo: tú no vas a caminar... ¡te vas a contonear!» «Hiena: un ladrido es demasiado aburrido. ¡Déjame enseñarte cómo reír!» «Y para ti, mapache, ¡he hecho una máscara!» «¡Ven acá, jirafa! ¡Vamos a estirarte un poco el cuello!» Y así siguió y siguió. Dando a las nubes su apariencia de algodón. A los océanos su azul. A los árboles su inquietud. A los sapos su brincar y su croar. El poderoso se unió con lo creativo y nació la creación.

Él era poderoso. Él era creativo.

Y Él era amor. Aún más grande que su poder y más profundo que su creatividad estaba su característica suprema:

El amor.

El agua tiene que estar mojada. El fuego tiene que estar caliente. No es posible sacar lo mojado del agua y esperar que siga siendo agua. No es posible eliminar el caliente del fuego y esperar que siga siendo fuego.

*A*ntes que hubiera una persona
para verlo, su creación estaba
preñada de maravillas.

De igual manera, no se puede sacar el amor de Aquel que vivía antes del tiempo y esperar que siga existiendo. Porque Él fue... y es... Amor.

Explora sus profundidades. Busca en cada rincón. Revisa cada ángulo. Todo lo que encontrarás será amor. Ve al inicio de cada decisión que Él ha tomado y encontrarás lo mismo. Ve al final de cada historia que Él ha contado y lo verás allí.

Amor.

Nada de amargura. Nada de maldad. Nada de crueldad. Solo amor. Amor perfecto. Amor apasionado. Amor inmenso y puro. Él es amor.

Como resultado, el elefante tiene una trompa para beber agua. El gatito tiene una madre de la que puede lactar. El ave tiene un nido para dormir. El mismo Dios, que fue lo suficientemente poderoso para esculpir el cañón, es suficientemente tierno para poner pelo en las patas de la mosca para que conserve su temperatura. La misma fuerza que provee simetría a los planetas, guía al bebé canguro a la bolsa marsupial de su madre antes que esta se haya dado cuenta que ya ha nacido.

Y por ser quien era, hizo lo que hizo.

Él creó un paraíso. Un santuario libre de pecado. Un refugio antes del miedo. Un hogar antes que hubiera un morador humano. Sin tiempo. Sin muerte. Sin heridas. Un regalo creado por Dios para su máxima creación. Y cuando terminó, supo «que era bueno en gran manera» (Gn 1.31).

Pero no era suficiente.

Aún no había completado su obra más grande. Era necesaria una obra maestra antes que pudiera terminar.

Y por ser quien era, hizo lo que hizo... Un regalo creado por Dios para su máxima creación.

Mira los cañones y admira el esplendor del Creador.

Toca las flores y disfruta su delicadeza. Escucha los truenos y oirás su poder. Pero contempla esto —el cenit— y serás testigo de las tres... y más.

Imagina conmigo lo que debe de haber ocurrido ese día.

Él puso una cucharada de barro sobre otra hasta que una figura sin vida yacía en el suelo.

Todos los habitantes del Huerto hicieron una pausa para ser testigos del evento. Los halcones revolotearon. Las jirafas se estiraron. Los árboles se inclinaron. Las mariposas detuvieron su vuelo en los pétalos y miraron.

—Me amarás, naturaleza —dijo Dios—. «Yo te hice así. Tú, universo, me obedecerás. Porque fuiste diseñado para hacerlo. Ustedes, cielos, reflejarán mi gloria, porque fueron creados para hacerlo. Pero este será como yo. Este será capaz de elegir».

Todos guardaban silencio mientras el Creador buscaba algo dentro de sí y removía algo que nadie había visto hasta entonces. Una semilla. «Se llama "elección". La semilla de la elección».

La Creación siguió guardando silencio y contempló la forma sin vida.

Un ángel habló:

—¿Y si...?

—¿Y si decide no amar? —concluyó el Creador—. Ven. Te mostraré algo.

Desligados del hoy, Dios y el ángel caminaron hacia el reino de mañana.

—Allí, mira el fruto de la semilla de la elección, tanto dulce como amarga.

El ángel se quedó sin aliento ante lo que vio. Amor espontáneo. Devoción voluntaria. Ternura escogida. Nunca había visto algo igual. Sintió el amor de los Adanes. Oyó el gozo de Eva y sus hijas. Vio como compartían la comida y las cargas. Absorbió la bondad y se maravilló ante la calidez.

–Nunca los cielos han visto tanta belleza, mi Señor. Sin lugar a dudas, esta es tu más grande creación.

–Ah, pero solo has visto lo dulce. Fíjate ahora en lo amargo.

Un hedor los cubrió a ambos.

El ángel se volvió horrorizado y preguntó:

–¿Qué es esto?

El Creador pronunció solo una palabra: *egoísmo*.

El ángel guardó silencio mientras pasaban a través de siglos de repugnancia. Nunca había visto tanta inmundicia. Corazones podridos. Promesas incumplidas. Lealtades olvidadas. Hijos de la creación vagando enceguecidos en laberintos solitarios.

–¿Este es el resultado de la elección? –preguntó el ángel.

–Sí –respondió Dios.

–¿Te van a olvidar?

–Sí.

–¿Te van a rechazar?

–Sí.

–¿Nunca recapacitarán?

–Algunos sí. La mayoría, no.

–¿Qué puede hacerse para hacer que escuchen?

El Creador caminó en el tiempo, más y más en el futuro, hasta que se detuvo junto a un árbol. Un árbol que se convertiría en una cuna. Aun entonces, Él pudo oler el heno que lo rodearía.

Con otro paso en el futuro, Él se detuvo ante otro árbol. Estaba solo, el gobernante obstinado de un cerro desnudo. El tronco era grueso y la madera fuerte. Pronto lo cortarían. Pronto lo aserrarían. Pronto lo montarían en la cima rocosa de otro cerro. Y pronto Él estaría clavado en ese árbol.

Sintió el roce de la madera a pesar de que todavía no la llevaba sobre Él.

–¿Vas a ir allá abajo? –preguntó el ángel.

–Sí, lo haré –respondió.

–¿No crees que haya otra forma?

–No la hay.

–¿No sería más fácil si no plantas la semilla? ¿No será más fácil si no les das la oportunidad de elegir?

–Sí, sería más fácil –dijo el Creador, pausadamente–. Pero quitar la elección significa quitar el amor.

Miró hacia el monte y vio anticipadamente una escena. Tres cuerpos colgando de tres cruces. Los brazos abiertos. Las cabezas caídas sobre el pecho. Gemían con el viento.

Hombres vestidos de soldados jugaban con dados en el suelo cerca del trío. Reían ignorando lo que ocurría a su lado.

Hombres vestidos con ropas religiosas permanecían de pie a un lado de la escena. Sonreían. Arrogantes, orgullosos. Habían protegido a Dios, pensaban, al dar muerte a este farsante.

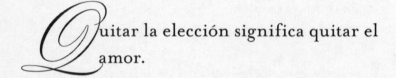

Quitar la elección significa quitar el amor.

Mujeres vestidas con ropas de dolor se agrupaban al pie del cerro. En silencio. Lágrimas corriendo por sus mejillas. Con mirada cabizbaja. Una puso su brazo sobre los hombros de otra y quiso alejarla del lugar. Esta no quiso moverse. –Me quedaré aquí –dijo con suavidad–. Me quedaré aquí.

El cielo estaba listo para pelear. Toda la naturaleza estaba lista para el rescate. Toda la eternidad dispuesta en actitud de protección. Pero el Creador no dio ninguna orden.

–Tiene que hacerse... –dijo, y se retiró.

Pero al retroceder el tiempo, escuchó el grito que algún día lanzaría: «Dios mío, Dios mío, ¿por qué me has desamparado?» (Mc 15.34). Se angustió por la agonía de mañana.

El ángel volvió a hablar. «¿No sería menos doloroso... ?»

El Creador lo interrumpió cariñosamente. «Pero no sería amor».

Volvieron al Huerto. El Hacedor miró con ansiedad a la creación de barro. Un fuerte aliento de amor se infló en su interior. Había muerto por la creación antes de haberla terminado. La forma de Dios se inclinó sobre el rostro esculpido y sopló. El polvo caía de los labios de la nueva creación. El pecho se infló y el barro rojizo se quebró. Las mejillas adquirieron color. Un dedo se movió. Y un ojo se abrió.

Pero más increíble que el movimiento de la carne fue la conmoción del espíritu. Los que pudieron ver lo invisible se quedaron sin aliento. Quizás fue el viento quien lo dijo primero.

Quizás lo que vio la estrella en ese momento es lo que la ha hecho titilar desde entonces. Quizás eso fue lo que hizo que un ángel lo susurrara:

–Se parece... es muy parecido a... ¡es él!

El ángel no estaba hablando del rostro, de los rasgos ni del cuerpo. Estaba mirando adentro... al alma.

–¡Es eterno! –exclamó otro.

Dentro del hombre, Dios había colocado una semilla divina. Una semilla de su yo. El Dios de poder había creado al ser más poderoso de la tierra. El Creador había creado no una criatura, sino otro creador. Y el que había decidido amar había creado a uno que en retribución podría amarlo también.

Ahora, la elección es nuestra.

—EN EL OJO DE LA TORMENTA

Y el que había decidido amar había creado a uno que en retribución podría amarlo también.

La cruz

El triunfo de la ternura

$\mathcal{L}$a cruz.

Descansa en la cronología de la historia como un diamante irresistiblemente fascinante. Su tragedia convoca a todos los que sufren. Su absurdo cautiva a todos los cínicos. Su esperanza atrae a todos los buscadores de respuestas.

Y, según Pablo, es la cruz lo que importa.

¡Vaya trozo de madera! La historia lo ha idolatrado, despreciado, cubierto en oro y quemado, lo ha vestido y lo ha tirado a la basura. La historia ha hecho de todo con la cruz, excepto ignorarla.

Esa es la única opción que no ofrece.

¡Nadie puede ignorarla! Es imposible pasar por alto un trozo de madera del que pende la mayor alegación de la historia. ¿Un carpintero crucificado que afirma ser Dios sobre la tierra? ¿Divino? ¿Eterno? ¿El asesino de la muerte?

Con razón Pablo lo llamó «el corazón del evangelio». Su lema da qué pensar: si el relato es verídico, constituye el eje de la historia. Punto. Si no, es la mayor patraña de la historia.

Por eso la cruz es lo que importa.

—Con razón lo llaman el Salvador

La diadema de dolor

Que conmovió tu dulce faz,

Tres clavos horadando carne y madera

Para mantenerte en ese lugar.

Yo entiendo la necesidad de la sangre.

Me abrazo a tu sacrificio.

¿Pero la esponja amarga, la lanza cortante,

La escupida en tu rostro?

¿Tenía que ocurrir eso en la cruz?

No hubo una muerte apacible

sino seis horas colgando entre la vida y la muerte,

todo estimulado por un beso de traición.

«Oh Padre», tú insistes,

corazón silencioso a lo que habría de ocurrir,

Siento preguntar, pero necesito saber:

«¿Tú hiciste esto por mí?»

—Él escogió los clavos

Con la pericia del mejor pintor, Dios reservó su obra maestra para el final. Todos los actos de amor previos fueron pasos preliminares. Los ángeles callaron y los cielos se detuvieron para presenciar el gran final. Dios descubre el lienzo y el acto final de compasión divina es revelado.

Dios en una cruz.

El Creador sacrificado por la creación. Dios convenciendo al hombre de una vez por todas de que el perdón aún sigue al fracaso.

Me pregunto si, estando en la cruz, el Creador dejó que su mente divagara pensando en el principio. Uno se pregunta si dejó que millares de rostros y sucesos desfilaran por su memoria. ¿Recordaría la creación del cielo y del mar? ¿Reviviría las conversaciones con Abraham y Moisés? ¿Se acordaría de las plagas y las promesas, del desierto y los peregrinajes? No lo sabemos.

Pero sí sabemos lo que dijo.

«Consumado es».

La misión estaba cumplida. Todo lo que el experto pintor tenía que hacer estaba terminado, y hecho a la perfección. Ahora su creación vendría a casa.

Exclamó: «¡Consumado es!»

Entonces el gran Creador volvió a casa.

(Aunque no está descansando. Se sabe que sus incansables manos están preparando una ciudad tan gloriosa que aun a los ángeles se les eriza la piel de emoción al verla. Tomando en cuenta lo que Él ya ha creado, esa es una creación que tengo planeado ver.)

—*Con razón lo llaman el Salvador*

*N*o fueron los clavos los que fijaron a Dios a una cruz. Fue amor.

—*Cuando Dios susurra tu nombre*

*S*eis horas, un viernes.

Para el observador casual las seis horas son triviales. Un pastor con sus ovejas, un ama de casa con sus ideas, un doctor con sus pacientes. Pero para el puñado de testigos sobrecogidos está ocurriendo el milagro más increíble.

Dios en una cruz. El creador del universo siendo ejecutado.

Saliva y sangre cubren sus mejillas, y sus labios están partidos e hinchados. Espinos rasgan su cuero cabelludo. Sus pulmones gritan de dolor. Sus piernas retorcidas con calambres. Nervios tiesos amenazan con romperse a medida que el dolor hace vibrar su mórbida melodía. Con todo, la muerte aún no está lista. Y no hay nadie que lo salve, porque Él se está sacrificando a sí mismo.

No son seis horas normales... no es un viernes normal.

Mucho peor que el quebranto de su cuerpo, su corazón está hecho jirones.

Sus propios compatriotas exigieron su muerte.

Su propio discípulo le dio el beso de la traición.

Sus propios amigos huyeron para esconderse.

Y ahora su propio padre está comenzando a darle la espalda, dejándolo solo.

Un testigo no pudo evitar preguntar: Jesús, ¿no piensas salvarte a ti mismo? ¿Qué te mantiene ahí? ¿Qué te ata a la cruz? Los clavos no atan los dioses a los árboles. ¿Por qué te quedas ahí?...

Seis horas. Un viernes.

Déjame hacerte una pregunta: ¿Qué haces con ese día de la historia? ¿Qué haces con sus pretensiones?

Si esto realmente fue así... si Dios en efecto ordenó su propia crucifixión... si le dio la espalda a su propio hijo... si tomó por asalto las puertas de Satanás, entonces esas seis horas de aquel viernes estuvieron impregnadas de un triunfo trágico. Si ese era Dios en aquella cruz, entonces el monte llamado Calavera es granito salpicado con estacas de las que puedes anclarte.

Aquellas no fueron seis horas normales. Fueron las seis horas más críticas de la historia. Porque durante esas seis horas de ese viernes, Dios incrustó en la tierra tres puntos de anclaje lo suficientemente fuertes para resistir cualquier huracán.

Punto de anclaje Nº 1: *Mi vida no es vana*. Esta roca asegura el casco de tu corazón. Su única función consiste en ofrecerte algo a lo que puedes aferrarte cuando enfrentas las oleadas de la vanidad y el relativismo. Es un firme anclaje en la convicción de que existe la verdad. Alguien tiene el control y tú tienes un propósito.

Aquel que tiene el derecho de condenarte ha provisto la manera de absolverte. Tú cometes errores. Dios no. Y tú eres obra suya.

Punto de anclaje Nº2: *Mis fracasos no son irremediables*. No es que a Él le agrade lo que hayas hecho, sino que ama la persona que tú eres. Eres suyo. Aquel que tiene el derecho de condenarte ha provisto la manera de absolverte. Tú cometes errores. Dios no. Y tú eres obra suya.

Punto de anclaje Nº3: *Mi muerte no es el fin*. Hay una roca más a la que deberías sujetarte. Es enorme. Es redonda. Y pesada. Bloqueó la entrada de una tumba. Pero no era demasiado grande. El sepulcro al que selló fue la tumba de un transeúnte. Tan solo entró allí para demostrar que podía salir. Y al salir llevó consigo la roca y la convirtió en un ancla. La lanzó a las profundidades más recónditas de la muerte. Aférrate a su roca, y el tifón del sepulcro se convierte en una brisa primaveral el domingo de Pascua.

Ahí están. Tres puntos de anclaje. Los puntos de anclaje de la cruz.

—*SEIS HORAS DE UN VIERNES*

*H*ubo algo en la crucifixión que instó a cada testigo o a acercarse o a alejarse de ella. Atraía y repelía a la vez.

Y hoy, al cabo de dos mil años, sucede lo mismo. Es la línea divisoria. Es la brecha continental. Es Normandía. Y tú estás en un lado o en el otro. Es preciso elegir. Podemos hacer lo que queramos con la cruz. Podemos examinar su historia. Podemos estudiar su teología. Podemos meditar en sus profecías. Pero lo único que no podemos hacer es alejarnos neutrales. No se permite la contemplación indiferente. La cruz, en su esplendor absurdo, no lo admite. Ese es un lujo que Dios, en su inconcebible misericordia, no consiente.

¿De qué lado estás tú?

—*Con razón lo llaman el Salvador*

El que estaba sin pecado tomó la forma de un pecador para que nosotros, pecadores, pudiéramos tomar la forma de un santo.

—*Él escogió los clavos*

Nuestro Maestro vivió una vida tridimensional. Él tenía una visión tan clara del futuro, como la tenía del presente y del pasado.

De ahí que sobraran las cuerdas que se usaron para atar sus manos, y los soldados que lo condujeron a la cruz. Todo eso fue incidental. Aun sin ellos, sin Pilato, o sin la multitud, la crucifixión habría tenido lugar. Es más, si Jesús hubiera tenido que clavarse a sí mismo en la cruz, lo habría hecho. Porque no fueron los soldados quienes lo asesinaron, ni los gritos de la turba. Fue su devoción por nosotros.

Entonces llámalo como prefieras: un acto de gracia, un plan de redención, el sacrificio de un mártir. Pero sea cual sea el nombre que le pongas, no lo llames un accidente. Fue cualquier cosa menos eso.

—DIOS SE ACERCÓ

Oh, las manos de Jesús. Manos de encarnación en su nacimiento. Manos de liberación al sanar. Manos de inspiración al enseñar. Manos de dedicación al servir. Y manos de salvación al morir.

La multitud en la cruz entendió que el propósito al martillar era clavar las manos de Cristo a un madero. Pero esto es solo la mitad de la verdad. No podemos culparlos por no ver la otra mitad. No podían verla. Pero Jesús sí. Y el cielo. Y nosotros.

A través de los ojos de la Escritura vemos lo que otros no vieron pero Jesús sí vio. «Él dejó sin efecto el documento que contenía los cargos contra nosotros. Los tomó y los destruyó, clavándolos a la cruz de Cristo» (Col 2.14).

Entre sus manos y la madera había una lista. Una larga lista. Una lista de nuestras faltas: nuestras concupiscencias y mentiras y momentos de avaricia y nuestros años de perdición. Una lista de todos nuestros pecados.

Suspendida de la cruz hay una lista pormenorizada de tus pecados. Las malas decisiones del año pasado. Las malas actitudes de la semana pasada. Allí abierta a la luz del día para que todos los que están en el cielo puedan verla, está la lista de tus faltas.

Dios ha hecho con nosotros lo que yo estoy haciendo con nuestra casa. Ha hecho una lista de nuestras faltas. Sin embargo, la lista que Dios ha hecho no se puede leer. Las palabras no se pueden descifrar. Los errores están cubiertos. Los pecados están escondidos. Los que están al principio de la lista están cubiertos por su mano; los que están más abajo en la lista están cubiertos por su sangre. Tus pecados han sido «tachados» por Jesús. «Dios anuló el documento de deuda que había contra nosotros y que nos obligaba; lo eliminó clavándolo en la cruz» (Col 2.14 DHH).

Por esto fue que se negó a cerrar el puño. ¡Porque vio la lista! ¿Qué lo hizo resistir? Este documento, esta lista de tus faltas. Él sabía que el precio de aquellos pecados era la muerte. Él sabía que la fuente de tales pecados eras tú, y como no pudo aceptar la idea de pasar la eternidad sin ti, escogió los clavos.

La mano que clavaba la mano no era la de un soldado romano.

La fuerza detrás del martillo no era la de una turba enfurecida.

El veredicto detrás de la muerte no fue una decisión de judíos celosos.

Jesús mismo escogió los clavos.

Él mismo abrió sus manos. Si el soldado hubiera vacilado, Jesús mismo habría alzado el mazo. Él sabía cómo. Para él no era extraño clavar clavos. Como carpintero sabía cómo hacerlo. Y como Salvador, sabía lo que eso significaba. Sabía que el propósito del clavo era poner tus pecados donde pudieran ser escondidos por su sacrificio y cubiertos por su sangre.

Él sabía que el precio de aquellos pecados era la muerte. Él sabía que la fuente de tales pecados eras tú, y como no pudo aceptar la idea de pasar la eternidad sin ti, escogió los clavos.

De modo que Jesús mismo usó el martillo.

La misma mano que calmó la mar, borra tu culpa.

La misma mano que limpió el templo, limpia tu corazón.

La mano es la mano de Dios.

El clavo es el clavo de Dios.

Y como las manos de Jesús se abrieron para el clavo, las puertas del cielo se abrieron para ti.

—*ÉL ESCOGIÓ LOS CLAVOS*

*P*ablo dice: «Lejos esté de mí gloriarme sino en la cruz de nuestro Señor Jesucristo» (Gá 6.14). ¿Sientes que necesitas palabras que te animen? ¿Necesita atención tu autoestima? No tienes que mencionar a gente importante ni tampoco presumir. Solo necesitas detenerte al pie de la cruz y acordarte de esto: El Creador de las estrellas prefirió morir por ti antes que vivir sin ti. Ese es un hecho. Si necesitas gloriarte, glóriate en eso.

—*ALIGERE SU EQUIPAJE*

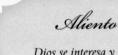

Aliento

Dios se interesa y tiene
todo bajo control

Un niño entró a una tienda de mascotas buscando un perrito. El dueño le mostró una camada de perritos en una caja. El niño los miró. Los fue tomando uno por uno. Los sacaba de la caja y los volvía a poner allí.

Después de varios minutos, fue donde el dueño de la tienda y le dijo:

—Ya escogí uno. ¿Cuánto vale?

El hombre le dijo cuánto y el niño prometió volver dentro de algunos días con el dinero.

—No te tardes mucho —le advirtió el dueño—. Los cachorritos como estos se van rápido.

El niño se sonrió y le dijo:

—No se preocupe, señor. El mío no se irá.

Se puso a trabajar: cortó la hierba, lavó ventanas, limpió patios. Trabajó duro y ahorró todo lo que pudo.

Cuando tuvo suficiente para pagar por su mascota, volvió a la tienda.

Se dirigió al mostrador y puso encima un puñado de billetes. El dueño los contó y después de verificar que todo estaba bien, le dijo, sonriente:

—Muy bien, hijo, puedes llevarte tu cachorro.

El niño se dirigió a la caja, sacó un perrito flaco y cojo de una pierna, y se aprestó a irse.

El dueño lo detuvo.

—No te lleves ese —le dijo—. Tiene una pata mala. No puede jugar. Nunca podrá correr contigo. Ni correr a traerte algo que tú le pidas. Mejor elige un perrito sano y fuerte.

—No, señor —respondió el niño—. Este es exactamente el que he andado buscando. Y se aprestó a salir de la tienda.

El dueño quiso argumentar pero prefirió guardar silencio. Había entendido. Había visto que del extremo de una pierna del pantalón del niño se asomaba un soporte de su pierna lisiada.

¿Por qué eligió ese perrito? Porque él sabía cómo se sentía el animalito. Y sabía que era una mascota muy especial.

¿Qué sabía Jesús que le permitió hacer lo que hizo? Sabía cómo se sentía la gente y sabía que todos eran muy especiales.

Espero que nunca olvides esto.

Jesús sabe cómo te sientes. ¿Te sientes entre la espada y la pared en tu trabajo? Jesús sabe cómo te sientes. ¿Estás tratando de hacer más de lo humanamente posible? Él lo hizo antes que tú. ¿Tienes hijos que convierten la hora de la cena en «la hora piraña»? Jesús sabe cómo es eso. ¿Pide la gente más de lo que le das? Jesús lo entiende. ¿Tus hijos adolescentes no quieren escuchar? ¿Tus estudiantes no están esforzándose? ¿Tus empleados no cumplen con lo que les ordenas que hagan? Créeme, amigo, Jesús sabe cómo te sientes.

Cuando batallas, Él lo sabe. Cuando anhelas, Él responde. Cuando preguntas, Él escucha.

Tú vales mucho para Él. Vales tanto que se hizo ser humano como tú para que puedas acercarte a Él.

Cuando batallas, Él lo sabe. Cuando anhelas, Él responde. Cuando preguntas, Él escucha. Él ha estado allí. Has oído esto antes, pero necesitas oírlo de nuevo...

Él lo entiende con la compasión del niño lisiado...

Y, como el niño, Él pagó un gran precio para llevarte de vuelta a casa.

—*EN EL OJO DE LA TORMENTA*

*C*uando engrandecemos a Cristo, disminuyen nuestros temores.

—*SIN TEMOR*

¿*C*ómo tratar con el desánimo? ¿La cura para la desilusión? Regresa a la historia. Léela una y otra vez. Comprende que no eres la primera persona que ha llorado. Y que no eres tampoco la primera en recibir ayuda.

Lee la historia y recuerda que ¡su historia es también la tuya!

¿El desafío resulta demasiado grande? Lee la historia. Eres tú el que cruza el Mar Rojo con Moisés.

¿Demasiadas preocupaciones? Lee la historia. Eres tú el que recibe la comida del cielo junto con los israelitas.

¿Tus heridas son demasiado profundas? Lee la historia. Eres tú José perdonando a tus hermanos por haberte traicionado.

¿Tus enemigos son demasiado poderosos? Lee la historia. Eres tú el que marcha con Josafat a una batalla que ya ha sido ganada.

¿Tus desilusiones te pesan demasiado? Lee la historia de los discípulos que iban camino a Emaús. El Salvador que ellos pensaban que estaba muerto estaba caminando a su lado. Entró a la casa de ellos y se sentó a su mesa. Y algo sucedió dentro de sus corazones. «¿No ardía nuestro corazón dentro de nosotros mientras nos hablaba en el camino, cuando nos abría las Escrituras?» (Lc 24.32).

La próxima vez que te sientas desilusionado, no te dejes vencer por el pánico... No te des por vencido. Solo sé paciente y permítele a Dios que te recuerde que Él sigue estando al mando. Nada des por terminado hasta que se termine.

—*TODAVÍA REMUEVE PIEDRAS*

Tienes un pasaje al cielo que ningún ladrón puede robar,

un hogar eterno que no puede romper ningún divorcio.

Todos tus pecados han sido arrojados al mar.

Todos tus errores están clavados en la cruz.

Fuiste comprado con sangre y hecho en el cielo.

Un hijo de Dios con salvación eterna.

Entonces, sé agradecido y alégrate, pues

¿acaso no es cierto que lo que no tienes

es mucho menos que lo que tienes?

—*UN AMOR QUE PUEDES COMPARTIR*

*B*usca primeramente el reino de las riquezas y te vas a preocupar por cada peso. Busca primero el reino de la salud y te vas a preocupar por cada mancha o cada chichón. Busca primero el reino de la popularidad y vas a volver a vivir cada conflicto. Busca primero el reino de la seguridad y vas a dar un salto a cada sonido de una rama de árbol. Pero busca primero Su reino y lo vas a encontrar. En eso podemos depender y nunca preocuparnos.

—*SIN TEMOR*

*U*na tormenta en el mar de Galilea era como si un luchador de sumo cayera de panza en una piscina de niños. El valle del norte hacía el efecto de un túnel de viento que comprimía y lanzaba borrascas al lago. Las olas de tres metros eran comunes.

El relato comienza al caer la noche. Jesús está orando en la montaña, y los discípulos están temerosos en la barca. Estaban «en medio del mar», azotados «por las olas» (Mt 14.24). ¿Cuándo llega Cristo hasta ellos? «¡A la cuarta vigilia» {tres de la mañana} (v. 25)! Si la «noche» llegó a las seis, y Cristo apareció a las tres de la mañana, ¡los discípulos estuvieron solos en la tormenta durante nueve horas! Nueve tempestuosas horas. Bastante tiempo como para que más de un discípulo pregunte: «¿Dónde está Jesús? Él sabe que estamos en la barca. Por favor, Él fue el de la idea. ¿Está Dios en algún sitio?»

De la tormenta llega una voz inconfundible: «Soy yo».

Túnica mojada, cabello empapado. Las olas golpean la cintura y la lluvia azota el rostro. Súbitamente Jesús les habla: «¡Tened ánimo; yo soy, no temáis!» (v. 27).[1]

Tal lenguaje suena extraño, ¿verdad? Si has leído la historia, estás acostumbrado a un grito diferente de Cristo. Algo como: «¡Cálmense! Soy yo» (NVI), o «tengan valor, soy yo» (DHH).

Una traducción literal del anuncio de Jesús sería: «¡Ánimo; yo soy, no teman!»

Los traductores hacen pequeños ajustes por obvias razones. «Yo soy» parece truncado. «Soy yo» se oye más completo. Pero lo que Jesús gritó en la tormenta fue simplemente el magistral «Yo soy».

Las palabras resuenan como el toque de címbalos en la *Obertura 1812*. Lo hemos oído antes.

Hablando desde una zarza que ardía a un Moisés con rodillas temblorosas, Dios anunció: «YO SOY EL QUE SOY» (Éx 3.14).

Para desafiar a sus enemigos a probar lo contrario, Jesús declaró:

«Antes que Abraham fuese, yo soy» (Jn 8.58).

Decidido a decirlo muy a menudo y en voz tan alta que llame nuestra atención, Cristo corea:

- «Yo soy el pan de vida» (Jn 6.48).
- «Yo soy la luz del mundo» (Jn 8.12).

- «Yo soy la puerta; el que por mí entrare, será salvo» (Jn 10.9).
- «Yo soy el buen pastor» (Jn 10.11).
- «Yo soy el Hijo de Dios» (Jn 10.36).
- «Yo soy la resurrección y la vida» (Jn 11.25).
- «Yo soy el camino, y la verdad, y la vida» (Jn 14.6).
- «Yo soy la vid verdadera» (Jn 15.1).

Cristo en tiempo presente. Nunca dice: «yo fui». Nosotros sí lo decimos, porque «fuimos». Fuimos más jóvenes, más rápidos, más atractivos. Rememoramos porque tendemos a ser gente de tiempo pasado. Dios no es así. Inquebrantable en fortaleza, no dice: «Yo fui». El cielo no tiene espejos retrovisores.

Tampoco tiene bolas de cristal. Nuestro Dios «yo soy» no anhela: «Algún día seré». Repito, nosotros sí. Alimentados por sueños, tratamos de tomar el horizonte. «Algún día yo... » Dios no. ¿Puede el agua ser más húmeda? ¿Puede el viento ser menos viento? ¿Puede Dios ser más Dios? No. Él no cambia. Él es el Dios «yo soy». «Jesucristo es el mismo ayer, y hoy, y por los siglos» (Heb 13.8).

Desde el centro de la tormenta, el inquebrantable Jesús grita: «Yo soy». Elevado sobre los escombros del World Trade Center. Valiente contra las olas galileas. La unidad de cuidados intensivos, el campo de batalla, el salón de juntas, la celda de la cárcel o la sala de maternidad, cualquiera que sea la tormenta en la que ahora te encuentres: «Yo soy».

—*MI SALVADOR Y VECINO*

¿Puede Dios ser más Dios? No. Él no cambia.

*N*o es aún tan tarde para buscar el corazón de tu Padre. Tu Dios es un Dios bueno... Él te colmó con dones en esta vida, y te prometió otra. Sube esa montaña; Él no te dejará caer. Asume grandes riesgos; Él no te dejará fracasar. Él te invita a soñar con el día cuando sentirás su mano posada en tu hombro y sus ojos en tu rostro. «Bien», te dirá, «Buen siervo y fiel».

—*CURA PARA LA VIDA COMÚN*

*L*a Biblia dice que «Dios dispone todas las cosas para el bien de quienes lo aman» (Ro 8.28 DHH). Antes de concluir este capítulo, haz este sencillo ejercicio. Quita la palabra *todas* y reemplázala con el símbolo de tu tragedia.

¿Cómo diría Romanos 8.28 en tu vida?

En el hospital Dios dispone todas las cosas para el bien de quienes lo aman.

En el proceso de divorcio Dios dispone todas las cosas para el bien de quienes lo aman.

En la cárcel Dios dispone todas las cosas para el bien de quienes lo aman.

A pesar de lo difícil que pueda parecerte, es posible que estés a solo un sábado de una resurrección. A solo unas horas de esa preciosa oración de un corazón cambiado: «Dios, ¿hiciste esto por mí?»

—*ÉL ESCOGIÓ LOS CLAVOS*

*L*o que tú y yo calificamos como un desastre absoluto, Dios tal vez lo catalogue como un problema del tamaño de un barro que pasará inadvertido. Él ve tu vida como tú ves una película después de haber leído el libro. Cuando algo malo sucede, sientes que la sala de cine se queda sin oxígeno. Todos aguantan la respiración mientras ven la crisis que se desenvuelve sobre la pantalla. En cambio, tú observas todo sin sentir ansiedad. ¿Por qué? Porque ya leíste el libro y sabes que los «buenos» saldrán avante de la situación que parece imposible. Dios ve tu vida con la misma confianza. Él no solo ya leyó tu historia... Él mismo la escribió.

—*Acércate sediento*

«*P*orque las cosas que se escribieron antes, para nuestra enseñanza se escribieron», anotó Pablo, «a fin de que por la paciencia y la consolación de las Escrituras, tengamos esperanza» (Ro 15.4).

Estas historias no son solo para la Escuela Dominical. No son fábulas románticas. Tampoco son ilusiones del más allá. Son momentos históricos en los cuales un Dios real se encontró con verdadero dolor para que pudiésemos responder a la pregunta: «¿Dónde está Dios cuando sufro?»

Lo que importa es que nunca olvides cómo es la vida sin Él.

¿Cómo reacciona Dios ante las esperanzas destruidas? Lee la historia de Jairo. ¿Qué siente el Padre con respecto a los enfermos? Párate con Él junto al estanque de Betesda. ¿Anhelas que Dios hable a tu corazón solitario? Entonces escucha cuando les dice a los discípulos camino a Emaús. ¿Cuál es la palabra de Dios para los avergonzados? Observa mientras su dedo dibuja en la tierra del patio del templo en Jerusalén.

No lo hace por ellos solamente. Lo está haciendo por mí. Lo está haciendo por ti.

Lo cual nos lleva hasta la pintura final de la galería, la tuya... Párate frente a los lienzos que llevan tu nombre y dibuja tus retratos.

No es necesario que sea sobre un lienzo con pintura. Pudiera ser en un papel utilizando un lápiz, en una computadora usando palabras, en una escultura con arcilla, en una canción con letras. No importa cómo lo hagas, pero te animo a que lo hagas. Registra tu drama. Relata tus peripecias. Trama tu travesía.

Comienza con el «antes». ¿Cómo era tu vida antes de conocerlo? ¿Lo recuerdas? Tal vez hayan pasado décadas. Quizás fue ayer. A lo mejor lo conoces bien. Quién sabe si es que recién lo hayas conocido. Repito, eso no tiene importancia. Lo que importa es que nunca olvides cómo es la vida sin Él.

Los recuerdos pueden doler. Algunas partes de nuestro pasado no resultan agradables de recordar. Pero es necesario traerlos a la memoria. «Piensen en lo que eran cuando fueron llamados», instruyó Pablo (1 Co 1.26 NVI). Nosotros, los adoptados, no podemos olvidar cómo era la vida siendo huérfanos. Nosotros, los liberados, debiéramos volver a visitar la prisión. Los hallados, no podemos olvidarnos de la desesperación de estar perdidos.

La amnesia promueve la arrogancia. No podemos permitir que nos olvidemos. Necesitamos recordar.

Es necesario que contemos nuestra historia. No necesariamente a todo el mundo, pero a alguno. Existe alguien que es como eras tú. Él o ella necesitan saber lo que Dios puede hacer. El retrato sincero de tu pasado puede ser el impulso para el futuro de otro.

Pero no hagas un retrato del pasado solamente, pinta también el presente. Describe su toque. Exhibe el cambio que ha hecho en tu vida. Esta tarea también tiene sus desafíos. Mientras que puede resultar doloroso pintar el «antes», la pintura del «presente» puede resultar imprecisa. ¡Aún no ha terminado contigo!

¡Ah, pero mira lo mucho que ya has avanzado! Ni siquiera te conozco, pero sé que has recorrido un largo camino. ¿No existió una época en la que ni siquiera hubieras levantado un libro cristiano? Y ahora mírate; ¡casi has terminado la lectura de uno! Dios ha comenzado una obra en tu corazón. Y lo que Dios inicia, lo completa. «Estando persuadido de esto, que el que comenzó en vosotros la buena obra, la perfeccionará hasta el día de Jesucristo» (Fil 1.6).

De modo que lleva una crónica de lo que ha hecho Cristo. Si te ha dado paz, dibuja una paloma. Si gozo, pinta un arco iris en una pared. Si valor, canta una canción acerca de los que mueven montañas. Y cuando hayas acabado, no lo escondas. Ponlo donde puedas verlo. En un lugar que pueda recordarte a diario el tierno poder del Padre.

Cuando todos lleguemos al hogar, haremos una galería.

El retrato sincero de tu pasado puede ser el impulso para el futuro de otro.

Esa es mi idea. Sé que es loca, pero, ¿qué pasa si al llegar al hogar armamos una exposición? No sé si este tipo de acontecimientos están permitidos en el cielo. Pero algo me dice que al Padre no le molestará. Después de todo, habrá bastante espacio y mucho tiempo.

¡Y qué forma de romper el hielo! ¡Qué manera de hacerse de amigos! ¿Te lo imaginas? Está Jonás con una ballena de tamaño natural. Moisés frente a una zarza ardiente. David dando lecciones de honda. Gedeón permitiendo que la gente toque el vellón –*el vellón*– y Abraham está describiendo una pintura titulada: «La noche de las mil estrellas».

Te puedes sentar con Zaqueo en su árbol. Un joven te muestra una cesta con cinco panes y dos peces. Marta te da la bienvenida a su cocina. El centurión te invita a tocar la cruz.

Martín Lutero está presente con el libro de Romanos. Susana Wesley cuenta cómo oraba por sus hijos: Charles y John. Dwight Moody cuenta del día que dejó la zapatería para predicar. Y John Newton se ofrece para cantar «Sublime gracia» acompañado de un coro de ángeles.

Algunos son famosos, la mayoría no. Pero todos son héroes. Un soldado permite que te sientes en la trinchera que ha sido modelada según la que ocupaba cuando conoció a Cristo. Un ama de casa te muestra su Nuevo Testamento manchado de lágrimas. Junto a un nigeriano está el misionero que lo enseñó. Y detrás de un brasileño hay un dibujo del río donde fue bautizado.

En algún sitio de esta arena de esperanza está tu historia. Persona tras persona se acerca. Escuchan como si dispusiesen de todo el tiempo del mundo. (¡Y así es!) Te tratan como si fueses de la realeza. (¡Y lo eres!) Salomón te hace preguntas. Job te elogia por tu perseverancia. Josué alaba tu valor. Y cuando todos aplauden, tú también lo haces. Pues en el cielo, todos saben que todas las alabanzas se dirigen a una sola fuente.

Y hablando de la fuente, Él también está representado en la galería celestial. Voltéate y observa. Muy arriba de los demás. En el sitio más prominente. Exactamente en el centro. Hay una muestra expuesta en una plataforma elevada por encima de las demás. Puede verse desde cualquier punto de la galería, una peña. Es redonda. Es pesada. Se utiliza para tapar la abertura de una tumba.

Pero ya no. Pregúntales a María y a María. A Pedro. A Lázaro. A cualquiera de la galería. Te lo dirán. Las piedras nunca pudieron detener a Dios.

¿Habrá tal galería en el cielo? ¿Quién sabe? Pero sí sé que antes había una piedra frente a una tumba. Y sé con seguridad que fue removida. También sé que hay piedras en tu camino. Piedras que hacen tropezar y piedras que atrapan. Piedras demasiado grandes para ti...

Dios viene a nuestro mundo. Viene a tu mundo. Viene para hacer lo que no puedes. Viene para remover las piedras que no puedes correr siquiera un poco.

Las piedras no pueden detener a Dios. No pudieron en aquel entonces ni pueden ahora. Él aún remueve piedras.

—TODAVÍA REMUEVE PIEDRAS

Dios viene a nuestro mundo. Viene a tu mundo. Viene para hacer lo que no puedes.

Evangelismo

Esperanza para corazones sedientos

Una mujer en una pequeña comunidad de Arkansas era madre soltera con un frágil bebé. Su vecina la visitaba a menudo y cuidaba el niño para que ella pudiera ir de compras. Después de algunas semanas su vecina compartió más que tiempo con ella; compartió su fe, y la mujer hizo lo mismo que Mateo. Siguió a Cristo.

Los amigos de la joven madre protestaron. –¿Sabes qué enseñan esas personas? –repararon.

–Esto es lo que sé –les dijo–. Cuidaron de mi bebé.

Creo que a Jesús le gusta esta clase de respuesta. ¿Qué opinas tú? (Gracias a Landon Saunders por compartir esta anécdota conmigo.)

—MI SALVADOR Y VECINO

*H*as escuchado la voz que susurra tu nombre, ¿no es así? Has percibido el toque que te mueve y te has sentido impelido a hablar. ¿Acaso no te ha ocurrido?

Invitas a una pareja para tomar café. Nada heroico, solo una grata velada con viejos amigos. Pero en cuanto entran, puedes percibir la tensión. Están más fríos que glaciares. Te das cuenta que algo anda mal. Típicamente no eres de los inquisitivos, pero sientes una inquietud que rehúsa permanecer en silencio. De modo que preguntas.

Te encuentras en una reunión de negocios donde recriminan a uno de tus compañeros con mucha dureza. Todos los demás piensan: *Me alegro que ese no haya sido yo.* Pero el Espíritu Santo te conduce a pensar: *Qué mal debe sentirse.* Así que, después de la reunión te acercas al empleado y le expresas tu preocupación.

Te llama la atención el hombre que se encuentra del lado opuesto del auditorio de la iglesia. Se ve un tanto fuera de lugar, a causa de su ropa extraña y aspecto general. Te enteras que es de África y se encuentra en la ciudad por asuntos de negocios. El siguiente domingo regresa. Y el tercer domingo está allí. Te presentas. Te cuenta de lo fascinado que está por la fe y de cómo desea aprender más. En lugar de ofrecerte para enseñarle, solo le instas a leer la Biblia.

Más entrada la semana, te lamentas por no haber sido más directo. Llamas a la oficina donde él está consultando y te enteras que hoy parte para su casa. Sabes dentro de ti que no puedes permitir que se vaya. Así que corres al aeropuerto y lo encuentras esperando su vuelo, con una Biblia abierta sobre su regazo.

«¿Entiendes lo que lees?»
—le preguntas.

–¿Entiendes lo que lees? –le preguntas.

–¿Cómo puedo entenderlo si nadie me lo explica?

De modo que tú, al igual que Felipe, le explicas. Y él, como el etíope, cree. Pide el bautismo y se le ofrece. Él alcanza un vuelo posterior y tú alcanzas a vislumbrar lo que significa ser guiado por el Espíritu.

–¿Cómo puedo entenderlo si nadie me lo explica?

¿Hubo luces? Tú acabas de encender una. ¿Hubo voces? Fue la tuya. ¿Ocurrió un milagro? Acabas de ser testigo de uno. ¿Quién sabe? Si la Biblia se escribiese hoy, podría ser tu nombre el que figurase en el capítulo ocho de Hechos.

—*CUANDO DIOS SUSURRA TU NOMBRE*

*H*ace mucho tiempo, o quizás no tanto, había una tribu en una oscura y fría caverna.

Los habitantes de la caverna se acurrucaban juntos y gritaban contra el frío. Se lamentaban fuerte y largo. Era todo lo que hacían. Era todo lo que sabían hacer. Los ruidos en la caverna eran lúgubres, pero la gente no lo sabía porque nunca había conocido el gozo. El espíritu en la caverna era de muerte, pero la gente no lo sabía, porque nunca había conocido la vida.

Pero entonces, un día, escucharon una voz diferente.

–He oído vuestros lamentos –les anunció–. He sentido el frío que sentís y he visto la oscuridad en que estáis. He venido a ayudaros.

La gente en la caverna guardó silencio. Nunca antes habían oído esa voz. La esperanza sonaba extraña a sus oídos.

—¿Cómo podemos saber que vienes a ayudarnos?

—Confiad en mí —les respondió—. Tengo lo que vosotros necesitáis.

La gente de la caverna vio a través de la oscuridad la figura de un extraño. Estaba amontonando algo, luego se agachó y siguió amontonando más.

—¿Qué estás haciendo? —gritó uno, nervioso.

El extraño no respondió.

—¿Qué estás haciendo? —gritó otro, aún más fuerte.

No hubo respuesta.

—¡Contesta! —exigió un tercero.

El visitante se incorporó y habló en dirección a las voces:

—Tengo lo que vosotros necesitáis.

Y diciendo eso, se volvió al bulto que estaba a sus pies y lo encendió. La madera prendió, surgieron las llamas y la luz inundó la caverna.

La gente de la caverna se llenó de pavor.

—¡Quita eso! —le gritaron—. Nos hace daño verlo.

—La luz siempre hiere antes de ayudar —les respondió—. Acercaos. Pronto pasará el dolor.

—Yo no —dijo una voz.

—Yo no —agregó una segunda voz.

—Solo un tonto podría arriesgarse exponiendo sus ojos a tal luz.

El extraño se mantuvo cerca del fuego.

—¿Preferís la oscuridad? ¿Preferís el frío? No consideréis sus temores. Dad un paso de fe.

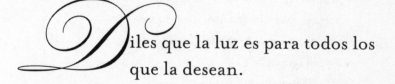

Diles que la luz es para todos los que la desean.

Por un largo rato nadie habló. La gente daba vueltas, cubriéndose los ojos. El que hizo el fuego se mantenía cerca del fuego.

–Aquí está muy agradable.

–Es cierto –dijo alguien detrás de él–. Está calentando.

El extraño se volvió y vio una figura que se acercaba lentamente al fuego.

–Ya puedo abrir los ojos –proclamó–. Puedo ver.

–Acércate más –invitó quien hizo el fuego.

Se acercó. Se paró dentro del círculo de luz.

–¡Es tan agradable!

Extendió sus manos y suspiró mientras el frío empezaba a desaparecer de su cuerpo.

–¡Venid todos! Sentid el calor –invitó.

–¡Silencio, mujer! –gritó uno de los habitantes de la caverna–. ¿Pretendes llevarnos a tu locura? Déjanos. Anda y llévate tu luz.

Ella se volvió al extraño.

–¿Por qué no quieren venir?

–Eligieron el frío, porque aunque es frío, es lo único que conocen. Prefieren el frío al cambio.

–¿Y vivir en la oscuridad?

–¡Y vivir en la oscuridad!

La mujer que ahora disfrutaba del calor guardó silencio. Miró primero a la oscuridad y luego al hombre que encendió el fuego.

–¿Vas a dejar el fuego? –le preguntó él.

Ella calló y luego respondió:

–No puedo. No puedo soportar el frío.

Luego habló de nuevo:

—Pero tampoco puedo soportar el pensamiento de mi pueblo en la oscuridad.

—¡No tienes que hacerlo! —le respondió él, acercándose al fuego y tomando un leño—. Lleva esto a tu pueblo. Diles que la luz está ahí y que la luz es calor. Diles que la luz es para todos los que la desean.

Entonces ella tomó la pequeña llama y se adentró en la oscuridad.

—*EL TRUENO APACIBLE*

*S*i el objetivo de Dios es la salvación del mundo, entonces mi meta debe ser la misma. Los detalles diferirán de persona a persona, pero el cuadro en grande será idéntico para todos nosotros. Pablo dice que somos los representantes de Cristo. Dios nos usa para persuadir a hombres y mujeres (ver 2 Co 5.20). Sin que importe lo que desconozcas del futuro, una cosa es cierta: se supone que debes contribuir al buen plan de Dios, hablar a otros del Dios que ama y anhela llevarnos a su hogar.

—*COMO JESÚS*

*Q*uerido amigo:

Te estoy escribiendo para darte las gracias. Me hubiera gustado haberte agradecido personalmente, pero no sé dónde estás. Hubiera querido llamarte por teléfono, pero no sé cómo te llamas. Si conociera tu aspecto te buscaría, pero tu rostro está difuso en mi mente. Sin embargo, jamás olvidaré lo que hiciste.

Allí estabas, apoyado contra tu camioneta en el campo petrolero al oeste de Texas. Un ingeniero o algo así. Un supervisor. Tu camisa limpia y planchada· te hacía diferente a nosotros los obreros. En la jerarquía de trabajo, estábamos abajo. Tú eras el jefe. Nosotros los obreros. Tú leías los planos. Nosotros cavábamos las zanjas. Tú inspeccionabas las tuberías. Nosotros las instalábamos. Tú comías con los jefes en el cobertizo. Nosotros, nos agrupábamos bajo la sombra.

Excepto aquel día.

Recuerdo que me pregunté por qué lo hiciste.

No lucíamos muy bien que se diga. Lo único que no sudaba era el petróleo. Los rostros quemados por el sol; la piel negra por la grasa. Aquello, sin embargo, no me molestaba. Estaba allí solo por el verano. Un muchacho de secundaria ganándose algunos dólares colocando tuberías. Para mí, era un trabajo de verano. Para los demás, una forma de ganarse la vida. La mayoría eran inmigrantes ilegales que habían venido de México. Otros eran vagabundos, yendo de un lugar a otro por la pradera, como plantas rodadoras.

Tampoco éramos muy brillantes en nuestra conversación. El lenguaje que usábamos era rudo y vulgar. Después del almuerzo, encendíamos un cigarrillo y empezaban las bromas. Nunca faltaba quien tuviera un mazo de naipes con muchachas provocativas en el reverso. Durante treinta minutos al calor del día, el lugar se transformaba en Las Vegas, repleto de lenguaje soez, historias sucias, juegos de naipes y taburetes de barra que hacían las veces de cubos donde poner el almuerzo.

En medio del juego, te acercaste a nosotros. Pensé que hubiera un trabajo que hacer y que no podías esperar un par de minutos. Como los demás, también protesté al verte venir.

Te veías nervioso. Recargabas el peso del cuerpo en un pie y luego en el otro mientras empezabas a hablar.

«¡Hmm! Muchachos», dijiste.

Nos volvimos y te miramos.

«Yo, bueno, me gustaría, este, invitarlos... »

Te estabas saliendo de tu zona de seguridad. No tenía idea lo que pensabas decir, pero sí sabía que no tenía nada que ver con el trabajo.

«Quería decirles, este, que nuestra iglesia tiene una reunión esta noche, este... »

¿Qué? No podía creerlo. *¿Está hablando de iglesia? ¿Aquí? ¿A nosotros?*

«Me agradaría mucho que me acompañaran».

Silencio. Un silencio que gritaba. El mismo silencio que oiría si una monja le pide a una madama usar su burdel para celebrar una misa. El mismo silencio que oiría si un representante de la Oficina de Rentas Internas invitara a la mafia a un seminario sobre integridad en el pago de los impuestos.

Algunos de los muchachos miraron el suelo. Algunas miradas penetrantes. Risitas contenidas se elevaron unas pulgadas por sobre la superficie.

«Bueno, muchachos, este. Eso era todo, hum... Si quieren venir, me lo dejan saber».

Después que te volviste y te alejaste, nos echamos a reír. Te llamamos *reverendo, predicador* y *el papa.* Comenzamos a lanzarnos burlas unos a otros y nos retábamos a responder. Te convertiste en el blanco de los chistes de ese día.

Estoy seguro que te diste cuenta. Y estoy seguro que volviste a tu camioneta sabiendo que lo único bueno que hiciste fue hacer el ridículo. Si era eso lo que pensabas, tengo que decirte que estabas equivocado. Es por eso que escribo esta carta.

Algo le dijo que si él plantaba la semilla, Dios garantizaría la cosecha.

He pensado en ti esta semana. Pensé en ti al leer de alguien que se atrevió a hacer algo durante la hora del almuerzo. Pensé en ti cuando leí la historia de un niño que le dio su almuerzo a Jesús (Juan 6.1-14).

No era mucho lo que el chico tenía en sus manos. En realidad, nada comparado con lo que se necesitaba para alimentar a más de cinco mil personas.

Probablemente tuvo que vencer el temor de hacer el ridículo porque, ¿qué era su almuerzo para tanta gente? Seguramente se preguntó si en verdad valdría la pena entregar su almuerzo.

¿Qué tan lejos se puede llegar con un almuerzo?

Creo que esa fue la razón por la que no se lo dio a la gente, sino a Jesús. Algo le dijo que si él plantaba la semilla, Dios garantizaría la cosecha.

Y así lo hizo.

Así es que hizo acopio de valentía, se puso de pie y se dirigió al círculo de personas adultas. Estaba tan fuera de lugar en aquel grupo como tú en el nuestro. Debe haberse sentido nervioso. A nadie le gusta hacer el ridículo.

Además, es probable que alguien se haya reído de él.

Y si no se rieron, deben de haber movido la cabeza, como diciendo: «¿No tendrá este niño algo mejor que hacer?»

Y si no movieron la cabeza, quizás movieron los ojos, como diciendo: «Estamos frente a una verdadera crisis de alimento y este pequeño piensa que con su almuerzo se va a solucionar todo».

Pero el niño no estaba mirando ni las cabezas ni los ojos de los adultos. Solo miraba a Jesús.

Posiblemente tú hiciste lo mismo cuando tomaste la decisión. No mucha gente nos hubiera considerado material para diáconos. Cualquiera hubiera guardado sus semillas para un terreno más dócil. Y casi hubieran tenido razón. Pero Jesús dijo que dieras... de modo que tú diste.

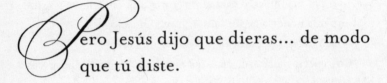

Pero Jesús dijo que dieras... de modo que tú diste.

Cuando pienso en esto, veo que tú y el niño de la historia tienen mucho en común:

- Ambos usaron su almuerzo para ayudar a otros.
- Ambos prefirieron la fe a la lógica.
- Ambos dibujaron una sonrisa en el rostro del Padre.

Hay, sin embargo, una diferencia. El niño pudo ver lo que Jesús hizo con su almuerzo, y tú no. Por eso es que te estoy escribiendo. Porque quiero que sepas que al menos una de esas semillas cayó en una grieta fértil.

Unos cinco años más tarde, un estudiante en segundo año de universidad estaba luchando con una decisión. Se había alejado de la fe que le habían dado sus padres. Y quería volver. Quería volver a casa. Pero el precio que tenía que pagar era alto. Sus amigos se burlarían de él. Tendría que cambiar sus hábitos. Tendría que recuperar su buena reputación.

¿Lo haría? ¿Tendría el valor necesario?

Entonces, pensé en ti. Sentado en mi dormitorio, tarde una noche, viendo de dónde sacaría el valor para hacer lo que tenía que hacer, pensé en ti.

Pensé que tu amor por Dios había sido mucho más importante que tu amor por tu reputación.

Pensé que tu sentido de obediencia había sido mucho más grande que tu sentido común.

Recordé que te habías preocupado más por hacer discípulos que por dejar una buena impresión. Y cuando pensé en ti, tu recuerdo se transformó en mi motivación.

Recordé que te habías preocupado más por hacer discípulos que por dejar una buena impresión. Y cuando pensé en ti, tu recuerdo se transformó en mi motivación.

Y regresé a casa.

He contado tu historia docenas de veces a miles de personas. Cada vez la reacción es la misma: la audiencia se transforma en un mar de sonrisas y las cabezas asienten en señal de comprensión. Algunos sonríen porque piensan en el ingeniero de la camisa impecable en sus vidas. Recuerdan al vecino que les llevó el pastel, a la tía que les escribió una carta, al profesor que escuchó...

Otros sonríen porque han hecho lo que tú hiciste. Y ellos, también, se preguntan si su «lealtad a la hora del almuerzo » valió el esfuerzo.

Tú te lo preguntaste. Lo que hiciste ese día no fue mucho. Y estoy seguro que te fuiste aquel día pensando que tu esfuerzo había sido en vano.

Pero no lo fue.

Así es que te estoy escribiendo para darte las gracias.

Gracias por el ejemplo. Gracias por el valor. Gracias por ofrecerle tu almuerzo a Dios. Él hizo algo con él: se convirtió en el Pan de Vida para mí.

Con gratitud,

Max

P.S. Si por una asombrosa coincidencia lees esto y recuerdas aquel día, por favor llámame. Te debo un almuerzo.

—EN EL OJO DE LA TORMENTA

Fe

Un loco presentimiento,
una esperanza sublime

«Si logro siquiera tocar su ropa», piensa ella, «quedaré sana» (Mr 5.28 NVI).

Temeraria decisión. Para tocarlo, deberá tocar a la gente. Si uno de ellos la reconoce... Hola represión, adiós cura. Pero, ¿qué opción le queda? No tiene dinero, ni influencias, ni amigos, ni soluciones. Lo único que tiene es un presentimiento loco de que Jesús puede ayudarla y una esperanza sublime de que lo hará.

Tal vez es lo único que tengas tú: un presentimiento loco y una esperanza sublime. No tienes nada para dar. Pero estás sufriendo. Y lo único que puedes ofrecerle es tu dolor.

Tal vez eso ha impedido que te acerques a Dios. Puede ser que hayas dado uno o dos pasos en su dirección. Pero luego viste a los otros que te rodeaban. Parecían tan limpios, tan pulcros, con su fe en tan buen estado. Cuando los viste, bloquearon la visión que tenías de Él. De manera que retrocediste.

Si eso te describe, presta atención, ese día solo una persona fue elogiada por la fe que tenía. Esa persona no fue un opulento dador. No fue un leal seguidor. No fue un maestro de renombre. Fue una pobre y tímida marginada de la sociedad que se aferró a su presentimiento de que Él podía y a su esperanza de que lo haría.

Lo cual, dicho sea de paso, no está mal como definición de la fe: *una convicción de que Él puede y una esperanza de que lo hará*. Se parece a la definición de la fe que da la Biblia. «Sin fe es imposible agradar a Dios, ya que cualquiera que se le acerca tiene que creer que Él existe y que recompensa a quienes lo buscan» (Heb 11.6 NVI).

No es tan complicado, ¿verdad? La fe es la creencia de que Dios existe y de que es bueno. La fe no es una experiencia mística ni una visión a medianoche ni una voz en el bosque. Es optar por creer que aquel que lo hizo todo no lo ha abandonado y que aún envía luz a las sombras y que responde a los gestos de fe.

Por supuesto que nada estaba garantizado. Ella tenía la esperanza de que Él respondiese. Lo anhelaba. Pero no sabía si lo haría. Lo único que sabía era que Él estaba presente y que era bueno. Eso es fe. La fe no trata de creer que Dios hará lo que uno quiere. La fe es creer que Dios hará lo correcto.

—*Todavía remueve piedras*

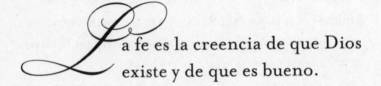
a fe es la creencia de que Dios existe y de que es bueno.

Alimenta tus temores y tu fe se va a morir de hambre.

Alimenta tu fe y los que morirán de hambre son tus temores.

—*SIN TEMOR*

La fe en el futuro engendra poder en el presente.

—*CUANDO DIOS SUSURRA TU NOMBRE*

Ya sea que haya nacido paralítico o que haya sufrido más adelante una parálisis, el resultado final era el mismo: total dependencia de otros. Alguien tenía que lavar su cara y bañar su cuerpo. No podía sonarse la nariz ni hacer una caminata. Solo corría en sus sueños y de ellos siempre se despertaba para encontrarse con un cuerpo que no podía voltearse y que no podía volver a dormirse por el dolor que le producían las imágenes soñadas.

«Lo que él necesita es un cuerpo nuevo», diría cualquier hombre con un poco de sentido común. Lo que precisa es un Dios celestial que le restaure lo que la tragedia le ha robado: brazos que se mecen, manos que puedan asirse y pies que bailen.

Cuando la gente lo miraba, no contemplaban al hombre; sino a un cuerpo necesitado de un milagro. Eso no es lo que veía la gente, pero es lo que la gente quería ver. Y ciertamente es lo que vieron sus amigos. De modo que hicieron lo que haría cualquiera de nosotros por un amigo. Intentaron conseguirle ayuda.

Se corría la voz de que un carpintero convertido en maestro, transformado en hacedor de milagros, estaba en la ciudad. Y al propagarse la noticia llegó la gente. Venían desde toda cueva y choza en Israel. Venían cual soldados que regresaban de la batalla: vendados, cojos, ciegos. Los ancianos con sus caras arrugadas y bocas desdentadas. Los jóvenes con bebés sordos y corazones destrozados. Padres con hijos mudos. Esposas con matrices estériles. Parecía que el mundo entero se había acercado para ver si era verdad o si era correcto o ambas cosas.

Ya cuando sus amigos arribaron al lugar, la casa estaba repleta. Había gente apiñada en las puertas. Los niños estaban sentados en las ventanas. Otros espiaban por encima de los hombros. ¿Cómo podría este pequeño grupo de amigos captar la atención de Jesús? Debían tomar una decisión: ¿Entramos o nos damos por vencidos?

¿Qué habría sucedido si los amigos se hubiesen dado por vencidos? ¿Qué habría pasado si se hubiesen encogido de hombros y se hubiesen puesto a murmurar quejas acerca de la cantidad de gente presente y de la comida que se les enfriaba, mientras se alejaban del lugar? Después de todo, habían hecho una buena obra con solo llegar hasta este punto. ¿Quién podría culparlos por echarse atrás? Solo es posible ayudar a otros hasta cierto punto. Pero estos amigos no habían hecho lo suficiente.

Uno dijo que se le ocurría una idea. Los cuatro se juntaron sobre el paralítico y escucharon el plan de subirse al techo de la casa, abrir un agujero y bajar por allí a su amigo con la ayuda de sus cinturones.

*L*a fe hace eso. Hace lo inesperado. Capta la atención de Dios.

Era arriesgado... Podrían caerse. Era peligroso... Pudiera caerse *él*. No era aceptable... Romper los techos es antisocial. Era invadir la privacidad ajena. Jesús estaba ocupado. Pero era su única oportunidad de ver a Jesús. De modo que se encaramaron en el techo.

La fe hace eso. Hace lo inesperado. Capta la atención de Dios. Observa lo que dice Marcos: «Al ver Jesús la fe de ellos, dijo al paralítico: Hijo, tus pecados te son perdonados» (Mr 2.5).

¡Por fin, alguien lo tomaba en serio! Cuatro hombres tenían suficiente esperanza en Él y amor por su amigo como para arriesgarse. La camilla en lo alto era una señal de lo alto... ¡Alguien cree! Estaba dispuesto a arriesgarse, a ser avergonzado o lastimado con el único fin de pasar unos momentos con el hombre de Galilea...

Jesús fue conmovido por la escena de fe. De manera que aplaude, aun cuando no lo haga con sus manos, lo hace con su corazón. Y no solo aplaude sino que bendice. Somos testigos de una divina explosión de amor.

Los amigos quieren que sane a su amigo. Pero Jesús no se conforma con una simple sanidad del cuerpo, Él desea sanar el alma. Obvia lo físico y trata con lo espiritual. La sanidad del cuerpo es temporal; la del alma es eterna.

La petición de los amigos es válida pero tímida. Las expectativas de la multitud son elevadas pero no lo suficiente. Esperan que Jesús diga: «Te sano». En lugar de eso dice: «Te perdono».

Ellos esperan que Él trate el cuerpo, pues es lo que pueden ver.

Jesús no se conforma con una simple sanidad del cuerpo, Él desea sanar el alma.

Él decide tratar no solo el cuerpo sino también lo espiritual, pues es lo que Él ve.

Ellos quieren que Jesús dé al hombre un cuerpo nuevo para que pueda caminar. Jesús le da gracia para que pueda vivir.

Es notable. En ocasiones Dios se conmueve tanto por lo que ve que nos da lo que necesitamos y no simplemente aquello que le pedimos.

Menos mal. Pues, ¿a quién se le hubiera ocurrido pedirle a Dios aquello que da? ¿Quién de nosotros se habría atrevido a decirle: «Dios, pudieras colgarte en un instrumento de tortura como sustituto por cada error que yo haya cometido»? Y a continuación haber tenido la audacia de agregar: «Y después de haberme perdonado, ¿podrías prepararme un sitio en tu hogar para morar para siempre?»

Como si eso no fuera suficiente: «Y por favor, ¿pudieras morar dentro de mí, protegerme, guiarme y bendecirme dándome más de lo que jamás podría merecer»?

Sinceramente, ¿tendríamos la osadía de solicitar eso? Creo que no pues nosotros, al igual que los amigos, solo habríamos pedido cosas pequeñas.

Pediríamos pequeñas cosas como una larga vida, un cuerpo sano y un buen trabajo. Pedidos grandiosos desde nuestra perspectiva, pero desde la de Dios equivale a optar por una motocicleta cuando Él nos ofrece el más confortable y lujoso de los autos.

Así es que conociendo que el paralítico no sabía lo suficiente como para pedir por lo que necesitaba, Jesús se lo dio de todos modos: «Hijo, tus pecados te son perdonados» (v. 5).

Los fariseos comenzaron a rezongar. Eso no está autorizado por la ley judía. Hasta un judío inexperto lo sabe: «¿Quién puede perdonar pecados sino sólo Dios?» (v. 7).

Sus murmuraciones engendran entonces una de las preguntas más importantes de Cristo: «¿Qué es más fácil decir al paralítico: Tus pecados te son perdonados, o decirle: Levántate, toma tu lecho y anda?» (v. 9).

Contesta tú a esa pregunta. ¿Qué es más fácil para Jesús? ¿Perdonar un alma o sanar un cuerpo? ¿Cuál le causaba menor dolor a Jesús, darle a este hombre la salud u otorgarle el cielo?

Para sanar el cuerpo del hombre bastó una simple orden; para perdonar sus pecados se necesitaba de la sangre de Jesús. Lo primero fue hecho en la casa de los amigos; lo segundo en un monte con ladrones. Uno requirió una palabra; el otro requirió su cuerpo. Uno llevó un momento; el otro le tomó la vida.

¿Cuál fue más fácil?

Tan grande era su amor por esta comitiva de fe que fue más allá de su pedido y fue directamente a la cruz.

—*Todavía remueve piedras*

*E*stoy sentado a pocos pies de un hombre condenado a muerte. Judío de nacimiento. Fabricante de carpas de oficio. Apóstol por llamado. Sus días están contados. Tengo curiosidad por saber qué es lo que sostiene a este hombre al aproximarse su ejecución. Así que le hago unas preguntas.

¿Tienes familia, Pablo? *Ninguna.*

¿Qué tal tu salud? *Mi cuerpo está golpeado y cansado.*

¿Cuáles son tus posesiones? *Tengo mis pergaminos. Mi pluma. Un manto.*

¿Y tu reputación? *Pues, no vale mucho. Para algunos soy un hereje, para otros un indómito.*

¿Tienes amigos? *Sí, pero incluso algunos de ellos se han echado atrás.*

¿Tienes galardones? *No en la tierra.*

Entonces, ¿qué tienes, Pablo? Sin posesiones. Sin familia. Criticado por algunos. Escarnecido por otros. ¿Qué tienes, Pablo? ¿Qué cosa tienes que valga la pena?

Me reclino en silencio y espero. Pablo cierra su puño. Lo mira. Yo lo miro. ¿Qué es lo que sostiene? ¿Qué tiene?

Extiende su mano para que la pueda ver. Al inclinarme hacia adelante, abre su puño. Observo su palma. Está vacía.

Tengo mi fe. Es todo lo que tengo. Pero es lo único que necesito. He guardado la fe.

Pablo se reclina contra la pared de su celda y sonríe. Y yo me reclino contra otra pared y fijo la vista en el rostro de un hombre que ha aprendido que la vida es más de lo que el ojo percibe.

Pues de eso se trata la fe. La fe es confiar en lo que el ojo no puede ver.

Los ojos ven al león que acecha. La fe ve el ángel de Daniel.

Los ojos ven tormentas. La fe ve el arco iris de Noé.

Los ojos ven gigantes. La fe ve a Canaán.

Tus ojos ven tus faltas. Tu fe ve a tu Salvador.

Tus ojos ven tu culpa. Tu fe ve su sangre.

Tus ojos ven tu tumba. Tu fe ve una ciudad cuyo constructor y creador es Dios.

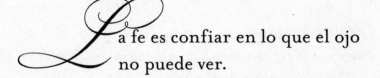

La fe es confiar en lo que el ojo
no puede ver.

Tus ojos miran al espejo y ven un pecador, un fracaso, un quebrantador de promesas. Pero por fe miras al espejo y te ves como pródigo elegantemente vestido llevando en tu dedo el anillo de la gracia y en tu rostro el beso de tu Padre.

—CUANDO DIOS SUSURRA TU NOMBRE

*H*az algo que demuestre tu fe. Pues la fe sin esfuerzo no es fe. *Dios responderá.* Nunca ha rechazado un gesto genuino de fe. Nunca. Dios honra la fe radical y arriesgada.

—TODAVÍA REMUEVE PIEDRAS

*¿C*ómo llenarías este espacio?

Una persona se justifica ante Dios...._____

_____.

Una afirmación simple. Pero no te dejes engañar por su brevedad. Tu respuesta es crucial pues refleja la naturaleza de tu fe.

Una persona se justifica ante Dios...

Haciendo el bien. Una persona se justifica ante Dios a través de la bondad. Pagando sus impuestos. Repartiendo emparedados a los pobres. Cuando no conduce demasiado rápido, ni bebe demasiado, o no bebe en absoluto. Una conducta cristiana, ese es el secreto.

Sufriendo. Esa es la respuesta. Así se justifica alguien ante Dios: sufre. Duerme en suelos sucios. Recorre selvas húmedas. Malaria.

Pobreza. Días fríos. Vigilias nocturnas. Votos de castidad. Cabezas rapadas, pies descalzos. A mayor sufrimiento, más santo.

No, no, no. ¿Cómo justificarse ante Dios? Con doctrina. Árida interpretación de la verdad. Teología hermética que esclarece cada misterio. El milenio simplificado. La inspiración explicada. El papel de las mujeres definido de una vez por todas. Dios tiene que salvarnos, sabemos más que Él.

¿Cómo nos justificamos ante Dios? Hemos intentado todas las anteriores. Todas se enseñan. Todas son manifiestas. Pero ninguna viene de Dios.

De hecho, ese es el problema. Ninguna proviene de Dios. Todas son inventos de hombres. Piensa en esto. ¿Quién es el protagonista en los ejemplos anteriores? ¿La humanidad o Dios? ¿Quién determina la salvación, tú o Él?

Si nos salvamos mediante buenas obras, no necesitamos a Dios. Unos recordatorios semanales de qué hacer y qué no hacer bastarán para llevarnos al cielo. Si el sufrimiento nos salva, sin duda que Dios sobra. Solo necesitamos un azote, una cadena, y el evangelio de la culpa. Si es la doctrina la que nos salva, ¡por todos los cielos, pongámonos a estudiar! No necesitamos a Dios. Necesitamos un léxico. Sopesar los hechos. Explorar las opciones. Descifrar la verdad.

Pero ten cuidado, estudiante. Porque si te salvas mediante una doctrina exacta, entonces un error sería fatal. Lo mismo se aplica a quienes creen que el hombre se justifica ante Dios por medio de las obras. Espero que la tentación nunca sea más grande que la fortaleza. De lo contrario, una mala caída podría ser un mal presagio. Y quienes piensan que se salvan por medio del sufrimiento también deben tener cuidado, porque nunca saben cuánto sufrimiento se necesita.

Ten cuidado... si estás salvándote a ti mismo, nunca estás seguro de nada.

De hecho, si estás salvándote a ti mismo, nunca estás seguro de nada. Nunca sabes si has sufrido lo suficiente, o si has llorado lo suficiente, o si has aprendido lo suficiente. Tal es el resultado de la religión sistematizada: miedo, inseguridad, inestabilidad. Y además, irónicamente, arrogancia.

Así es, arrogancia. Los inseguros son los que más presumen. Quienes procuran salvarse a sí mismos se promueven a sí mismos. Los que se salvan por obras demuestran obras. Los que se salvan mediante el sufrimiento muestran sus cicatrices. Los que se salvan por emociones presumen de sus sentimientos. Y los que se salvan por medio de doctrinas, bueno, ya sabes. Hacen alarde de su doctrina por doquier.

¿Te atreves a pararte delante de Dios y pedirle que te salve en virtud de tu sufrimiento, de tus sacrificios, de tus lágrimas o de tu estudio?

Yo tampoco.

Ni Pablo. A él le tomó décadas descubrir lo que resumió en una sola frase: «El hombre es justificado por fe» (Ro 3.28).

No es por medio de buenas obras, ni de sufrimiento, ni de estudio. Todos estos pueden ser consecuencias de la salvación, pero no la causa de ella.

¿Cómo escaparás del juicio de Dios? Solo hay una manera. Mediante la fe en el sacrificio de Dios. No es lo que tú haces, sino lo que Él hizo.

—Y LOS ÁNGELES GUARDARON SILENCIO

Familia

Un tesoro que no tiene precio

*M*is hijas ya están muy crecidas para esto, pero cuando eran pequeñas, en la cuna y con pañales, yo llegaba a casa, gritaba sus nombres y las veía venir corriendo con sus brazos extendidos y chillando de alegría. Por los siguientes minutos hablábamos el lenguaje del cariño. Rodábamos por el suelo, les acariciaba la barriga, les hacía cosquillas y nos reíamos y jugábamos.

Nos alegrábamos con la presencia del otro. No me pedían nada como no fuera: «Juguemos, papá». Yo no les exigía nada, como no fuera: «No le pegues a papá con el martillo».

Mis hijas me dejaban que las quisiera.

—*Como Jesús*

*P*adres, no podemos proteger a nuestros hijos de todas las amenazas de la vida, pero podemos llevarlos a la Fuente de la vida. Podemos entregar con confianza nuestros hijos a Cristo.

—*SIN TEMOR*

*P*or las venas de mi padre corría aceite de motor. Se ganaba la vida reparando motores en los yacimientos petroleros, y para entretenerse reparaba motores de automóvil. Él trabajaba con la grasa y los pernos como los escultores con el barro; eran los materiales que había escogido. Lo apasionaban las máquinas.

Pero Dios le dio un hijo torpe para la mecánica, que no podía distinguir entre un diferencial y un disco de frenos. Mi padre trató de enseñarme. Y yo, de aprender. Para ser honesto, algo aprendí. Pero más de una vez me quedé dormido debajo del auto en que estábamos trabajando. A mí, las máquinas me anestesiaban. Pero los libros me fascinaban. Podía ir mil veces en mi bicicleta a la biblioteca. ¿Qué hace un mecánico con un hijo que adora los libros?

Le consigue una tarjeta de la biblioteca. Le compra unos cuantos libros en Navidad. Le coloca una lámpara sobre su cama para que pueda leer por las noches. Le paga una matrícula para que su hijo pueda estudiar durante el bachillerato literatura de nivel universitario. Mi padre hizo todo eso. ¿Sabe lo que no hizo? Jamás me dijo: «¿Por qué no puedes ser mecánico como tu padre y tu abuelo?» Tal vez comprendió mi inclinación. O quizás no quería que me muriera de hambre...

Estudia a tus hijos mientras puedas. El mayor regalo que puedes hacerles no son tus propias riquezas, sino ayudarles a revelar las suyas.

—*CURA PARA LA VIDA COMÚN*

*E*l amor de un padre por su hijo es una fuerza poderosa. Piensa en la pareja con su bebé recién nacido. El niño no les ofrece a sus padres absolutamente nada. Ni dinero, ni habilidades, ni palabras de sabiduría. Si tuviera bolsillos, estarían vacíos. Ver a un bebé acostado en su camita es ver una total impotencia. ¿Qué tiene como para que se le ame?

Lo que sea que tenga, mamá y papá lo saben identificar. Si no, observa el rostro de la madre mientras atiende a su bebé. O la mirada del papá mientras lo acuna. O trata de causar daño o hablar mal del niño. Si lo haces, te vas a encontrar con una fuerza poderosa, porque el amor de un padre es una fuerza poderosa.

—*ÉL ESCOGIÓ LOS CLAVOS*

*S*u canto lo logró. Al principio no lo noté. No tenía razón para hacerlo. Las circunstancias eran comunes. Un papá recogiendo a su hija de seis años después de una reunión de la tropa de exploradoras. A Sara le encantan; le gustan los premios que se gana y el uniforme que viste. Se subió al automóvil y me mostró su nuevo distintivo y una galleta recién horneada. Enfilé hacia la calle, encendí mi música favorita y fijé mi atención en cosas de mayor importancia como horarios y obligaciones.

Pero apenas di unos pocos pasos en el laberinto de los pensamientos tuve que retroceder. Sara cantaba. Cantaba acerca de Dios. Le cantaba a Dios. Con la cabeza hacia atrás, la mandíbula levantada y a pleno pulmón llenaba con música el vehículo. Las arpas del cielo hicieron una pausa para escuchar.

¿Es esa mi hija? ¿Se le oye como de más edad? Se le ve mayor, más alta, incluso más linda. ¿Me quedé dormido en algún punto? ¿Qué pasó con las mejillas regordetas? ¿Qué le ocurrió a la carita pequeña y dedos gorditos? Se estaba convirtiendo en toda una señorita. Con el cabello rubio llegándole a los hombros. Los pies colgándole sobre el asiento. En algún momento de la noche se había volteado una página y, ¡mírenla ahora!

Si eres padre sabes lo que quiero decir. Apenas ayer pañales, hoy... ¿las llaves del automóvil? De pronto tu hijo está a medio camino a la universidad y a ti se te están acabando las oportunidades de mostrar tu cariño, por así decirlo.

Eso fue lo que hice. La canción se acabó y Sara calló. Saqué la cinta y poniéndole una mano sobre el hombro le dije:

—Sara, eres una persona muy especial.

Ella me miró y sonrió con tolerancia.

—Algún día, un muchacho de piernas velludas te va a robar el corazón y te llevará al próximo siglo. Pero por ahora, me perteneces.

Ella giró su cabeza, miró a la distancia por un instante, luego volvió a mirarme y preguntó:

—Papá, ¿por qué te estás portando tan extraño?

Supongo que mis palabras le sonarían extrañas a una niña de seis años. El cariño de un padre cae como torpe en los oídos de un niño. Mi arranque de emoción iba más allá de su comprensión. Pero eso no impidió que lo dijera.

—*EN MANOS DE LA GRACIA*

*N*adie me dijo que los bebés recién nacidos hacen ruidos de noche. Toda la noche. Gorjean, jadean. Gimotean y dan quejidos. Hacen sonidos con los labios y dan profundos suspiros. Mantienen al papá despierto. Por lo menos Jenna me mantuvo despierto. Yo quería que Denalyn durmiera. Gracias a un problema con unos medicamentos, el descanso de ella después de la cesárea era muy poco. Así que en la primera noche en casa con nuestra primera hija, me ofrecí de voluntario para cuidarla. Envolvimos a nuestra belleza de ocho libras y cuatro onzas ⦃cuatro kilogramos⦄ en una suave frazada rosada, la colocamos en su cunita y la pusimos de mi lado de la cama. Con mucha rapidez, Denalyn se durmió profundamente. Jenna siguió el ejemplo de su mamá. ¿Y papá? Este padre no sabía qué hacer con los ruidos que hacía el bebé.

Como la respiración de Jenna se hizo más lenta, acerqué mi oído a la boca de ella para ver si estaba viva. Cuando su respiración se hizo muy rápida, fui por la enciclopedia familiar médica y busqué «hiperventilación infantil». Cuando ella hacía gorgoritos y jadeaba, yo hacía lo mismo. Después de un par de horas me di cuenta de que *no tenía ni una pista sobre cómo comportarme.*

Saqué a Jenna de su cama, la llevé a la sala de nuestro apartamento y me senté en una mecedora. Entonces fue cuando me invadió un tsunami de sensatez.

«Estamos a cargo de un ser humano».

No me importa lo fuerte que puedas ser. Tal vez seas un oficial de la marina que se especializa en saltar en paracaídas desde grandes alturas detrás de las líneas del enemigo. Tal vez pases todos los días tomando instantáneas decisiones millonarias en la bolsa de valores. No importa. Cada padre o madre se derrite en el instante en que siente el impacto de la paternidad.

Me sucedió a mí.

¿Cómo me metí en eso? Retracté mis pasos. Primero me llegó el amor y luego el matrimonio, a continuación *hablamos* de un cochecito para bebé. Por supuesto que yo estuve de acuerdo con la idea. Especialmente cuando consideré mi papel en el proyecto. De alguna forma, durante la expansión de nueve meses del plan, la realidad de la paternidad no se me hizo clara. Las mujeres están asintiendo y sonriendo. «Nunca subestimes la densidad de un hombre», dices. Pero las madres tienen una ventaja. Cuarenta semanas de recordatorios que se mueven dentro de ellas. Nuestra reacción se produce más tarde. Pero nos llega. Y para mí llegó a la medianoche, en la quietud de nuestro apartamento en el centro de Río de Janeiro, Brasil, mientras tenía a un pequeño ser humano en mis brazos.

—*SIN TEMOR*

7

¿Cómo está tu matrimonio?

Considéralo como tu violonchelo Testore. Finamente construido, un instrumento pocas veces visto que ha alcanzado la categoría de «raro» y está rápidamente ganando la condición de los que «no tienen precio». Pocos músicos tienen el privilegio de tocar un Testore; más aun, pocos poseen uno.

Casualmente conozco a un hombre que tiene uno. Él acordó a (atragántate) prestármelo una vez para un sermón. Deseando ilustrar la frágil santidad del matrimonio, le pedí ubicar el instrumento, que tenía cerca de trescientos años de antigüedad, sobre el escenario, y expliqué a la iglesia el valor del instrumento.

¿Cómo crees que traté la reliquia? ¿Qué la giré, la puse hacia abajo y que toqué sus cuerdas? De ninguna manera. El violonchelo era demasiado valioso para mis torpes dedos. Además, su propietario me lo había prestado. No me atrevía a deshonrar su tesoro.

El día de tu boda, Dios te prestó su trabajo artístico, complicadamente manufacturado, una obra maestra formada con precisión. Y te lo encargó como una creación única. Para que la valores, para que la honres. Fuiste bendecido con un Testore, ¿por qué perder el tiempo con alguien más?

David falló en eso. Coleccionó esposas como trofeos. Vio en las esposas un medio para su placer, no como parte del plan de Dios. No cometas el mismo error.

Sé ferozmente leal a tu pareja. *Ferozmente* leal. Ni siquiera mires dos veces a otra persona. No coquetees. No provoques. No merodees otro escritorio ni te demores en esa oficina. ¿A quién le preocupa si pareces tener una actitud mojigata o maleducada? Hiciste una promesa. Mantenla.

Y, al hacerlo, fomenta también los hijos que Dios te da.

¿Cómo están las cosas con sus hijos?

Dios te presto su trabajo artístico. . . te lo encargó como una creación única. Para que la valores, para que lo honres. Valórala... Hónralo.

Los héroes silenciosos salpican el paisaje de nuestra sociedad. No llevan puestas medallas ni besan trofeos, sino que visten camisas vomitadas por sus hijos y besan rodillas rasguñadas. Ellos no aparecen en los titulares, pero cosen dobladillos, chequean perfiles y se mantienen en los bordes del campo de juego. No encontrarás sus nombres en la lista de los Nobel, pero sí los encontrarás en las listas de voluntarios del colegio, en las de transportación compartida y para enseñar en la clase dominical.

Son padres, tanto por sangre y como por obras, por apellido y calendario. Héroes. Los programas de noticias no los llaman. Pero está bien. Porque sus hijos sí. Las llaman mamá, los llaman papá. Y esas mamás y papás, más valiosos que todos los ejecutivos y legisladores del oeste del Mississippi, mantienen en silencio al mundo unido.

Cuéntate entre ellos. Léeles libros a tus hijos. Juega a la pelota mientras puedas o ellos quieran. Proponte mirar cada partido que jueguen, lee cada historia que escriban, escucha cada recital del que formen parte.

Los niños deletrean amor con seis letras: T-I-E-M-P-O. No solo cantidad de tiempo, sino también calidad de tiempo. Júntate con ellos, relájate con ellos, diviértete con ellos. A cualquier hora, a toda hora. Tus hijos no son tu *bobby*, son tu motivo.

Tu esposa no es tu trofeo, sino tu tesoro.

No pagues el precio que David pagó. ¿Podemos acercarnos unos pocos capítulos, a sus horas finales? Para ver el precio final de abandonar a su familia, mira el modo en que nuestro héroe muere.

David está a horas de su tumba. Con un frío instalado que las cobijas no pueden sacar. Los sirvientes deciden que necesita a una persona que le proporcione calor, alguien que lo sostenga fuertemente mientras él toma su último aliento.

¿Van por una de sus esposas? No. ¿Llaman a uno de sus hijos? No. «Así que fueron por todo Israel en busca de una muchacha hermosa... Se dedicó a cuidar y a servir al rey, aunque el rey nunca tuvo relaciones sexuales con ella» (1 R 1.3-4).

Sospecho que David hubiera canjeado todas sus conquistadas coronas por los cariñosos brazos de una esposa. Pero fue demasiado tarde. Murió con los cuidados de una extraña simplemente porque trató a su familia como extraños.

Pero no es demasiado tarde para ti.

Haz de tu esposa el objeto de tu más alta devoción. Haz de su esposo el receptor de tu más profunda pasión. Ama al que le diste anillo matrimonial.

Atesora a los hijos que llevan tu apellido.

Triunfa primero en tu hogar.

—*ENFRENTE A SUS GIGANTES*

*H*ay momentos en los que... somos llamados a amar sin esperar ninguna recompensa.

—*TODAVÍA REMUEVE PIEDRAS*

*¿T*e has fijado en la forma en que un novio mira a su novia durante la ceremonia de casamiento? Yo sí. Quizás es mi punto de vista privilegiado. Porque cuando oficio la ceremonia, estoy muy cerca del

novio. En un sentido, uno al lado del otro, Él entrando en el matrimonio, y yo facilitándoselo. Antes de llegar al altar, he estado con él por unos momentos «fuera de escena» observándolo cómo se acomoda el cuello una y otra vez y se seca el sudor. Sus amigos le recuerdan que todavía tiene tiempo de escapar, y siempre hay una mirada medio seria en sus ojos que sugiere que podría hacerlo. Como ministro, soy el que le doy la orden de caminar hacia el altar. Él me sigue mientras yo entro en la capilla. Parece un criminal caminando hacia el patíbulo. Pero todo cambia cuando aparece ella. Y la mirada que advierto en su rostro es mi escena favorita de toda la ceremonia.

La mayoría no la capta. Y no la capta porque la mayoría la está mirando a ella. Pero cuando otros ojos están puestos sobre la novia, yo dirijo mi vista al novio. Si la luz le da en el ángulo correcto, puedo ver un pequeño reflejo en sus ojos. Es ella reflejándose en los ojos de él. Y eso le recuerda por qué está ahí. Su mandíbula se suelta y su sonrisa forzada se suaviza. Se olvida que está metido dentro de un incómodo esmoquin. Y se olvida del sudor que le moja la camisa. Se olvida de la apuesta que hizo de que no vomitaría. Cuando la ve, cualquier peregrino pensamiento que hubiera tenido de salir huyendo le vuelve a parecer un chiste. Sobre su rostro se lee claramente: «¿Quién podría vivir sin esta novia?»

—*CUANDO CRISTO VENGA*

*L*os matrimonios saludables tienen un sentido de «permanencia». El esposo permanece con la esposa, y ella con él. Hay ternura, franqueza y comunicación continua. Lo mismo es en nuestra relación con Dios. Algunas veces nos acercamos a Él con nuestras alegrías, otras veces con nuestras heridas, pero siempre vamos. Y a medida que nos acercamos, mientras más nos acercamos, más llegamos a ser como Él. Pablo dice que estamos siendo transformados «de gloria en gloria» (2 Co 3.18).

Las personas que viven largo tiempo juntas a la larga empiezan a parecerse, a hablar de manera similar, e incluso a pensar igual. Conforme andamos con Dios captamos sus pensamientos, sus principios, sus actitudes. Nos apropiamos de su corazón.

Así como en el matrimonio, la comunión con Dios no es una carga. A decir verdad, es un deleite. «¡Cuán amables son tus moradas, oh Jehová de los ejércitos! Anhela mi alma y aun ardientemente desea los atrios de Jehová; mi corazón y mi carne cantan al Dios vivo» (Sal 84.1-2). El nivel de comunicación es tan dulce que nada se le compara.

—*COMO JESÚS*

¿Tiene Jesús algún comentario con respecto a los familiares difíciles? ¿Existe algún ejemplo de Jesús aportando paz a una familia herida? Sí, existe.

El suyo propio.

Tal vez te sorprenda saber que Jesús tenía una familia difícil. ¡A lo mejor te sorprenda saber que Jesús tenía una familia! Quizás no sabes que Jesús tenía hermanos y hermanas. Pero los tenía. Citando las críticas de los compueblanos de Jesús, Marcos escribió: «¿No es {Jesús} el carpintero, hijo de María y hermano de Jacobo, de José, de Judas y de Simón? ¿No están sus hermanas aquí con nosotros?» (Mr 6.3, NVI).

También es posible que te sorprenda saber que su familia distaba mucho de ser perfecta. Es cierto. Si tu familia no te aprecia, anímate, tampoco la de Jesús lo apreciaba. «En todas partes se honra a un profeta, menos en su tierra, entre sus familiares y en su propia casa» (Mr 6.4, NVI).

Me pregunto qué habrá querido comunicar al decir esas cinco palabras finales. Fue a la sinagoga donde se le había pedido que hablase. La gente estaba orgullosa de que este muchacho del lugar hubiera progresado tanto... hasta que escucharon lo que decía. Se refería a sí mismo como el Mesías, aquel que habría de cumplir la profecía.

¿Su respuesta? «¿No es éste el hijo de José?» ¿Traducción?: ¡Éste no es ningún Mesías! ¡Es igual que nosotros! Es el hijo del plomero que vive en la otra cuadra. Es el contador del tercer piso. Es el obrero de la construcción que solía salir con mi hermana. Dios no habla a través de personas conocidas.

Primero era un héroe pero un minuto después era un hereje. Observa lo que sucede a continuación. «Se levantaron, lo expulsaron del pueblo y lo llevaron hasta la cumbre de la colina sobre la que estaba construido el pueblo, para tirarlo por el precipicio. Pero Él pasó por en medio de la gente y se fue» (Lc 4.29-30, NVI)

Si tu familia no te aprecia, anímate, tampoco la de Jesús lo apreciaba.

¡Qué momento tan desagradable! Los amigos del vecindario de Jesús intentaron matarlo. Pero aun más desagradable de lo que vemos es lo que no vemos. Noten lo que falta en este versículo. Observen cuáles palabras debieran estar allí y sin embargo no están. «Y lo llevaron hasta la cumbre de la colina para tirarlo por el precipicio, pero los hermanos de Jesús se acercaron para defenderlo».

Nos gustaría leer eso pero no podemos, porque eso no es lo que dice. Eso no fue lo que sucedió. Cuando Jesús estuvo en dificultades sus hermanos se hicieron invisibles.

Sin embargo, no siempre se mantuvieron invisibles. Hubo un momento en el que hablaron. Hubo una ocasión en la que fueron vistos con Él en público. No porque estuviesen orgullosos de Él sino porque se avergonzaban de Él. «Sus familiares, salieron a hacerse cargo de Él, porque decían: «Está loco» (Mr 3.21 NVI).

Los hermanos de Jesús pensaban que su hermano era un lunático. No estaban orgullosos... ¡Estaban avergonzados!

«Está totalmente loco mamá. Deberías escuchar lo que dice la gente acerca de Él».

«La gente dice que se ha vuelto lunático».

«Sí, una persona me preguntó por qué no hacemos algo para detenerlo».

«Menos mal que no está papá para ver lo que está haciendo Jesús».

Palabras hirientes proferidas por aquellos que estaban más cerca de Jesús.

Aquí hay más:

Y le dijeron sus hermanos: Sal de aquí y vete a Judea, para que también tus discípulos vean las obras que haces. Porque ninguno que procura darse a conocer hace algo en secreto. Si estas cosas haces, manifiéstate al mundo. Porque ni aun sus hermanos creían en Él. (Jn 7.3-5)

¡Escucha el sarcasmo contenido en esas palabras! Destilan ridiculez. ¿Cómo hace Jesús para soportar a estos tipos? ¿Cómo es posible creer en uno mismo cuando aquellos que más te conocen no lo hacen? ¿Cómo se puede avanzar cuando tu familia desea halarte hacia atrás? Cuando tú y tu familia tienen intereses diferentes, ¿qué debes hacer?

Jesús nos da algunas respuestas.

Vale la pena observar que no intentó controlar el comportamiento de su familia, ni permitió que la conducta de ellos controlara la suya. No exigió que estuviesen de acuerdo con Él. No se malhumoró cuando lo insultaron. No tomó como su misión el complacerlos a ellos.

Cada uno de nosotros tiene la fantasía de que nuestra familia será como los Walton {familia de un programa de televisión}, con la expectativa de que nuestros amigos más queridos serán los de nuestra propia sangre. Jesús no tenía esa expectativa. Mira cómo definía a su familia: «Cualquiera que hace la voluntad de Dios es mi hermano, mi hermana y mi madre» (Mr 3.35 NVI).

Si el mismo Jesús no pudo forzar a su familia para que aceptaran sus convicciones, ¿qué te hace pensar que podrás forzar a la tuya?

Cuando los hermanos de Jesús no compartieron sus convicciones, Él no intentó forzarlos a que lo hicieran. Reconoció que su familia espiritual podría proveer lo que no podía aportar su familia física.
Si el mismo Jesús no pudo forzar a su familia para que aceptaran sus
convicciones, ¿qué te hace pensar que podrás forzar a la tuya?

No podemos controlar el modo en que reacciona nuestra familia
con nosotros. En lo que respecta al comportamiento de los otros
para con nosotros, tenemos las manos atadas. Debemos superar la
idea ingenua de que si obramos bien la gente nos tratará como corresponde. La realidad es que tal vez lo hagan o quizás no. No podemos
ejercer control sobre el modo de reaccionar de la gente ante
nosotros.

Si tu padre es un cretino, podrías ser la mejor hija del mundo y
aun así él no te lo diría.

Si a tu tía no le agrada tu carrera, pudieras cambiar de trabajo
una docena de veces y aun así no lograrías complacerla.

Si tu hermana vive quejándose por lo que recibiste tú y ella no,
pudieras llegar a darle todo y aun así no lograrás que ella cambie.

Mientras pienses que puedes controlar el comportamiento de
las personas para contigo, permanecerás prisionero de sus opiniones. Si piensas que puedes controlar su opinión y esta no resulta ser
positiva... ¿A que no adivinas a quién le echarán la culpa? A ti.

Es un juego de reglas injustas y de finales fatales. Jesús no lo
jugó ni tampoco debes hacerlo tú.

No sabemos si José apoyó a su hijo Jesús en el ministerio, pero
sabemos que Dios sí lo hizo: «Este es mi Hijo amado, estoy muy
complacido con Él» (Mt 3.17 NVI).

No puedo asegurarte que tu familia llegue alguna vez a darte la bendición que buscas, pero estoy seguro de que Dios lo hará. Permite que Dios te dé lo que tu familia no te proporciona. Si tu padre terrenal no te ayuda, permite entonces que tu Padre celestial tome su lugar.

¿Cómo lo haces? Aceptando emocionalmente a Dios como tu padre. Verás, una cosa es aceptarlo como Señor y otra es reconocerlo como Salvador... Pero aceptarlo como Padre es un asunto totalmente diferente.

El reconocer a Dios como Señor es comprender que es soberano y supremo en el universo. El aceptarlo como Salvador implica aceptar su don de salvación ofrecido en la cruz. El aceptarlo como Padre significa avanzar un paso más. Idealmente, un padre es aquel que en tu vida provee para ti y te protege. Eso es exactamente lo que ha hecho Dios.

Ha provisto para tus necesidades (Mt 6.25-34). Te ha protegido del peligro (Sal 139.5). Te ha adoptado (Ef 1.5). Y te ha dado su nombre (1 Jn 3.1).

Dios ha probado ser un padre fiel. Ahora nos toca a nosotros ser hijos confiados. Permite que Dios te dé lo que tu familia no te da. Permítele llenar el vacío que otros han dejado. Depende de Él para recibir fortaleza y aliento. Observa las palabras de Pablo: «Eres hijo de Dios y *Dios te dará la bendición prometida*, porque eres su hijo» (Gá 4.7, traducción libre).

Un padre es aquel que en tu vida provee para ti y te protege. Eso es exactamente lo que ha hecho Dios.

Contar con la aprobación de la familia es algo deseable, pero no es necesario para lograr la felicidad y no siempre es posible. Jesús no permitió que la complicada dinámica de su familia hiciese sombra sobre el llamado de Dios para su vida. Y gracias a que no lo hizo este capítulo tiene un final feliz.

¿Qué le sucedió a la familia de Jesús?

Extraigamos juntos una pepita de oro escondida en una veta del libro de los Hechos. «Entonces {los discípulos} regresaron a Jerusalén desde el monte llamado de los Olivos... todos ellos se reunían de continuo para orar, junto con las mujeres *y con María, la madre de Jesús, y con los hermanos de Él*» (Hch 1.12, 14 NVI).

¡Qué cambio! Aquellos que se burlaban de Él ahora lo adoran. Los que sentían pena por Él ahora oran por Él. ¿Qué hubiera sucedido si Jesús los hubiese desheredado? O lo que es peor aún: ¿Qué habría pasado si hubiese asfixiado a su familia mediante sus exigencias de cambio?

Pero no lo hizo. En lugar de eso les dio espacio, tiempo y gracia. Por haberlo hecho, cambiaron. ¿Cuánto cambiaron? Un hermano se convirtió en apóstol (Gá 1.19) y otros llegaron a ser misioneros (1 Co 9.5).

De manera que no te desanimes. Dios aún cambia a las familias.

—*TODAVÍA REMUEVE PIEDRAS*

Perdón

Bondad recibida,
misericordia concedida

*C*risto vivió la vida que nosotros no podíamos vivir, sufrió el castigo que nosotros no podíamos sufrir para ofrecernos la esperanza que no podemos resistir. Su sacrificio nos implora hacer esta pregunta: Si él nos amó de tal manera, ¿acaso no podemos amarnos los unos a los otros? Si fuimos perdonados, ¿podemos no perdonar? Si hemos festejado en la mesa de gracia, ¿acaso no podemos compartir una migaja? «Nadie ha visto jamás a Dios, pero si nos amamos los unos a los otros, Dios permanece entre nosotros, y entre nosotros su amor se ha manifestado plenamente» (1 Jn 4.12).

—*Enfrente a sus gigantes*

*D*e pie ante diez mil ojos está Abraham Lincoln. Un Abraham Lincoln incómodo. Su incomodidad no se deriva de pensar en que va a pronunciar su primer discurso inaugural, sino de los ambiciosos esfuerzos de los sastres bien intencionados. No está acostumbrado a tal vestimenta: Saco negro de etiqueta, chaleco de seda, pantalones negros y sombrero de copa brillante. Sostiene un enorme bastón de ébano que tiene una cabeza dorada del tamaño de un huevo.

Se aproxima a la plataforma sosteniendo en una mano el sombrero y en la otra el bastón. No sabe qué hacer con ninguna de las dos cosas. Durante el tenso silencio que sigue al aplauso y antecede al discurso, busca un sitio dónde apoyarlos. Finalmente apoya el bastón en un rincón de la barandilla, pero aún no sabe qué hacer con el sombrero. Podría apoyarlo sobre el podio, pero ocuparía demasiado espacio. Tal vez sobre el piso... No, está demasiado sucio.

En ese preciso momento un hombre da un paso hacia adelante y toma el sombrero, luego regresa a su asiento y escucha con atención el discurso de Lincoln.

¿Quién es él? Es el amigo más querido de Lincoln. El presidente dijo de él: «Él y yo tal vez somos los mejores amigos del mundo».

Fue uno de los mayores defensores de las primeras épocas de la presidencia de Lincoln. Se le concedió el honor de escoltar a la señora Lincoln al gran baile de inauguración. Al entrar en ebullición la tormenta de la Guerra Civil muchos de los amigos de Lincoln se alejaron, pero este no. Amplió su lealtad al recorrer el sur en condición de embajador de paz de Lincoln. Suplicó a los del sur que no se separaran y a los del norte que brindaran su apoyo al presidente.

Sus esfuerzos fueron grandes pero la ola de ira fue aún mayor. El país se dividió y la Guerra Civil ensangrentó a la nación. El amigo de Lincoln nunca llegó a verlo. Murió tres meses después de la inauguración de Lincoln. Cansado por sus viajes, sucumbió ante una fiebre y Lincoln debió enfrentarse a la guerra solo.

Al oír la noticia de la muerte de su amigo, Lincoln lloró abiertamente y dio la orden de que la bandera de la Casa Blanca ondeara a media asta. Algunos piensan que el amigo de Lincoln habría sido seleccionado como su compañero de fórmula en 1864 y de esta manera habría llegado a ser presidente luego del asesinato del Gran Emancipador.

Nadie sabrá jamás lo que habría sucedido. Pero lo que sí sabemos es que Lincoln tenía un verdadero amigo. Y solo podemos imaginar la cantidad de ocasiones en que su recuerdo aportó calidez a una fría Oficina Oval. Él fue un ejemplo de amistad.

También fue un ejemplo de perdón.

Este amigo podría haber sido un enemigo con igual facilidad. Mucho antes de que él y Lincoln fuesen aliados, fueron competidores: políticos en busca de la misma posición. Y desafortunadamente sus debates son más conocidos que su amistad. Los debates entre Abraham Lincoln y su querido amigo Stephen A. Douglas.

Pero en el día más esplendoroso de Lincoln, Douglas dejó a un lado sus diferencias y sostuvo el sombrero del presidente... Douglas escuchó un llamado más sublime... asistió a la fiesta.

Somos sabios si hacemos lo mismo. Si superamos nuestras heridas. Pues si lo hacemos, estaremos presentes en el festejo final del Padre. Una fiesta que acabará con todas las demás. Una fiesta donde no se permitirá entrar a los malhumorados.

¿Por qué no vienes y participas de la diversión?

—Todavía remueve piedras

*E*n nuestro mundo, hubo una vez una persona que nos trajo mucho estrés a Denalyn y a mí. Nos llamaba en la mitad de la noche. Era exigente e implacable. Nos gritaba en público. Cuando quería algo, lo quería de inmediato, y exclusivamente de nosotros.

Pero nunca le pedimos que se fuera. Nunca le dijimos que dejara de fastidiarnos. Nunca tratamos de desquitarnos.

Después de todo, ella tenía apenas unos meses de edad.

Era fácil para nosotros perdonar el comportamiento de nuestra bebé porque sabíamos que estaba aprendiendo.

Ahora bien, hay una gran diferencia entre un niño inocente y un Judas premeditado. Pero aun así hay algo de cierto en mi historia: una forma de manejar las particularidades de una persona es tratar de entender por qué son particulares.

Jesús sabía que Judas había sucumbido ante un poderoso adversario. Era consciente de las tretas que susurra el enemigo (Él mismo las había oído.) Él entendía cuán difícil era para Judas hacer lo correcto.

Jesús no justificó lo que hizo Judas. No subestimó el hecho. Tampoco lo eximió de su responsabilidad. Pero sí miró a los ojos a su traidor e intentó comprender.

Una forma de manejar las particularidades de una persona es tratar de entender por qué son particulares.

Cuando odias a tu enemigo, se cierra la puerta de una prisión, y un prisionero es capturado. Pero cuando tratas de comprender y liberas a tu adversario de tu odio, entonces el prisionero es liberado, y ese prisionero eres tú.

—Y LOS ÁNGELES GUARDARON SILENCIO

¿*Q*uieres aprender a perdonar? Entonces piensa en todas las veces que has recibido perdón. «Más bien, sean bondadosos y compasivos unos con otros, y perdónense mutuamente, así como Dios los perdonó a ustedes en Cristo» (Ef 4.32 NIV).

—UN AMOR QUE PUEDES COMPARTIR

¿*P*or qué regresaron los discípuos? ¿Por los rumores de la resurrección? Tuvo que ser eso, en parte...

Pero fue más que tan solo rumores de una tumba vacía lo que los trajo de vuelta. Había algo en sus corazones que no los dejaba vivir con su traición. Pues, por comprensibles que hubieran sido sus excusas, no eran suficientes para borrar el final de la historia: habían traicionado a su Maestro. Cuando Jesús los necesitó, ellos salieron corriendo. Y ahora tenían que enfrentar la vergüenza.

Necesitados de perdón sin saber dónde buscarlo, regresaron. Fueron atraídos hacia el mismo aposento alto que encerraba los tiernos recuerdos del pan repartido y del vino simbólico. El simple hecho de que hubieran vuelto dice algo acerca de su líder. Es revelador que las personas que mejor conocían a Jesús no soportaran su desaprobación. Para los doce originales solo quedaban dos opciones: rendirse o suicidarse. Aun así, también revela algo de Jesús: quienes mejor lo conocían sabían que a pesar de haber hecho exactamente lo contrario a lo que habían prometido, todavía podían recibir perdón.

Así que regresaron. Cada uno con un álbum lleno de recuerdos y un delgado hilo de esperanza. Cada uno consciente de que todo había terminado, pero con la esperanza en el corazón de que una vez más sucediera lo imposible. «Si tan solo tuviera otra oportunidad».

Ahí se sentaron. La escasa conversación se concentra en los rumores de una tumba vacía. Alguien suspira. Alguien asegura la puerta. Alguien arrastra sus pies.

Y justo cuando la melancolía se vuelve intensa y espesa, justo cuando sus ilusiones caen presa de la lógica, justo cuando alguien dice «daría mi alma por verlo una vez más», un rostro familiar atraviesa la pared.

También revela algo de Jesús:
quienes mejor lo conocían sabían
que a pesar de haber hecho exactamente
lo contrario a lo que habían prometido,
todavía podían recibir perdón.

¡Vaya final! O, más bien, ¡vaya comienzo! No olvides la promesa implícita en esta historia. Para quienes hemos dado la espalda y hemos huido cuando debíamos haber permanecido y peleado –como hicieron los apóstoles–, este pasaje está cargado de esperanza. Un corazón arrepentido es lo único que Él pide. ¡Sal de las sombras! ¡Deja de esconderte! Un corazón arrepentido basta para convocar al Hijo de Dios y que Él en persona atraviese nuestros muros de culpa y vergüenza. El que perdonó a sus seguidores está dispuesto a perdonar al resto de nosotros. Lo único que tenemos que hacer es regresar.

Con razón lo llaman el Salvador.

—*CON RAZÓN LO LLAMAN EL SALVADOR*

Durante la Primera Guerra Mundial un soldado alemán se lanzó a un cráter de mortero fuera del camino. Allí encontró a un enemigo herido. El soldado caído estaba empapado en sangre y a minutos de la muerte. Conmovido por la suerte del hombre, el alemán le ofreció agua. Mediante esta pequeña bondad se formó un vínculo. El moribundo señaló el bolsillo de su camisa; el alemán sacó de allí una billetera y de esta unos retratos de familia. Los sostuvo frente al herido para que este pudiera contemplar a sus seres queridos por última vez. Con las balas silbando por encima de sus cabezas y la guerra rugiendo a su alrededor, estos dos enemigos fueron, por unos momentos, amigos.

¿Qué ocurrió en ese cráter de mortero? ¿Cesó todo el mal? ¿Se arreglaron todas las ofensas? No. Lo que ocurrió fue simplemente esto: dos enemigos se vieron cada uno como seres humanos necesitados. Esto es perdón. El perdón empieza al elevarse por encima de la guerra, al mirar más allá del uniforme y al decidir ver al otro, no como un enemigo y ni siquiera como amigo, sino solo como un compañero de luchas que anhela llegar seguro a casa.

—*EN MANOS DE LA GRACIA*

*N*unca estaremos limpios mientras no confesemos que estamos sucios. Nunca alcanzaremos la pureza mientras no admitamos nuestra inmundicia. Y nunca podremos lavar los pies de quienes están heridos mientras no permitamos que Jesús, aquel que hemos herido, lave los nuestros.

Este es el secreto del perdón. Nunca podrás perdonar más de lo que Dios ya te perdonó. Solo permitiendo que te lave los pies puedes tener fuerzas para lavárselos a otros.

¿Difícil de concebir? ¿Difícil de considerar la posibilidad de perdonar a quien nos ha herido?

Si es así, ve de nuevo a la habitación. Observa a Jesús yendo de discípulo en discípulo. ¿Puedes verlo? ¿Puedes oír el chapoteo del agua? ¿Puedes oírlo mientras se arrastra hasta la siguiente persona? Bien. Conserva la imagen.

Juan 13.12 dice: «Después de lavarles los pies» (DHH).

Por favor, nota que *terminó* de lavarles los pies. Eso significa que no se le escapó ninguno. ¿Por qué es tan importante esto? Porque también significa que le lavó los pies a Judas. Jesús le lavó los pies al traidor. Al traidor lo trató igual que a los demás. En unas pocas horas más, los pies de Judas guiarían a la guardia romana hasta donde estaba Jesús. Pero en ese momento, el Señor los acaricia.

Digamos que no fue fácil para Jesús.

Digamos que no va a ser fácil para nosotros.

Digamos que Dios nunca nos pedirá hacer algo que Él ya no haya hecho.

—*EL TRUENO APACIBLE*

Amor de Dios

Infalible, interminable

$\mathcal{D}$ios no te dejará ir. Él se ha esposado a ti por amor, y es el dueño de la única llave de las esposas. Tú no necesitas ganarte su amor. Ya lo tienes, y como no puedes ganártelo, tampoco lo puedes perder.

—3:16: *LOS NÚMEROS DE LA ESPERANZA*

$\mathcal{L}$a gran noticia de la Biblia no es que tú amas a Dios sino que Él te ama. No que tú puedes conocer a Dios, ¡sino que Él ya te conoce! Él ha tatuado tu nombre en la palma de su mano. Sus pensamientos acerca de ti son más numerosos que la arena en la playa. Tú nunca sales de su mente ni te pierdes de su vista. Él ve lo peor de ti y no deja de amarte. Tus pecados de mañana y tus fallas del futuro no lo tomarán por sorpresa pues los ve ahora mismo. Cada día y cada hecho de tu vida ha pasado delante de sus ojos y ha sido calculado conforme a su criterio. Él te conoce mejor de lo que tú te conoces y ha pronunciado su veredicto: Todavía te ama. Ningún descubrimiento lo decepcionará, ninguna rebelión lo disuadirá. Él te ama con amor eterno.

—*ACÉRCATE SEDIENTO*

$\mathscr{A}$ varios metros debajo de mi silla existe un lago, una caverna subterránea de agua cristalina a la que han denominado depósito acuífero Edwards. Los habitantes del sur de Tejas sabemos mucho acerca de este manto acuífero. Conocemos su longitud (284 kilómetros). Conocemos su orientación (de occidente a oriente, excepto bajo San Antonio, donde corre de norte a sur). Sabemos que tiene agua pura. Fresca. Que irriga prados y granjas, llena piscinas, y apaga la sed. Sabemos mucho acerca de esta caverna acuífera.

Pero a pesar de lo que sabemos, hay un dato esencial que desconocemos. No sabemos su tamaño. ¿La profundidad de la caverna? Un misterio. ¿El número de galones? No existen medidas. Nadie sabe la cantidad de agua que contiene.

Si observas el reporte meteorológico de la noche, pensarías lo contrario. Los meteorólogos presentan reportes frecuentes del nivel acuífero. Da la impresión de que han calculado la cantidad de agua. Un amigo me ha dicho: «La verdad es que nadie sabe cuánta agua hay ahí abajo».

Conocemos el impacto del amor de Dios. ¿Pero el volumen? Nadie lo ha medido jamás.

¿Será posible? Decidí investigar. Llamé a un ecologista. «Es correcto», afirmó. «Nosotros estimamos. No intentamos medir. ¿Pero la cantidad exacta? Nadie lo sabe». Sorprendente. La usamos, dependemos de ella, moriríamos sin ella... ¿pero medirla? No podemos.

¿Te lleva esto a pensar en otro pozo inconmensurable? Podría ser. No un pozo de agua sino un pozo de amor. El amor de Dios. Fresco. Puro como la nieve de abril. Un sorbo calma la garganta sedienta y suaviza el corazón recio. Sumerge una vida en el amor de Dios y observa cómo sale limpia y transformada. Conocemos el poder del amor de Dios.

¿Pero el volumen? Nadie lo ha medido jamás.

Los meteorólogos morales, preocupados porque podamos agotar sus reservas, dicen lo contrario. «No beban demasiado profundo», advierten recomendando raciones limitadas. Al fin de cuentas, algunas personas beben más de lo que les corresponde. Terroristas, traidores, maltratadores de sus esposas. Dejen que esos bribones empiecen a beber, y quizás tomen demasiado.

No obstante, ¿quién ha medido las profundidades del amor de Dios? Solo Dios mismo. «¿Quieres ver el tamaño de mi amor?», propone. «Asciende por el sinuoso sendero de las afueras de Jerusalén. Sigue las gotas de sangre sobre la tierra hasta alcanzar la cima de la colina. Antes de alzar la mirada, detente y oye mi susurro: "Así de grande es mi amor por ti"».

—*NO SE TRATA DE MÍ*

$\mathcal{E}$xisten muchas preguntas acerca de la Biblia que no podremos responder hasta llegar a nuestro hogar. Muchos agujeros y fotografías. Muchas ocasiones en las que reflexionaremos: «Me pregunto... »

Pero en nuestros cuestionamientos existe una pregunta que nunca hace falta que formulemos. ¿Se interesa Dios? ¿Le importamos a Dios? ¿Ama aún a sus hijos?

Por medio del pequeño rostro del bebé nacido en el establo dice que sí.

Sí, tus pecados te son perdonados.

Sí, tu nombre está escrito en los cielos.

Sí, la muerte ha sido derrotada.

Y sí, Dios ha entrado a tu mundo.

Emanuel. Dios con nosotros.

—*TODAVÍA REMUEVE PIEDRAS*

$\mathcal{E}$l amor nunca deja de ser.

Los gobiernos van a caer, pero el amor de Dios durará por siempre. Las coronas son temporales, pero el amor es eterno. Tu dinero se acabará, pero su amor no.

¿Cómo Dios tiene un amor como este? Nadie tiene un amor infalible. Ninguna persona puede amar de forma perfecta. Tienes razón. Nadie puede hacerlo. Pero Dios no es una persona. A diferencia de nuestro amor, el suyo nunca termina. Su amor es completamente diferente al nuestro.

Nuestro amor depende de quién es el receptor. Si mil personas nos pasaran por delante, no sentiríamos lo mismo por todos. Nuestro amor está regulado por el aspecto físico y la personalidad. Incluso si llegamos a conocer a gente que sea parecida a nosotros, nuestros sentimientos fluctúan. Según nos traten, así los amaremos. El receptor regula nuestro amor.

Con el amor de Dios no pasa esto. No tenemos ningún efecto en su termómetro de amor para nosotros. El amor de Dios le nace de adentro; no depende de lo que vea en nosotros. Es un amor sin causa y espontáneo...

¿Nos ama por nuestra bondad? ¿Por nuestra amabilidad? ¿Por nuestra gran fe? No, nos ama por *su* bondad, *su* amabilidad, *su* gran fe. Juan lo plantea así: «En esto consiste el amor: no en que nosotros hayamos amado a Dios, sino en que él nos amó a nosotros» (1 Jn 4.10).

¿No te alienta saber esto? El amor de Dios no depende de tu amor. La cantidad de tu amor no hace que el suyo aumente. Tu falta de amor no hace que disminuya. Tu bondad no eleva su amor, ni tu debilidad lo diluye. Dios nos dice lo mismo que Moisés le dijo a Israel:

> No por ser vosotros más que todos los pueblos os ha querido Jehová y os ha escogido, pues vosotros erais el más insignificante de todos los pueblos; sino por cuanto Jehová os amó. (Dt 7.7-8)

Dios te ama simplemente porque así lo ha decidido.
Te ama cuando no te sientes digno de que te amen.

El amor de Dios le nace de adentro; no depende de lo que vea en nosotros.

Te ama cuando nadie más lo hace. Puede que otros te abandonen, se divorcien de ti y te ignoren, pero Dios te amará. Siempre. Pase lo que pase.

—*UN AMOR QUE PUEDES COMPARTIR*

*É*l ama a cada uno de nosotros como si solo hubiese uno de nosotros para amar.

—*CUANDO DIOS SUSURRA TU NOMBRE*

*D*ios te ama tal como eres, pero rehúsa dejarte así. Él quiere que seas como Jesús.

—*COMO JESÚS*

*N*os encanta estar con los seres queridos.

¿Podría recordarle algo? Así es Dios. A Él le gusta estar con aquellos a quienes ama. ¿Cómo más explicas lo que hizo? Entre Él y nosotros había mucha distancia, un gran espacio. Él no podía soportarlo. No lo podía resistir. Por eso hizo algo al respecto.

Antes de descender a la tierra, Cristo «siendo en forma de Dios... se despojó a sí mismo, tomando forma de siervo, hecho semejantes los hombres» (Fil 2.6–7).

$\mathcal{E}$ntre Él y nosotros había mucha distancia, un gran espacio. Él no podía soportarlo. No lo podía resistir. Por eso hizo algo al respecto.

¿Por qué? ¿Por qué Jesús viajó tan lejos?

Me estaba haciendo esa pregunta cuando descubrí las ardillas fuera de mi ventana. Una familia de ardillas de cola negra había hecho su hogar entre las raíces del árbol al norte de mi oficina.

Habíamos sido vecinos durante tres años. Ellas me veían picotear el teclado. Yo las veía almacenar sus nueces y trepar el tronco. Nos divertíamos mutuamente. Puedo pasar el día mirándolas. A veces lo hago. Sin embargo, nunca he pensado en convertirme en ardilla. Su mundo no me atrae. ¿Quién desea dormir al lado de un peludo roedor con ojos redondos y brillantes? (Sin comentarios de las esposas que sienten que ya lo hacen.) ¿Renunciar a las Montañas Rocosas, la pesca de róbalo, las bodas y la risa, por un hoyo en la tierra y una dieta de avellanas sucias? No cuentes conmigo.

No obstante, cuenta con Jesús. ¡Qué mundo dejó! Nuestra mansión con más estilo sería para Él como el tronco de un árbol. La más fina cocina serían nueces en la mesa del cielo. Además, la idea de convertirse en una ardilla con garras, dientes diminutos y cola peluda no es nada si lo comparamos con que Dios se convierta en un embrión de una célula y entre a la matriz de María.

Pero lo hizo. El Dios del universo se dio contra las paredes de un vientre, nació en la pobreza de un campesino y pasó su primera noche en el abrevadero de una vaca. «Aquel Verbo fue hecho carne, y habitó entre nosotros» (Jn 1.14). El Dios del universo dejó la gloria del cielo y entró al vecindario. ¡Nuestro vecindario! ¡Quién habría imaginado que hiciera tal cosa!

¿Por qué? Le encanta estar con quienes ama.

—*MI SALVADOR Y VECINO*

*A*férrate a este versículo y deja que te lleve a la profundidad: «Dios es amor» (1 Jn 4.16).

La primera palabra del pasaje nos revela la sorpresa suprema del amor de Dios: que no tiene nada que ver contigo. Otros te aman simplemente por ser tú, porque te salen hoyuelos en la cara al sonreír o por tu manera de hablar que entretiene y cautiva. Hay personas que te aman debido a lo que eres, pero no Dios. Él te ama debido a lo que Él es. Él te ama porque decide hacerlo. Su amor no tiene causa fuera de Él y es espontáneo ciento por ciento porque solo depende de su elección para darlo. «No por ser vosotros más que todos los pueblos os ha querido Jehová y os ha escogido, pues vosotros erais el más insignificante de todos los pueblos; sino por cuanto Jehová os amó» (Dt 7.7-8).

Tú no influyes el amor de Dios así como no puedes afectar la naturaleza arbórea de un árbol ni lo celeste del cielo ni lo rocoso de la piedra. Tampoco puedes afectar el amor de Dios. Si pudieras, Juan habría usado más tinta para escribir: «Dios es amor *ocasional*» o «amor *esporádico*» o «amor *en las buenas*». Si tus acciones alteraran su devoción, Dios no sería amor sino que sería humano porque así es el amor humano.

Lo cierto es que ya has tenido suficiente amor humano, ¿no es así? Ya bastantes tipos te han coqueteado con la sinceridad de imitador de

Elvis Presley. Suficiente información hay en los diarios que te dicen que tu amor verdadero está a una sola dieta de distancia. Suficientes expectativas infladas con helio por parte de jefes, padres y pastores. Suficientes mañanas en las que hueles los errores que cometiste en tu búsqueda de amor la noche anterior.

¿No necesitas una fuente de amor que nunca se seque? La encontrarás en un monte pedregoso en las afueras de las murallas de Jerusalén, donde Jesús cuelga clavado y coronado de espinas. Cuando sientas que nadie te ama, asciende este monte. Medita larga y profundamente en el amor de Dios por ti.

—*ACÉRCATE SEDIENTO*

El amor de Dios no es humano. Su amor no es normal. Su amor ve tu pecado y a pesar de eso te ama. ¿Aprueba los errores que cometes? No. ¿Necesitas arrepentirte? Sí. Pero, ¿te arrepientes por su bien o por el tuyo? El tuyo. Su ego no necesita disculparse. Su amor no necesita reforzarse.

Y Él no podría amarte más de lo que te ama ahora.

—*EL TRUENO APACIBLE*

Cuando leemos Juan 3.16, sencilla y felizmente leemos: «Porque de tal manera amó Dios al mundo».

¿Cuán ancho es el amor de Dios? Suficientemente ancho como para cubrir todo el mundo. ¿Estás tú incluido en el mundo? Si lo estás, entonces estás incluido en el amor de Dios.

—ÉL ESCOGIÓ LOS CLAVOS

*N*uestro amor más sublime es una acuarela de preescolar junto al Rembrandt de Dios, un diente de león solitario junto a su jardín de rosas. El amor de Dios es como un árbol gigante y frondoso, mientras nuestros mejores intentos son como la hierba.

...Mira la barriga de una campesina embarazada en Belén. Ahí adentro está Dios, el mismo Dios que puede sostener el universo en un dedo flota en el vientre de María. ¿Por qué? Por amor.

Asómate por la ventana del taller de carpintería en Nazaret. ¿Ves a aquel chico que barre el aserrín del piso? Es el mismo que un día sopló el cielo con estrellas. ¿Por qué cambió los cielos por una humilde carpintería? La única respuesta es: Amor.

El amor explica por qué vino.

El amor explica cómo soportó.

—3:16: LOS NÚMEROS DE LA ESPERANZA

Gracia

Un regalo que excede todas las expectativas

$\mathcal{E}$scucha bien: No es que te hayan rociado de perdón. Ni que te hayan salpicado con gracia. Ni que te hayan espolvoreado con bondad. Es que has sido sumergido en todo esto. Estás sumergido en misericordia. Eres un pececillo en el océano de su misericordia. ¡Deja que esto te cambie!

—*Un amor que puedes compartir*

«$\mathcal{P}$or tanto, recibíos los unos a los otros, como también Cristo nos recibió, para gloria de Dios» (Ro 15.7).

¿Está Dios pidiéndonos que hagamos algo más de lo que Él ya ha hecho? ¿No fue Él hasta el extremo para aceptarnos? Si Dios puede tolerar mis errores, ¿no puedo yo tolerar las faltas de otros? Si a pesar de todos mis fracasos y necedades Dios me permite llamarle Padre,

¿no debería extender la misma gracia a otros? Es más, ¿quién puede ofrecer gracia excepto los que están seguros en manos de la gracia?

—*EN MANOS DE LA GRACIA*

«*L*imonada 5¢»

La *i* es más grande que la *l*. La *m* es mayúscula; todas las demás letras son minúsculas. Las últimas dos letras, *da*, van hacia abajo porque al artista se le acabó el espacio en el afiche.

A Norman Rockwell le hubiera encantado verlo.

Dos niñas sentadas en la acera en pequeñas sillas detrás de una mesita. La que tiene seis años es la cajera. Supervisa un frasco plástico con monedas. La de cuatro años es la que atiende al público. Ella se encarga del hielo. Sirve las bebidas. Acomoda y reacomoda los vasos de papel.

Detrás de ellas, sentado en el césped, está papá. Se recuesta en el tronco de un árbol y sonríe al ser testigo de la iniciación de sus hijas en el capitalismo.

El negocio ha estado bueno. Los clientes que han llegado ese sábado por la tarde casi han dejado la jarra vacía. El fondo del frasco-caja está cubierto con monedas que suman treinta y cinco centavos. Con la excepción de unos pequeños derrames, el servicio ha sido excepcional. Ni una queja. Muchas felicitaciones.

Parte del éxito, sin embargo, es resultado de una estrategia de mercadeo. Nuestra calle no tiene mucho tráfico, así que hicimos un poco de publicidad. Mientras mis hijas pintaban un letrero, yo llamé a varias familias del vecindario y las invité a la gran inauguración de nuestro puesto de limonada. De modo que, hasta aquí, nuestra clientela había sido parcial.

Me sentía orgulloso. Me recosté en el árbol. Cerré los ojos. Encendí el radio que había traído. Y me puse a escuchar el partido de béisbol.

Entonces escuché una voz que no me era familiar.

«Quiero un vaso de limonada, por favor».

Abrí los ojos. Era un cliente. Un cliente de verdad. Un vecino que no había llamado, pasó en su automóvil, vio el letrero, paró y ordenó limonada.

¡Vaya, vaya!, pensé. Ahora sí que se va a poner a prueba la calidad de nuestro servicio.

Andrea, la de cuatro años, tomó un vaso que ya había sido usado.

«Busca un vaso nuevo», le susurré.

«Ah», rió nerviosa. Y buscó uno nuevo.

Abrió el cubo de hielo, miró, y luego se volvió a mí.

«Papá, se nos acabó el hielo».

El cliente la oyó. «No importa. Lo tomaré así como está».

Tomó el jarro para llenar el vaso. Lo que salió fue una especie de sirope azucarado. «Papá, solo queda un poquito».

Nuestro cliente habló de nuevo. «Está bien. No quiero mucho».

«Espero que le guste el azúcar», dije para mí.

Le dio el vaso al cliente y él le dio un dólar. Ella se lo dio a Jenna. Jenna se volvió a mí. «Papá, ¿qué hago?» (No estábamos acostumbrados a recibir billetes tan grandes.)

Metí las manos a mis bolsillos. Estaban vacíos.

«Ah, no tenemos... », empecé a decir.

«No se preocupe», dijo el cliente, sonriendo. «Quédense con el cambio».

Sonreí avergonzado. Les dio las gracias a las niñas.

Les dijo que estaban haciendo un gran trabajo. Se montó en su automóvil. Y se fue.

Vaya negocio, pensé. *Le dimos la mitad de un vaso de limonada tibia y él nos dio un cumplido y un pago veinte veces mayor.*

Había querido darles a las niñas una lección sobre la libre empresa. Y terminaron con una lección sobre la gracia.

—*EN EL OJO DE LA TORMENTA*

*L*a confianza de Dios nos da anhelo ardiente de hacer lo que es bueno. Tal es el genio de la gracia. La ley puede mostramos dónde nos equivocamos, pero no puede darnos el deseo de hacer lo bueno. La gracia sí puede.

—*EN MANOS DE LA GRACIA*

*D*ios no da baños de esponja. Él nos lava de la cabeza a los pies. Pablo reflexionó en su conversión y escribió: «Nos salvó, no por obras de justicia que nosotros hubiéramos hecho, sino por su misericordia, por el lavamiento de la regeneración y por la renovación en el

Espíritu Santo» (Tit 3.5). Tus pecados no se escapan de la lluvia torrencial de la gracia de Dios.

—MI SALVADOR Y VECINO

¿Qué haces si no te queda dinero? ¿Qué haces si no tienes nada para depositar sino una excusa honrada y buenas intenciones? Ruegas que algún alma rica haga un gran depósito en tu cuenta. Si hablas de tu deuda financiera, eso probablemente no ocurrirá. Sin embargo, si hablas de tu deuda espiritual, ya ha ocurrido.

Tu Padre ha cubierto tu sobregiro...

Aunque hayas pasado toda una vida escribiendo cheques sin fondos, Dios ha estampado las siguientes palabras en tu estado de cuenta: Mi Gracia Es Suficiente Para Ti.

—LA GRAN CASA DE DIOS

Algunas veces regalo dinero al final del sermón. No para pagar a los oyentes (aun cuando algunos tal vez piensen que se lo han ganado), sino para recalcar un punto. Ofrezco un dólar a cualquiera que quiera aceptarlo. Dinero regalado. Un obsequio. Invito a cualquiera que desee el billete que pase y lo tome.

Aunque la gracia está disponible para todos, pocos la aceptan.

La respuesta es previsible. Una pausa, un restregar de zapatos, una esposa que le da un codazo al esposo y él sacude la cabeza. Un adolescente empieza a ponerse de pie, pero se acuerda de su reputación. Un niño de cinco años empieza a caminar por el pasillo y su madre lo detiene con un tirón. Por último, algún alma valiente (o empobrecida) se pone de pie y dice: «¡Yo lo tomo!» Le entrego el billete y la aplicación empieza.

«¿Por qué no aceptaron mi oferta?», pregunto al resto. Algunos dicen que se sienten profundamente abochornados. El dolor no valía la pena. Otros temen una trampa, un truco. Y hay también quienes tienen gorda la billetera. ¿Qué es un dólar para quien tiene cientos?

Entonces como corolario surge la pregunta obvia. ¿Por qué la gente no acepta el regalo de Cristo? La respuesta es similar. Algunos se sienten demasiado avergonzados. Aceptar el perdón es admitir el pecado, un paso que nos cuesta dar. Otros temen una trampa, un truco. Sin duda debe haber algo impreso en letra menuda en la Biblia. Otros piensan: *¿Quién necesita perdón cuando se es tan bueno como yo?*

El punto surge solo. Aunque la gracia está disponible para todos, pocos la aceptan. Muchos prefieren quedarse sentados y esperar, mientras que solo unos pocos deciden levantarse y confiar.

Por lo general, es el fin. La lección terminó. Tengo un dólar menos, alguien tiene un dólar más y todos tenemos un poco más de sabiduría. Sin embargo, hace un par de semanas ocurrió algo que añadió una nueva dimensión al ejercicio. Mirta fue una mujer que dijo que sí al dólar. Hice la oferta y esperaba que alguien la aceptara, cuando ella gritó: «¡Yo lo quiero!»

Se levantó de un salto, vino al frente y le di el dólar. Ella regresó a su asiento, recalqué el punto y todos nos fuimos a casa.

La encontré unos pocos días más tarde y en tono de broma le dije que estaba ganando dinero con mis sermones.

–¿Tiene todavía el dólar? –le pregunté.

–No.

–¿Lo gastó?

–No. Lo regalé –respondió–. Cuando regresé a mi asiento un niño me pidió que le diera el dólar y le dije: «Aquí lo tienes. Me lo regalaron a mí y yo te lo regalo a ti».

Vaya, ¿no es asombroso? Tan sencillamente como lo recibió, lo dio. Tan fácilmente como vino, se fue. El muchacho no suplicó y ella no batalló. ¿Cómo podía ella, que había recibido un regalo, no dar un regalo a su vez? Quedó atrapada en manos de la gracia...

¿Puede una persona a la que se le ha dado un obsequio no compartir ese obsequio con otros? Supongo que sí. Pero debes recordar a Mirta. Debes recordar que, como ella, recibiste un regalo. Debes recordar que todo en la vida es un regalo de la gracia, Y que el llamado de la gracia es tener una vida llena de gracia.

Porque así es como obra la gracia.

—*EN MANOS DE LA GRACIA*

*N*unca me ha sorprendido el juicio de Dios, pero aún me deja pasmado su gracia.

—*CUANDO DIOS SUSURRA TU NOMBRE*

¿ *Cuál* es, entonces, la obra que Dios quiere que hagamos? ¿Qué desea de nosotros? Que creamos, simplemente. Que creamos al que Él ha enviado. «La obra que Dios quiere que hagas es esta: Que creas en el que Él ha enviado» (Jn 6.29 DHH).

Quizás alguien que lea esto mueva la cabeza y pregunte: «¿Dices que es posible ir al cielo sin buenas obras?» La respuesta es no. Las buenas obras son una exigencia. Alguien más acaso pregunte: «¿Dices que es posible ir al cielo sin un buen carácter?» De nuevo, mi respuesta es no. También se requiere un buen carácter. Para entrar al cielo uno debe tener buenas obras y buen carácter.

Pero, ay, tenemos un problema. Careces de ambas cosas.

Ah, sí, has hecho algunas cosas buenas en tu vida. Pero no son lo suficiente buenas como para entrar al cielo, a pesar de tu sacrificio. No importa cuán nobles sean tus regalos, no son suficientes para entrar al cielo.

Tampoco tienes suficiente buen carácter para entrar al cielo. Por favor, no quiero que te ofendas. (Y, de nuevo, oféndete si quieres.) A lo mejor eres una persona decente. Pero la decencia no es suficiente. Los que ven a Dios no son decentes; son santos. «Sin la santidad, nadie podrá ver al Señor» (Heb 12.14, DHH).

Tú puedes ser decente. Puedes pagar los impuestos y besar a tus hijos y dormir con una conciencia limpia. Pero sin Cristo no eres santo. Entonces, ¿cómo puedes ir al cielo?

La cruz era pesada, la sangre era real y el precio exorbitante.

Solamente creyendo.

Acepta la obra ya hecha, la obra de Jesús en la cruz.

Solamente creyendo.

Acepta la bondad de Jesucristo. Abandona tus buenas obras y acepta las de Él. Abandona tu propia decencia y acepta la de Él. Preséntate ante Dios en el nombre de Él, no en el nombre tuyo. «El que crea y sea bautizado, será salvo; pero el que no crea será condenado» (Mr 16.16 DHH).

¿Tan simple? Así de sencillo. ¿Tan fácil? Nada fue fácil en todo ese proceso. La cruz era pesada, la sangre era real y el precio exorbitante. Pudo habernos dejado en la calle a ti y a mí, así es que Él pagó por nosotros. Di que es simple. Di que es un regalo. Pero no digas que es fácil.

Llámalo como lo que es. Llámalo gracia.

—*EL TRUENO APACIBLE*

No debemos ver la gracia como una provisión hecha después que la Ley fracasó. La gracia se ofreció *antes* que se revelara la Ley. En verdad, ¡la gracia se ofreció antes de la creación del hombre! «Fuisteis rescatados de vuestra vana manera de vivir, la cual recibisteis de vuestros padres, no con cosas corruptibles, como oro o plata, sino con la sangre preciosa de Cristo, como de un cordero sin mancha y sin contaminación, ya destinado desde antes de la fundación del mundo, pero manifestado en los postreros tiempos por amor de vosotros» (1 P 1.18–20).

¿Por qué Dios ofrecería la gracia antes de que la necesitáramos? Me alegro que lo preguntes. Volvamos una vez más a la tarjeta de crédito que mi padre me dio. ¿Mencioné que pasé varios meses sin necesitarla? Pero cuando la necesité, *realmente* la necesité. Verás, quería visitar a una amiga en otra ciudad universitaria. En realidad, era una muchacha que vivía en otra ciudad a seis horas de distancia. Un viernes por la mañana decidí faltar a clases y emprendí el viaje. Como no sabía si mis padres lo aprobarían, no les pedí permiso. Por salir apurado, olvidé llevar dinero. Hice el viaje sin que ellos lo supieran y con una billetera vacía.

Todo marchó de maravillas hasta que choqué contra la parte posterior de otro vehículo en el viaje de regreso. Usando una palanca, enderecé un poco el parachoques para dejar libre la rueda delantera y poder llevar mi estropeado automóvil hasta una gasolinera. Todavía recuerdo con claridad el teléfono público donde me paré bajo el frío otoñal. Mi padre, que daba por sentado que estaba en la universidad, recibió mi llamada a cobrar y oyó mi relato. Mi historia no tenía mucho de qué alardear. Había hecho el viaje sin su conocimiento, sin dinero y había arruinado su auto.

«Pues bien», dijo después de una larga pausa, «estas cosas ocurren. Para eso te di la tarjeta. Espero que hayas aprendido la lección».

¿Que si aprendí una lección? Sin dudas que la aprendí. Aprendí también que el perdón de mi padre antecedía a mi falta. Me dio la tarjeta antes del accidente por si acaso ocurría alguno. Hizo provisión para mi desatino antes que lo cometiera. ¿Tengo que decirte que Dios ha hecho lo mismo? Por favor, comprende. Papá no quería que chocara su auto. No me dio la tarjeta *para* que pudiera chocar el auto.

Pero conocía a su hijo. Y sabía que su hijo en algún momento necesitaría gracia.

Por favor, entiende, Dios no quiere que pequemos. No nos dio la gracia *para* que pecáramos. Pero conocía a sus hijos. «El formó el corazón de todos ellos; atento está a todas sus obras» (Sal 33.15). «Porque Él conoce nuestra condición» (Sal 103.14). Y sabía que un día necesitaríamos su gracia.

—*EN MANOS DE LA GRACIA*

*E*ntre Dios y tú no hay cien metros de océano sino una inundación infranqueable de imperfección y pecado. ¿Crees que en virtud de tu músculo moral puedes sacar a flote esta nave? ¿Crees que tu bautismo y tu asistencia dominical bastarán para salvarte?

Los legalistas lo creen. Pasan por alto la gravedad del problema. Al ofrecer ayuda, no solo trivializan el pecado, sino que se burlan de Dios.

¿Acaso alguien miraría la cruz de Cristo y diría: «Bien hecho, Jesús. Lástima que no pudiste terminar, pero yo haré lo que falta».

¿Nos atrevemos a cuestionar la obra suprema de Dios? ¿Osamos creer que el cielo necesita nuestra ayuda para salvarnos? Estamos atascados en el fondo del océano. ¡No podemos ver la luz del día! El legalismo pasa por alto a Dios y de paso nos deja hechos un desastre.

A cualquiera que intente ganar el cielo, Pablo le pregunta: «¿Cómo es que os volvéis de nuevo a los débiles y pobres rudimentos, a los cuales os queréis volver a esclavizar? ¿Dónde, pues, está esa satisfacción que experimentabais?» (Gá 4.9, 15).

El legalismo carece de gozo porque el legalismo nunca termina. Siempre hay otra clase a la cual asistir, otra persona a la cual enseñar, otra boca que alimentar. Los presos encarcelados en la auto-salvación siempre encuentran trabajo pero nunca gozo. ¿Cómo podrían? Nunca saben cuándo han acabado. El legalismo se roba el gozo.

Pero la gracia ofrece paz.

—*NO SE TRATA DE MÍ*

Cielo

La felicidad que nos aguarda

*P*ronto estaré en casa. Mi avión se acerca a San Antonio. Puedo sentir cómo desciende la punta del avión. Puedo ver cómo se preparan las azafatas. Denalyn está en algún lugar del estacionamiento, guardando el auto y apurando el paso de las niñas en dirección a la terminal.

Pronto estaré en casa. El avión aterrizará. Bajaré por esa rampa, escucharé mi nombre y veré sus rostros. Pronto estaré en casa.

Tú también, pronto estarás en casa. Tal vez no lo hayas notado, pero estás más cerca de casa de lo que jamás hayas estado. Cada momento es un paso dado. Cada aliento es una página que se da vuelta. Cada día es un kilómetro registrado, una montaña escalada. Estás más cerca de casa de lo que jamás hayas estado.

Antes de que te des cuenta, será la hora programada de llegada; descenderás por la rampa y entrarás a la Ciudad.

Verás los rostros que te están esperando. Escucharás tu nombre pronunciado por aquellos que te aman. Y, hasta es posible, solo posible que –en el fondo, detrás de las multitudes– Aquel que preferiría morir antes que vivir sin ti, levante sus manos traspasadas de entre los dobleces de su túnica celestial y... aplauda.

—*Aplauso del cielo*

*U*na cosa es segura. Cuando arribemos al cielo, nos sorprenderemos ante algunas personas que allí veremos. Y algunos se sorprenderán cuando nos vean.

—*Cuando Dios susurra tu nombre*

*E*n Brasil cuentan la historia de un misionero que descubrió una tribu indígena en un área remota de la selva. Vivían cerca de un gran río. La tribu era amistosa y requería atención médica. Una enfermedad contagiosa estaba asolando a la población y a diario morían personas. Se instaló una enfermería en otra parte de la selva y el misionero concluyó que la única esperanza para la tribu era acudir al hospital para recibir tratamiento y vacunas. Sin embargo, para llegar al hospital, los indígenas tenían que cruzar el río, una hazaña que no estaban dispuestos a realizar.

Ellos creían que en el río habitaban espíritus malignos. Entrar en el agua significaba la muerte segura. El misionero emprendió la difícil tarea de vencer la superstición de la tribu.

Fúe necesario que entrara al río y se sumergiera él mismo en el agua de la muerte para que la gente creyera que la muerte había sido derrotada.

Les contó cómo había cruzado el río y llegado ileso a la otra orilla. Fue inútil. Llevó a las personas a la orilla y puso su mano en el agua. Aún no le creyeron. Se metió en el río y salpicó agua en su cara. Lo miraron de cerca, pero aún estaban indecisos. Al fin se dio vuelta, se lanzó al agua y nadó bajo la superficie hasta que salió al otro lado.

Después de demostrar que el poder del río era una farsa, el misionero alzó un puño de victoria. Había entrado en el agua y había escapado. Los indígenas vitorearon y le siguieron.

Jesús vio gente esclavizada por su temor a un poder despreciable. Explicó que el río de la muerte no era algo que debiéramos temer. La gente no le creyó. Tocó a un niño y lo regresó a la vida. Los seguidores aún no estaban convencidos. Susurró vida al cuerpo inerte de una niña. Aún seguían con su cinismo. Dejó que un hombre muerto pasara cuatro días en un sepulcro y luego le ordenó salir de ahí. ¿Ya era suficiente? Parece que no. Fue necesario que entrara al río y se sumergiera él mismo en el agua de la muerte para que la gente creyera que la muerte había sido derrotada. Pero después de hacerlo, después de salir al otro lado del río de la muerte, llegó el momento de cantar... era la hora de celebrar.

—*SEIS HORAS DE UN VIERNES*

El miedo a la muerte termina cuando uno sabe que el cielo es su hogar verdadero y permanente. En todos mis viajes aéreos nunca he visto a un pasajero llorar cuando el avión aterriza. Nunca. Nadie se aferra a la silla y ruega diciendo: «No me obliguen a salir, por favor. Quiero quedarme a comer más maní». Estamos dispuestos a salir porque el avión no tiene una ubicación permanente. Lo mismo sucede con este mundo. «Mas nuestra ciudadanía está en los cielos, de donde también esperamos al Salvador, al Señor Jesucristo» (Fil 3.20).

—*ACÉRCATE SEDIENTO*

*L*a infelicidad terrenal cultiva el hambre del cielo. Al producir en nosotros una profunda insatisfacción, Dios capta nuestra atención. La única tragedia, entonces, es sentir satisfacción prematura. Conformarse con la tierra. Sentirse a gusto en tierra extraña. Contraer enlace con los babilonios y olvidarse de Jerusalén.

No somos felices aquí porque este no es nuestro hogar. No somos felices aquí porque no se supone que seamos felices en este lugar. Somos «como extranjeros y forasteros en este mundo» (1 P 2.11 NVI).

Toma un pez y ponlo sobre la arena (Gracias a Landon Saunders por esta idea). Observa cómo sus branquias se convulsionan y se le secan las escamas. ¿Está feliz? ¡No! ¿Cómo se puede lograr su felicidad? ¿Cubriéndolo con una montaña de dinero en efectivo? ¿Consiguiéndole una silla playera y un par de anteojos para sol? ¿Trayéndole una revista *Playfish* y un martini? ¿Vistiéndolo de aletas cruzadas y zapatos de piel humana?

Por supuesto que no. Entonces, ¿cómo logras hacerlo feliz? Lo devuelves a su elemento. Lo llevas otra vez al agua. Nunca será feliz en la arena, simplemente porque no fue hecho para estar allí.

Y nunca serás feliz del todo sobre la tierra simplemente porque no fuiste hecho para la tierra. Ah sí, tendrás tus momentos de gozo. Podrás vislumbrar momentos de luz. Conocerás momentos o hasta días de paz. Pero no son comparables con la felicidad que se encuentra más adelante.

—CUANDO DIOS SUSURRA TU NOMBRE

Al llamarnos a casa, Dios hace lo que cualquier padre haría. Proveernos un lugar mejor para descansar. Un lugar que Él ha «preparado para nosotros». El cielo no es algo que se produce en masa; se hace a la medida.

Hace algún tiempo, me di un gusto y mandé a hacer dos camisas a un sastre. Seleccioné la tela. El sastre me tomó las medidas. Y varias semanas después, recibí dos camisas hechas especialmente para mí. Hay una gran diferencia entre estas dos camisas y las otras que están en mi guardarropa. Las camisas que me hizo el sastre, las hizo pensando en mí. Las otras fueron hechas para cientos de miles de hombres con medidas similares a las mías. Pero no estas dos. Estas fueron hechas especialmente para mí.

Como resultado, ¡visten a la perfección! No se pandean. No sofocan. Están hechas a mi medida. Así es la promesa del cielo. Fue hecho pensando en nosotros. En otra parte, Jesús nos invita: «Recibid el reino que se os ha preparado desde la creación del mundo» (Mt 25.34 DHH).

El problema con este mundo es que no calza bien. Bueno, nos sirve por el momento, pero no está hecho a la medida. Nosotros fuimos creados para vivir con Dios, pero en la tierra vivimos por fe. Fuimos hechos para vivir para siempre, pero sobre esta tierra vivimos solo un momento. Fuimos hechos para vivir en santidad, pero este mundo está manchado por el pecado.

Este mundo es como usar una camisa prestada. El cielo, sin embargo, será como una camisa hecha a nuestra medida.

—*EL TRUENO APACIBLE*

«*C*osas que ojo no vio, ni oído oyó, ni han subido en corazón de hombre, son las que Dios ha preparado para los que le aman» (1 Co 2.9).

¡Qué versículo impactante! ¿Te das cuenta de lo que dice? *El cielo supera nuestra imaginación.* No podemos imaginarlo. Aunque estemos en nuestro momento más creativo, nuestra reflexión más profunda, nuestro nivel más alto, aun así no podemos sondear la eternidad.

Intenta esto. Imagínate un mundo perfecto. Sea lo que fuere que signifique eso para ti, imagínalo. ¿Significa paz? Entonces elabora una visión de absoluta tranquilidad. ¿Un mundo perfecto implica gozo? Entonces imagina tu felicidad más elevada. ¿Un mundo perfecto tendrá amor? De ser así, hazte un cuadro mental de un sitio donde el amor no tenga límites. Sea lo que fuere que signifique el cielo para ti, imagínatelo. Fíjalo firmemente en tu mente. Deléitate en eso. Sueña con él. Añóralo.

Y luego sonríe cuando el Padre te recuerde que: *Cosas que ojo no vio, ni oído oyó, ni han subido en corazón de hombre, son las que Dios ha preparado para los que le aman.*

Cualquier cosa que te imagines se queda corta. Cualquier cosa que se imagine cualquiera se queda corta. Nadie se ha aproximado siquiera. Nadie. Piensa en todas las canciones que hablan del cielo. Todas las interpretaciones de los artistas. Todas las lecciones predicadas, las poesías escritas y los borradores de capítulos.

Cuando se trata de describir el cielo, todos somos felices fracasos.

—*Cuando Dios susurra tu nombre*

El terremoto que sacudió a Armenia en 1989 necesitó solo cuatro minutos para destruir a toda la nación y matar a treinta mil personas. Momentos después que el terremoto mortal hubo cesado, un padre corrió a la escuela a salvar a su pequeño hijo. Cuando llegó, vio el edificio en el suelo. Mientras buscaba en medio de aquella masa de piedras y escombros, recordó una promesa que había hecho a su hijo: «No importa lo que ocurra, siempre estaré ahí donde tú estés». Llevado por su promesa, encontró el lugar donde había estado el aula de la clase de su hijo y empezó a quitar los escombros. Llegaron otros padres y empezaron también a buscar a sus hijos. «Es demasiado tarde», le dijeron. «Usted sabe que están muertos. No se puede hacer nada». Incluso un policía le dijo que dejara de buscar.

Pero el padre no se dio por vencido. Durante ocho horas, luego dieciséis, luego veintidós y finalmente treinta y seis, buscó y buscó. Sus manos estaban destrozadas y sus fuerzas se habían agotado, pero se negaba a darse por vencido. Finalmente, después de treinta y ocho horas de angustia, removió un gran trozo de pared y oyó la voz de su hijo. Le gritó: «¡Arman! ¡Arman!» Y una voz le respondió: «¡Papi, aquí estoy!» En seguida, el niño agregó estas preciosas palabras: «Les dije a los otros niños que no se preocuparan, que si tú estabas vivo, vendrías a salvarme, y al salvarme a mí, ellos también se salvarían porque me prometiste que sucediera lo que sucediera, siempre estarías conmigo».[2]

Dios nos ha hecho la misma promesa. «Vendré otra vez...» nos asegura. Sí, las rocas temblarán. Sí, la tierra se sacudirá. Pero el hijo de Dios no tiene por qué tener miedo, porque el Padre ha prometido llevarnos con Él...

Porque podemos aceptar la historia de la resurrección, es seguro aceptar el resto de la historia.

Gracias a la resurrección, todo cambia.

Cambia la muerte. Se creía que era el final; ahora es el principio.

Cambia el cementerio. La gente iba allí una vez a decir adiós; ahora va a decir: «Pronto estaremos juntos de nuevo».

Hasta los ataúdes cambian. Ya no son más una caja donde escondemos los cuerpos, sino que son un capullo en el cual el cuerpo se guarda hasta que Dios lo libere para que vuele.

Y un día, según Cristo, Él nos liberará. Él volverá. «Vendré otra vez y os tomaré a mí mismo» (Jn 14.3). Y para probar que su promesa iba en serio, se removió la piedra y su cuerpo resucitó.

Pero el hijo de Dios no tiene por qué tener miedo, porque el Padre ha prometido llevarnos con Él.

Porque Él sabe que un día este mundo volverá a ser conmovido. En un abrir y cerrar de ojo, tan velozmente como el relámpago alumbra del este al oeste, Él volverá. Y toda persona lo verá: tú lo verás y yo lo veré. Los cuerpos se levantarán del polvo e irrumpirán a través de la superficie del mar. La tierra temblará, el cielo rugirá, y los que no lo conocen se estremecerán. Pero en esa hora tú no tendrás temor, porque tú lo conoces.

Porque tú, como el niño en Armenia, has oído la promesa de tu Padre. Sabes que Él ha quitado la piedra, no la piedra del terremoto armeniano, sino la piedra de la tumba arimateana. Y en el momento que Él quitó la piedra, también quitó toda razón para la duda. Y nosotros, como el niño, podemos creer las palabras de nuestro Padre: «Vendré otra vez, y os tomaré a mí mismo, para que donde yo estoy, vosotros también estéis» (Jn 14.3).

—*CUANDO CRISTO VENGA*

El cielo es un lugar perfecto para gente perfeccionada con nuestro perfecto Señor.

—*3:16: LOS NÚMEROS DE LA ESPERANZA*

*C*uando mis hijas eran pequeñas, pasamos muchas tardes disfrutando juntos la piscina. Como todos nosotros, tuvieron que vencer sus temores para nadar. Uno de los últimos temores que enfrentaron fue el temor a la profundidad. Una cosa es nadar en la superficie; otra es zambullirte hasta el fondo. ¿Quién sabe qué clase de dragones y serpientes habitan las profundidades de una piscina de unos pocos metros cuadrados? Tú y yo sabemos que no hay mal que temer, pero una niña de seis años no lo sabe. Un niño siente hacia las profundidades lo mismo que tú y yo sentimos ante la muerte. No estamos seguros de lo que nos espera.

Yo no quería que mis hijas tuvieran miedo a lo profundo, así que con cada una jugué a Shamú, la ballena. Mi hija sería la entrenadora. Yo sería Shamú. Ella tenía que apretarse la nariz con los dedos, poner un brazo alrededor de mi cuello, y entonces nos iríamos a lo profundo. Íbamos más y más hondo hasta que podíamos tocar el fondo de la piscina. Luego subíamos rápidamente, hasta aparecer en la superficie. Después de varias zambullidas comprendieron que no tenían nada que temer. No temían mal alguno. ¿Por qué? Porque yo estaba con ellas.

Cuando Dios nos llame al profundo valle de la muerte, Él estará con nosotros. ¿Nos atreveríamos a pensar que Él nos abandonará en el momento de la muerte? ¿Obligaría un padre a sus hijos a descender solos a las profundidades? ¿Exigiría el pastor a sus ovejas que hagan solas el viaje hacia las tierras altas? Por supuesto que no. ¿Exigiría Dios a su hijo que viajara solo a la eternidad? ¡Absolutamente no! ¡Él está contigo!

—*Aligere su equipaje*

¿*Qué* impide que las personas se relacionen con Dios correctamente? El pecado. Y si el cielo promete una perfecta relación con

Dios, ¿qué no hay en el cielo? Exactamente. Pecado. El cielo está libre de pecado. Tanto la muerte como el pecado serán cosas del pasado.

¿Tiene importancia esto? Yo creo que sí. Antes tratamos de imaginarnos un mundo sin muerte; hagamos ahora lo mismo, pero sin pecado. ¿Puedes imaginarte un mundo sin pecado? ¿Has hecho algo recientemente motivado por el pecado?

A lo menos te habrás quejado. O te habrás preocupado. O habrás refunfuñado. O quizás has acumulado cuando debiste compartir. Te has alejado cuando debiste ayudar. Lo «has pensado mejor y has decidido que mejor no». Pero tú no harás eso en el cielo.

Debido al pecado, le has contestado bruscamente a los que amas y has discutido con las personas que atesoras. Te has sentido avergonzado, culpable, amargado. Tienes úlceras, insomnio, días oscuros y dolor en el cuello. Pero nada de eso tendrás en el cielo.

Debido al pecado, el joven es víctima de abusos y el viejo es olvidado. Por el pecado, se maldice a Dios y se adoran las drogas. Por el pecado, el pobre tiene cada vez menos y el rico quiere cada vez más. Por el pecado, los bebés no tienen papás y las mamás no tienen esposos. Pero en el cielo, el pecado no tendrá ningún poder; de hecho, el pecado no existirá en el cielo. Allí no habrá pecado.

El pecado ha engendrado miles de congojas y ha roto millones de promesas. Tu adicción puede rastrearse en el pasado hasta llegar al punto inicial que no es otro que el pecado. Tu desconfianza puede rastrearse en el pasado hasta llegar al punto inicial que no es otro que el pecado. La intolerancia, el robo, el adulterio, todo es provocado por el pecado. Pero en el cielo no existirá nada de esto.

¿Puedes imaginarte un mundo sin pecado? Si puedes, entonces puedes imaginarte el cielo.

¿Puedes imaginarte un mundo sin pecado? Si puedes, entonces puedes imaginarte el cielo.

—*CUANDO CRISTO VENGA*

Esta no es nuestra casa permanente. Puede servir por ahora. Pero no hay nada como el momento en que entremos por la puerta de nuestra casa para siempre.

Molly puede contarte. Después de un mes en nuestra casa se escapó. Llegué a casa una noche para encontrar el lugar inusitadamente quieto. Molly se había ido sin que nadie se diera cuenta.

La búsqueda comenzó inmediatamente. En el transcurso de una hora sabíamos que estaba lejos, lejos de casa. Ahora, si no te gustan los animales domésticos, lo que te cuento te sonará extraño. Pero si te gustan, entenderás.

Entenderás por qué recorrimos de arriba abajo las calles, llamándola por su nombre. Entenderás por qué recorrí en auto el vecindario hasta las 10:30 p.m. Entenderás por qué puse carteles en los almacenes y reuní a la familia para orar (de veras, lo hice). Entenderás por qué envié notas por correo electrónico al personal, pidiendo oraciones, y a la criadora, pidiéndole consejo. Y entenderás por qué estuvimos a punto de dar una fiesta cuando apareció.

Esto fue lo que pasó. La mañana siguiente Denalyn venía de regreso de dejar las niñas en el colegio cuando vio el camión de la basura. Pidió a los trabajadores que estuvieran pendientes de Molly y luego se fue a la casa para la reunión de oración con otras madres. Poco después que las señoras llegaron, el camión de la basura paró frente a nuestra casa, un trabajador abrió la puerta y nuestra perra salió brincando.

Cuando Denalyn llamó para darme la noticia, yo apenas podía oírle. ¡Qué gran ruido en la cocina! Las señoras celebraban el regreso de Molly.

Esta historia está llena de simbolismos. El amo deja su casa para buscar lo perdido. Victorias en medio de la oración. Grandes cosas salen de la basura. Pero lo mejor de todo: la celebración por el regreso a casa. Eso es algo más que tendrás en común con Molly: una fiesta en tu honor por la llegada a tu casa...

Aquellos que amas gritarán. Aquellos que conoces aplaudirán. Pero todo el ruido cesará cuando Dios te tome el mentón y te diga: «Bienvenido a casa».

—*3:16: LOS NÚMEROS DE LA ESPERANZA*

Esta no es nuestra casa permanente. Puede servir por ahora. Pero no hay nada como el momento en que entremos por la puerta de nuestra casa para siempre.

¿*Y* qué va a ocurrir cuando veas a Jesús?

Verás pureza intachable y fortaleza indeclinable. Sentirás su presencia infinita y conocerás su protección irrefrenable. Y todo lo que Él es, lo serás tú, porque serás como Jesús. ¿No es esa la promesa de Juan? «Sabemos que cuando Cristo venga otra vez, seremos como Él es, porque lo veremos tal como Él es» (1 Jn 3.2).

Como serás puro cual la nieve, nunca volverás a pecar.

Como serás fuerte como el bronce, nunca volverás a flaquear.

Como vas a vivir cerca del río, nunca volverás a sentir la soledad.

Como la obra del sacerdote habrá concluido, nunca volverás a dudar.

Cuando Cristo venga, vivirás en la luz de Dios. Y lo verás como realmente es.

—*CUANDO CRISTO VENGA*

*E*ntre todas las bendiciones del cielo, ¡tú serás una de las más grandes! Serás la obra magna de Dios, su obra de arte. Los ángeles se quedarán boquiabiertos. La obra de Dios quedará completa. Finalmente tendrás un corazón como el suyo.

Amarás con amor perfecto.

Adorarás con rostro radiante.

Oirás cada palabra que Dios habla.

Tu corazón será puro, tus palabras serán como joyas, tus pensamientos serán como tesoros.

Serás tal como Jesús. Al fin tendrás un corazón como el suyo. Concibe el corazón de Jesús y concebirás el tuyo propio. Sin culpa. Sin temor. Entusiasta y gozoso. Adorando incansablemente. Discerniendo sin equivocación. Así como el arroyo en la montaña es prístino e interminable, así será tu corazón. Serás como Él.

Y como si esto no fuera suficiente, todo el mundo también será como Él... El cielo está poblado por aquellos que le permiten a Dios cambiarlos. Cesarán las discusiones, porque no habrá celos. Las sospechas no aflorarán a la superficie, porque no habrá secretos. Todo pecado habrá desaparecido. Toda inseguridad quedará en el olvido. Todo temor en el pasado. Trigo puro. Nada de hierbas malas. Oro puro. Nada de aleación. Amor puro. Nada de lujuria. Esperanza pura. Nada de temor. No en balde los ángeles se regocijan cuando un pecador se arrepiente; saben que otra obra de arte pronto adornará la galería de Dios. Saben lo que guarda el cielo.

—*COMO JESÚS*

*D*or todo lo que no sabemos sobre la vida más allá, esto es suficiente. El día en que Cristo venga será un día de recompensa. Los que eran desconocidos en la tierra, serán conocidos en el cielo. Los que jamás oyeron los aplausos de los hombres, oirán los aplausos de los ángeles. Los que no tuvieron la bendición de un padre, oirán la bendición de su Padre celestial. Lo pequeño será grande. Lo olvidado será recordado. Lo pasado por alto será honrado y la fidelidad será reconocida.

—*CUANDO CRISTO VENGA*

Esperanza

Una loca dependencia de Dios

«*P*or lo demás, hermanos, todo lo que es verdadero, todo lo honesto, todo lo justo, todo lo puro, todo lo amable, todo lo que es de buen nombre; si hay virtud alguna, si algo digno de alabanza, en esto pensad» (Fil 4.8).

Esto va más allá de una simple actitud optimista, es más que ver el vaso medio lleno en lugar de medio vacío. Más bien, es admitir que existen fuerzas favorables invisibles que rodean y dirigen los asuntos de la humanidad. Cuando vemos como Dios quiere que veamos, vemos la mano del cielo en medio de la enfermedad, vemos a Jesús obrando en la juventud atribulada y al Espíritu Santo consolando los corazones rotos. No vemos lo que se ve, sino lo que está por verse. Vemos con fe, no con la carne, y puesto que la fe engendra esperanza, estamos más llenos de esperanza que cualquiera. Porque sabemos que la vida es mucho más que las apariencias que captan nuestros ojos.

—*Gran día cada día*

«*Por* nada estéis afanosos, sino sean conocidas vuestras peticiones delante de Dios en toda oración y ruego, con acción de gracias» (Fil 4.6).

No midas la altura de la montaña; habla con Aquel que la puede mover. En vez de llevar el mundo a tus espaldas, habla con Aquel que sostiene el universo en las suyas. Tener esperanza es mirar hacia adelante.

Ahora bien, ¿hacia dónde estabas mirando?

—*Aligere su equipaje*

Esta es una de las historias más apasionantes de las Escrituras. De hecho, es tan fascinante la escena que Lucas decidió relatarla en detalle.

Dos discípulos caminaban por el polvoriento sendero hacia la aldea de Emaús. Hablaban acerca del Jesús crucificado. Sus palabras eran pausadas, al compás del penoso golpeteo fúnebre de sus pisadas.

«Apenas puedo creerlo. Se ha ido»

«Y ahora qué hacemos?»

«Es culpa de Pedro, no debió... »

En ese preciso momento aparece un extraño por detrás y dice: «Discúlpenme, pero no pude evitar oírlos. ¿De quién hablan?»

Ellos se detienen y se dan vuelta. Otros viajeros les pasan por el lado mientras ellos tres permanecen en silencio. Al fin uno de ellos pregunta: «¿Dónde has estado los últimos días? ¿No has oído acerca de Jesús de Nazaret?» Y prosigue a contarle lo que ha sucedido (Lc 24.13-24).

Esta escena me fascina: dos discípulos sinceros relatando cómo se ha clavado el último clavo en el ataúd de Israel. Dios, disfrazado, escucha con paciencia. Sus manos bien ocultas entre su manto. Debió conmoverle la lealtad de este par. Pero también debió sentirse un poco desilusionado. Acababa de ir y volver del infierno para traer el cielo a la tierra, y este par se preocupaba por la situación política de Israel.

«Esperábamos que Él hubiera sido el que redimiría a Israel».

Esperábamos... ¿Con cuánta frecuencia has oído esta expresión?

«Esperábamos que el médico le diera de alta».

«Esperaba pasar el examen».

«Esperábamos que la cirugía extrajera todo el tumor».

«Pensé que el trabajo era un hecho».

Palabras teñidas de gris con decepción. Lo que esperábamos no sucedió. Lo que sucedió, no lo esperábamos. ¿El resultado? Esperanza rota. El cimiento de nuestro mundo se sacude.

Caminamos penosamente el camino a Emaús arrastrando en el polvo las sandalias, preguntándonos qué hicimos para merecer tal infortunio. «¿Qué clase de Dios me decepcionaría de esta manera?»

Nuestro problema no es tanto que Dios no nos dé lo que esperamos, sino que no sabemos qué es lo que debemos esperar.

Y aun así, tenemos los ojos tan empañados y una perspectiva tan limitada que Dios podría ser el tipo que camina a nuestro lado y lo pasaríamos por alto.

Como ves, el problema de nuestros dos amigos apesadumbrados no era falta de fe, sino falta de visión. Sus peticiones se limitaban a lo que eran capaces de imaginar: un reino terrenal. Si Dios hubiera respondido a su oración, si les hubiera concedido lo que esperaban, la Guerra de los siete días habría empezado dos mil años antes, y Jesús hubiera pasado los cuarenta años siguientes entrenando a sus apóstoles para ser ministros de gabinete. Cabe preguntarse si el acto más misericordioso de Dios es su negativa a algunas de nuestras oraciones.

No nos diferenciamos mucho de unos viajeros agobiados, ¿o sí? Nos revolcamos en el fango de la autocompasión a la sombra misma de la cruz. Pedimos en actitud piadosa su voluntad y luego tenemos el descaro de hacer pucheros si las cosas no suceden como queríamos. Si tan solo recordáramos el cuerpo glorioso que nos espera, dejaríamos de quejarnos porque no ha sanado el terrenal.

Nuestro problema no es tanto que Dios no nos dé lo que esperamos, sino que no sabemos qué es lo que debemos esperar.

La esperanza no es aquello que esperas, sino lo que rebasa tus sueños. Es un cuento improbable y descabellado cuyo final nos obliga a pellizcarnos para corroborar que no es un sueño. Es Abraham ajustando sus bifocales para poder ver, no a su nieto, sino a su hijo. Es Moisés, parado en la tierra prometida no junto a Aarón y a Miriam, sino a Elías y al Cristo transfigurado. Es

Zacarías mudo, contemplando a su esposa Elisabet, canosa y embarazada. Y son los dos peregrinos de Emaús que se alistan a tomar un trozo de pan y descubren que las manos que lo parten están perforadas.

La esperanza no es un deseo cumplido o un favor ejecutado. No. Es mucho más que eso. Es una dependencia extravagante e impredecible en un Dios a quien le encanta sorprendernos y estar ahí, en persona, para ver nuestra reacción.

—*DIOS SE ACERCÓ*

*T*ú y yo vivimos en un mundo de basura. La basura no buscada nos sale al paso regularmente... ¿No te ha tocado un saco lleno de infortunios y angustias? Por supuesto que sí. Puedo preguntarte: ¿Qué vas a hacer con esto?

Tienes varias alternativas. Puedes esconderla. Puedes tomar la bolsa de basura y embutirla debajo de tu abrigo y metértela debajo del vestido, y decir que no está allí. Pero tú y yo sabemos que eso no engaña a nadie. Además, tarde o temprano empezará a apestar. O puedes disfrazarla. Píntala de verde, ponla en el patio del frente, y dile a todo mundo que se trata de un árbol. De nuevo, nadie se lo creerá, y pronto va a apestar. Entonces, ¿qué vas a hacer? Si sigues el ejemplo de Cristo, aprenderás a ver los tiempos malos en forma diferente. Recuerda: Dios te ama tal como eres, pero rehúsa dejarte de esa manera. Él quiere que tengas un corazón lleno de esperanza... **como Jesús.**

¿No te gustaría tener un corazón lleno de esperanza? ¿No te gustaría ver el mundo con los ojos de Jesús? Donde vemos oración no contestada, Jesús vio oración contestada. Donde vemos la ausencia de Dios, Jesús vio el plan de Dios. Observa especialmente Mateo 26.53: «¿Acaso piensas que no puedo ahora orar a mi Padre, y que Él no me daría más de doce legiones de ángeles?» De todos los tesoros que Jesús vio en la basura, este es el más significativo. Vio a su Padre. Vio la presencia de su Padre en el problema. Doce ejércitos de ángeles estaban al alcance de su vista.

Claro que sí, Max; pero Jesús era Dios. Podía ver lo invisible. Tenía ojos para el cielo y visión sobrenatural. Yo no puedo ver como Él veía.

Todavía no, tal vez; pero no subestimes el poder de Dios. Él puede cambiar la manera en que ves la vida.

—*COMO JESÚS*

«*El* Dios de esperanza os llene de todo gozo y paz en el creer, para que abundéis en esperanza por el poder del Espíritu Santo» (Ro 15.13).

La esperanza del cielo hace en tu mundo lo que la luz del sol hizo en el sótano de mi abuela. Debo a ella mi amor por las conservas de durazno. Ella las envasaba y las almacenaba en una bodega bajo tierra cerca de su casa en el oeste de Texas. Esta era un profundo hoyo con peldaños de madera, muros de madera, y un olor mustio. Cuando era muchacho, acostumbraba a meterme en la bodega, cerrar la puerta, y ver cuánto podía resistir la oscuridad. Ni un rayito de luz entraba en aquel hoyo bajo la tierra. Yo me sentaba silenciosamente, escuchando mi respiración y el ruido de mi corazón, hasta que no podía soportarlo y subía corriendo por la escalera y abría la puerta de un golpe. La luz entraba en la bodega. ¡Qué cambio! Momentos antes no podía ver nada, ahora podía ver todas las cosas.

Como cuando la luz entraba en la bodega, la esperanza de Dios entra en nuestro mundo. Sobre el enfermo, Él envía el rayo de curación. Para el afligido, da la promesa de reunión. Para el moribundo, prepara la llama de la resurrección. Al confundido, ofrece la luz de las Escrituras.

Dios da esperanza. Entonces, ¿qué importa si alguien nació más delgado o más grueso, más claro o más oscuro que tú? ¿Por qué cuentas diplomas o comparas currículos? ¿Qué problema hay si ellos tienen un lugar a la cabeza de la mesa? Tienes un lugar en la mesa de Dios. Y Él está llenando tu copa para que rebose...

Tu copa rebosa de gozo. Rebosa de gracia. ¿No debería tu corazón rebosar de gratitud?

El corazón del niño lo hizo. No al principio. Inicialmente estaba lleno de envidia. Pero, con el tiempo, se llenó de gratitud.

Según la historia, vivía con su padre en un valle en la base de un gran dique. Todos los días el padre iba a trabajar a la montaña detrás de su casa y retornaba a casa con una carretilla llena de tierra. «Pon la tierra en los sacos, hijo», decía el padre. «Y amontónalos frente a la casa».

La esperanza de Dios entra en nuestro mundo. Sobre el enfermo, Él envía el rayo de curación. Para el afligido, da la promesa de reunión.

Si bien el niño obedecía, también se quejaba. Estaba cansado de la tierra. Estaba cansado de las bolsas. ¿Por qué su padre no le daba lo que otros padres dan a sus hijos? Ellos tenían juguetes y juegos; él tenía tierra. Cuando veía lo que los otros tenían, enloquecía. «Esto no es justo», se decía.

Y cuando veía a su padre, le reclamaba: «Ellos tienen diversión. Yo tengo tierra».

El padre sonreía y con sus brazos sobre los hombros del niño le decía: «Confía en mí, hijo. Estoy haciendo lo que más conviene».

Pero para el niño era duro confiar. Cada día el padre traía la carga. Cada día el niño llenaba las bolsas. «Amontónalas lo más alto que puedas», le decía el padre mientras iba por más. Y luego el niño llenaba las bolsas y las apilaba. Tan alto que ya no podía mirar por encima de ellas.

«Trabaja duro, hijo», le dijo el padre un día, «el tiempo se nos acaba». Mientras hablaba, el padre miró al cielo oscurecido. El niño comenzó a mirar fijamente las nubes y se volvió para preguntarle al padre lo que significaban, pero al hacerlo sonó un trueno y el cielo se abrió. La lluvia cayó tan fuerte que escasamente podía ver a su padre a través del agua. «¡Sigue amontonando, hijo!» Y mientras lo hacía, el niño escuchó un fuerte estruendo.

El agua del río irrumpió a través del dique hacia la pequeña villa. En un momento, la corriente barrió con todo en su camino, pero el dique de tierra dio al niño y al padre el tiempo que necesitaban. «Apúrate, hijo. Sígueme».

Corrieron hacia la montaña detrás de su casa y entraron a un túnel. En cuestión de momentos salieron al otro lado, huyeron a lo alto de la colina y llegaron a una nueva casita.

«Aquí estaremos a salvo», dijo el padre al niño.

Solo entonces el hijo comprendió lo que el padre había hecho. Había provisto una salida. Antes que darle lo que deseaba, le dio lo que necesitaba. Le dio un pasaje seguro y un lugar seguro.

¿No nos ha dado lo mismo nuestro Padre? ¿Un muro fuerte de gracia para protegernos? ¿Una salida segura para liberarnos? ¿De quién podríamos tener envidia? ¿Quién tiene más que nosotros? Antes que desear lo que otros tienen, ¿no deberíamos preguntarnos si tienen lo que nosotros tenemos? En vez de estar celosos de ellos, ¿no es mejor sentir lástima de ellos? Por amor del cielo, tira los rifles y levanta la copa. Hay suficiente para compartir.

Una cosa es cierta. Cuando venga la tormenta final, estarás seguro en la casa de tu Padre, y no echarás de menos lo que Él no te dio. Estarás maravillado de lo que te dio.

—*ALIGERE SU EQUIPAJE*

*J*eremías estaba deprimido, tan lúgubre como una jirafa con dolor de cuello. Jerusalén estaba siendo atacada, la nación estaba en problemas. El mundo de él se había desplomado como un castillo de arena en un huracán. Él le echaba la culpa a Dios por su terrible condición emocional. También le culpó por sus enfermedades físicas. «Hizo envejecer mi carne y mi piel; quebrantó mis huesos» (Lm 3.4).

Le dolía el cuerpo. Estaba enfermo del corazón. Su fe era muy débil... Pero entonces se dio cuenta de que se estaba hundiendo con mucha rapidez. Así que cambió su mirada. «Esto recapacitaré en mi corazón, por tanto esperaré. Por la misericordia de Jehová no hemos sido consumidos, porque nunca decayeron sus misericordias. Nuevas son cada mañana; grande es tu fidelidad. Mi porción es Jehová, dijo mi alma, por tanto, en él esperaré» (vv. 21-24).

«Esto recapacitaré... » Cuando estaba deprimido, Jeremías cambió su forma de pensar, cambió el lugar donde puso su atención. Quitó los ojos de las olas y fijó su mirada en la fidelidad de Dios. Con rapidez, recitó un quinteto de promesas. (Me lo puedo imaginar marcando esas promesas con los dedos.)

1. El amor de Dios es firme y eterno.
2. Sus misericordias no tienen fin.
3. Son nuevas cada mañana.
4. Grande es tu fidelidad.
5. El Señor es mi porción.

La tormenta no cesó, pero sí su desaliento.

—*SIN TEMOR*

Jesús
Salvador inconmovible

¿Quieres saber qué es lo más increíble de que Cristo haya venido?

No es que Aquel que jugaba canicas con las estrellas haya renunciado a eso para jugar con canicas de cristal. Ni es que Aquel que colgó las galaxias haya renunciado a eso para ajustar las puertas de cliente disgustado y malgenioso que las quería arregladas ayer, pero que no podía pagar hasta mañana.

No es que Jesús, en un instante, haya pasado de no necesitar nada a necesitar aire, comida, un chorro de agua caliente y sales para sus pies cansados y, más que todo eso, necesitar a alguien –cualquiera– que estuviera más preocupado sobre dónde iría a pasar la eternidad que dónde gastaría su cheque del viernes.

Ni es que haya controlado las ganas de mandar a freír a los autoproclamados guardianes de santidad que sugerían que él hacía las obras del diablo.

Ni es que haya mantenido la calma mientras una docena de sus mejores amigos sintieron el calor y se apresuraron a salir de la cocina. Ni es que no haya dado la orden a los ángeles, que le rogaban: «Solo danos la orden, Señor. Una sola palabra y estos demonios se transformarán en platillo endiablado».

Tampoco es que se haya negado a defenderse cuando cargó con cada pecado de cada disoluto desde Adán. Ni es que haya guardado silencio mientras un millón de veredictos de culpabilidad resonaban en el tribunal del cielo y el dador de la luz quedaba en medio de la fría noche de los pecadores.

Ni siquiera es que después de aquellos tres días en la tumba oscura haya surgido con el amanecer de la Pascua con una sonrisa y un contoneo y una pregunta para el vil Lucifer: «¿Eso es todo lo que tienes?»

Eso fue fantástico, increíblemente fantástico.

¿Pero quieres saber lo más increíble sobre Aquel que cambió la corona de los cielos por una corona de espinas?

Que lo hizo por ti. Sí, por ti.

—*ÉL ESCOGIÓ LOS CLAVOS*

El ruido y el bullicio empezaron más temprano que de costumbre en la aldea. La noche apenas daba paso a la aurora y ya había gente en las calles. Los vendedores se ubicaban en las esquinas de las vías más transitadas. Los tenderos abrían las puertas de sus tiendas. Los niños se despertaban por los alborotados ladridos de los perros callejeros y los rezongos de los burros que arrastran las carretas.

El dueño de la posada se había despertado más temprano que la mayoría de los aldeanos. Después de todo, el mesón estaba lleno, todas las camas ocupadas. Cada colchón y manta disponible estaba en uso. En poco tiempo todos los clientes estarían revoloteando y habría mucho trabajo por hacer.

Se enciende nuestra imaginación al pensar en la conversación del mesonero y su familia en la mesa durante el desayuno. ¿Alguno mencionó la llegada de la joven pareja la noche anterior? ¿Alguien se preguntó acerca de su bienestar? ¿Alguno comentó acerca del embarazo de la joven sentada en el burro? Tal vez. Tal vez alguien tocó el tema. Pero, a lo sumo, apenas se planteó, no se discutió. No se trataba de algo *tan* novedoso. Tal vez fueron tan solo una familia más de las que no pudieron entrar aquella noche.

Además, ¿quién tenía tiempo para conversar en medio de tanto alboroto? Augusto le hizo un favor a la economía de Belén al decretar un censo. ¿Quién podía recordar cuándo se había visto tanto comercio en la aldea?

Es poco probable que alguien haya mencionado la llegada de la pareja o se haya preguntado acerca de la condición de la joven. Estaban demasiado ocupados. El día apremiaba. El pan del día tenía que prepararse. Los quehaceres de la mañana estaban pendientes. Había demasiado por hacer para imaginar que lo imposible hubiera sucedido.

Dios había llegado al mundo como un bebé.

Pero cualquiera que se hubiera asomado esa mañana al establo en las afueras de Belén, habría contemplado una escena singular.

Había demasiado por hacer para imaginar que lo imposible hubiera sucedido. Dios había llegado al mundo como un bebé.

El establo apesta como cualquier otro. Es penetrante el hedor de la orina, el estiércol, y las ovejas. El suelo es duro, la paja escasa. Telarañas cuelgan del techo y un ratón corre en el suelo polvoriento buscando escondite.

No podría haber un lugar más humilde para nacer.

A un lado, a cierta distancia, se encuentra un grupo de pastores. Se sientan en el suelo, en silencio, tal vez perplejos, tal vez asombrados, indudablemente sorprendidos. Su vigilia de la noche había sido interrumpida por un estallido de luz del cielo y un concierto de ángeles. Dios visita a quienes tienen tiempo para escucharle, de modo que aquella noche sin nubes visitó a pastores sencillos.

Cerca de la joven madre está el padre, cansado. Si hay alguien cabeceando, es él. No puede recordar la última vez que estuvo sentado. Y ahora que ha amainado un poco la emoción, ahora que María y el bebé están cómodos, se recuesta contra el muro del establo y siente sus párpados cada vez más pesados. Todavía no ha entendido todos los detalles. El misterio todavía lo desconcierta. Pero no tiene la energía para lidiar con las preguntas. Lo importante es que el bebé está bien, y que María está segura. Con el sueño llega también el recuerdo del nombre que el ángel le indicó... Jesús. «Lo llamaremos Jesús».

María está completamente despierta. Vaya, ¡qué joven se ve! Su cabeza descansa sobre la piel suave de la silla de montar de José. El dolor ha cedido ante el asombro. Ella contempla el rostro del bebé. Su hijo. Su Señor. Su Majestad. A estas alturas de la historia, el ser humano que mejor entiende quién es Dios y qué hace es una adolescente en un establo maloliente. No puede quitarle los ojos de encima. De algún modo, María sabe que tiene a Dios en sus brazos. *Entonces es Él.* Recuerda las palabras del ángel. «Su reino no tendrá fin» (Lc 1.33).

Parece todo menos un rey. Su cara está un poco arrugada y roja. Su llanto, aunque vigoroso y saludable, no deja de ser el llanto indefenso y penetrante de un bebé. Y depende por completo de María para su bienestar.

La majestad en medio de lo mundano. La santidad en la inmundicia del estiércol y el sudor de ovejas. La divinidad visita al mundo en el suelo de un establo, a través del vientre de una adolescente y en presencia de un carpintero.

Toca el rostro del Dios infante. *¡Qué largo ha sido tu viaje!*

Este bebé había pasado por alto el universo. Estos pañales que lo abrigaban eran los vestidos de la eternidad. Su trono dorado quedó abandonado a favor de un redil de ovejas sucias. Y en lugar de ángeles adoradores estaba rodeado de amables pero desconcertados pastores.

Entre tanto, la ciudad bulle de actividad. Los mercaderes no tienen idea de que Dios ha visitado su planeta. El mesonero nunca creería que acababa de enviar a Dios al frío de la noche. Y la gente se mofaría de cualquiera que les dijera que el Mesías estaba en brazos de una adolescente en las afueras de su aldea. Todos estaban demasiado ocupados para considerar la posibilidad.

*P*arece todo menos un rey. Su cara está un poco arrugada y roja. Su llanto, aunque vigoroso y saludable, no deja de ser el llanto indefenso y penetrante de un bebé.

Quienes se perdieron de la llegada de su Majestad aquella noche no lo hicieron por maldad ni mala voluntad, sino porque sencillamente no estaban pendientes.

Poco ha cambiado en los últimos dos mil años, ¿no es así?

—*DIOS SE ACERCÓ*

¿*Qué* pensarías de un hombre que asegura ser Dios y aun así odia la religión? ¿Qué haces con un hombre que se autoproclama el Salvador y aun así condena los sistemas? ¿Qué haces con un hombre que conoce el lugar y la hora de su muerte y aun así va en esa dirección?

La pregunta de Pilato es la tuya. «¿Qué voy a hacer con Jesús?» (Mt 27.22 NVI).

Tienes dos opciones.

Puedes rechazarlo. Esa es una opción. Puedes, al igual que muchos, decidir que la idea de Dios convertido en un carpintero es demasiado extraña, y alejarte.

O puedes aceptarlo. Puedes caminar con Él. Puedes escuchar su voz entre cientos de voces, y seguirle.

—*Y LOS ÁNGELES GUARDARON SILENCIO*

VEINTICINCO PREGUNTAS PARA MARÍA

¿Qué sentías cuando lo veías orar?

¿Cómo respondía cuando veía a otros niños riéndose tontamente durante el servicio en la sinagoga?

Cuando veía un arco iris, ¿mencionó alguna vez un diluvio?

¿Alguna vez te sentiste incómoda enseñándole cómo Él creó el mundo?

¿Cuando veía a un cordero que era llevado para el sacrificio, actuaba diferente?

¿Alguna vez notaste que tuviera una mirada distante, como si oyera una voz que para ti era imperceptible?

¿Cómo se comportaba en los funerales?

¿Alguna vez pensaste que el Dios al que orabas estaba dormido bajo tu propio techo?

¿Alguna vez intentaste contar las estrellas con Él, y lo lograste?

¿Alguna vez llegó a casa con un ojo morado?

¿Qué hizo la primera vez que le cortaron el cabello?

¿Tenía algún amigo de nombre Judas?

¿Le iba bien en la escuela?

¿Alguna vez lo regañaste?

¿Alguna vez tuvo que preguntar algo acerca de las Escrituras?

¿Qué crees que pensaba al ver a una prostituta ofrecer al mejor postor el cuerpo creado por Él?

¿Alguna vez se enojó cuando alguien fue deshonesto con Él?

¿Alguna vez lo encontraste pensativo mirando su propio brazo mientras sujetaba un terrón de arcilla?

¿Alguna vez se despertó asustado?

¿Quién era su mejor amigo?

Cuando alguien hacía mención de Satanás, ¿cómo reaccionaba?

¿Alguna vez lo llamaste «Padre» por accidente?

¿De qué hablaban Él y su primo Juan cuando eran niños?

¿Comprendían sus hermanos y hermanas lo que sucedía?

¿Alguna vez pensaste: *Ese es Dios tomando mi sopa?*

—*Dios se acercó*

Tengo un dibujo de Jesús riéndose. Está en la pared justo al frente de mi escritorio.

Es realmente un dibujo especial. Su cabeza está echada hacia atrás. Su boca está abierta. Sus ojos brillan. No está sonriendo. No es una risita ahogada. No es una sonrisa entre dientes. Es una risa estruendosa. Él no había oído ni visto algo tan gracioso en mucho tiempo. Hasta parece que le falta el aire.

Me lo regaló un pastor episcopal que colecciona dibujos de Jesús sonriendo. «Se lo doy a cualquiera que se sienta inclinado a tomar a Dios demasiado en serio», me explicó cuando lo puso en mis manos.

Y vaya que dio en el blanco.

¿De verdad puedes imaginarte a Jesús con niños sobre sus rodillas y un rostro sombrío?

No soy de los que me imagino fácilmente a Dios sonriendo. Un Dios lloroso, sí. Un Dios enojado, también. Un Dios poderoso, sin duda. ¿Pero un Dios risueño? Esto parece muy, muy... muy... muy lejos de lo que Dios debería hacer y ser. Lo que simplemente demuestra lo mucho que conozco –o no conozco– sobre Dios.

¿Qué rayos pienso que estaba haciendo cuando estiró el cuello a la jirafa? ¿Un ejercicio de ingeniería? ¿Qué pienso que tendría en mente cuando le dijo al avestruz dónde meter la cabeza? ¿Un explorador de cavernas? ¿Qué pienso que estaba haciendo cuando creó el llamado del mono macho a su hembra? ¿O le puso las ocho patas al pulpo? ¿Y qué habrá hecho cuando vio a Adán echándole la primera mirada sugerente a Eva? ¿Bostezar?

Difícilmente.

Mientras mi vista mejora y soy capaz de leer sin mis lentes con manchas, ahora me doy cuenta que el sentido del humor es quizás la única forma por la que Dios nos ha soportado por tanto tiempo.

¿Tiene Dios una sonrisa mientras Moisés mira dos veces a la zarza ardiente que habla?

¿Sonríe otra vez cuando Jonás aterriza en la playa, chorreando jugos gástricos y oliendo a aliento de ballena?

¿Es esa una mueca en su rostro mientras mira a los discípulos alimentando a miles con el almuerzo de un niño?

¿Piensas en un rostro inexpresivo mientras habla sobre el hombre con un dos-por-cuatro en su ojo y que señala la paja en el ojo de su amigo?

¿De verdad puedes imaginarte a Jesús con niños sobre sus rodillas y un rostro sombrío?

No, creo que Jesús sonreía. Creo que Él se reía un poco de la gente y mucho con la gente.

—*EN EL OJO DE LA TORMENTA*

*J*esús pudo haber sido un «Jaime». Si Jesús viniera en esta época, podría haberse llamado Juan, o Roberto, o Carlos. Si estuviera aquí hoy, dudo mucho que se distanciaría con un título rimbombante como Reverendo Santidad Angelical Divinidad III. No, cuando Dios escogió el hombre de su hijo, eligió un nombre humano (Mt 1.21).

Escogió un nombre tan común que hubiera aparecido dos o tres veces en cualquier lista escolar.

En otras palabras, Juan dijo: «Y aquel Verbo fue hecho carne» (Jn 1.14).

Cualquiera podía tocarlo, acercarse a Él, hablarle. Más aún, era un hombre común. Si estuviera hoy aquí tal vez no lo reconocerías al pasar en un centro comercial. No atraería las miradas por la ropa que viste, ni las joyas que luce.

Casi puedes oírle decir: «Solo llámame Jesús».

Era el tipo de persona que invitarías a tu casa para ver un partido de fútbol. El tipo que jugaría a la lucha en el piso con tus hijos, dormiría en tu sofá, y asaría filetes en tu parrilla. Se reiría de tus chistes y contaría algunos inventados por Él. Y si tú hablas, Él escucharía como si tuviera todo el tiempo del mundo.

Y de algo estoy seguro, lo volverías a invitar.

Vale la pena notar que aquellos que mejor lo conocieron lo recordaban como Jesús. Los títulos Jesucristo y Señor Jesús aparecen seis veces únicamente. Quienes caminaron con Él lo recordaban no con un título o denominación, sino con un nombre: Jesús.

Piensa en las implicaciones de esto. Cuando Dios escogió revelarse a la humanidad, ¿qué medio empleó? ¿Un libro? No, eso fue secundario. ¿Una iglesia? No. Eso vino como resultado. ¿Un código moral? No. Limitar la revelación de Dios a una fría lista de lo que se debe y no se debe hacer es tan desafortunado como mirar un mapa del estado de Colorado y decir que has estado en las Montañas Rocosas.

Cuando Dios eligió revelarse a sí mismo, lo hizo –vaya sorpresa– por medio de un cuerpo humano. La lengua que llamó a los muertos fue humana. La mano que tocó al leproso tenía mugre en las uñas. Los pies que la mujer mojó con sus lágrimas estaban callosos y sucios. Y sus lágrimas... no olvides sus lágrimas... brotaban de un corazón tan quebrantado como podría estarlo el tuyo o el mío.

«Porque no tenemos un sumo sacerdote que no pueda compadecerse de nuestras debilidades, sino uno que fue tentado en todo según nuestra semejanza, pero sin pecado» (Heb 4.15).

Cualquiera podía tocarlo, acercarse a Él, hablarle... Casi puedes oírle decir: «Solo llámame Jesús».

De modo que la gente le buscaba. ¡Y vaya cómo le buscaban! Le buscaban de noche, lo tocaban cuando caminaba por la calle, lo seguían alrededor del mar, lo invitaban a sus casas y ponían sus niños a sus pies. ¿Por qué? Porque rehusó ser una estatua en una catedral o un sacerdote en un púlpito elevado. En lugar de eso eligió ser Jesús.

No hay un solo indicio de alguien que haya temido acercarse a Él. Hubo quienes se burlaron de Él. Hubo quienes le tuvieron envidia. Hubo quienes lo malinterpretaron. Y quienes lo reverenciaron. Pero no hubo una sola persona que lo considerara tan santo, tan divino, tan celestial, que no pudiera ser tocado. *No hubo una sola persona que temiera acercarse a Él por temor a ser rechazado.*

Recuerda esto.

Recuerda esto la próxima vez que tus propios fracasos te dejen pasmado.

O la próxima vez que esas agrias acusaciones perforen tu alma.

O la próxima vez que veas una fría catedral o escuches una liturgia sin vida.

Recuerda. El hombre es quien pone distancia. Es Jesús quien construye el puente.

«Solo llámame Jesús».

—*Dios se acercó*

Y sus lágrimas... no olvides sus lágrimas... brotaban de un corazón tan quebrantado como podría estarlo el tuyo o el mío.

*J*esús afirma ser, no un teólogo *eminente*, ni un teólogo *excelente*, ni siquiera el Teólogo *Supremo*, sino más bien el *Único* Teólogo. «Nadie conoce al Padre sino el Hijo». Él no dice: «Nadie conoce realmente al Padre *como lo conoce* el Hijo», ni «*de igual manera que* el Hijo». Sino, «Nadie conoce al Padre sino el Hijo».

—*3:16: LOS NÚMEROS DE LA ESPERANZA*

*J*esús no era un dios parecido al hombre, ni un hombre parecido a Dios. Era Dios-hombre.

Un carpintero le sirvió de partero.

Una joven común y corriente lo bañó.

El creador del mundo con un ombligo.

Al autor de la Tora le enseñaron la Tora.

Humano celestial. Y porque lo fue nos quedamos rascándonos la cabeza, medio pasmados, preguntándonos: «¿Qué hay de malo en este cuadro?» Momentos como estos:

Buen vino de Burdeos en vez de H2O.

Un lisiado patrocina la danza del pueblo.

La merienda de un niño satisface cinco mil barrigas.

Además, una tumba: vigilada por soldados, sellada con una roca, y sin embargo, un hombre que lleva tres días muerto la abandona.

¿Qué hacemos con tales momentos?

¿Qué hacemos con *tal persona*? Aplaudimos a la gente por hacer cosas buenas.

Adoramos a Dios por hacer grandes cosas. Pero, ¿qué cuando un hombre hace cosas de Dios?

Una cosa es segura: no podemos hacer caso omiso de ese hombre.

¿Por qué no? Si estos momentos son fácticos, si la afirmación de Cristo es verdadera, Él es hombre y Dios al mismo tiempo.

Aquí está. El individuo más importante que ha existido.

Olvídate del jugador más valioso. Él es toda la liga. ¿El que va a la cabeza del desfile? De eso nada. No comparte la calle con nadie.

¿Quién se le mide? A su lado lo mejor y lo más brillante de la humanidad pierde brillo como los rubíes de una tienda de baratijas.

¿Desestimarlo? No podemos.

¿Resistirlo? Igualmente difícil. ¿Acaso no necesitamos un Salvador que sea Dios y hombre? Un Jesús que fuera solo Dios podría crearnos, pero no comprendernos. Un Jesús que fuera solo hombre podría amarnos, pero no salvarnos. Pero, ¿un Jesús Dios-hombre? Suficientemente cerca para tocarlo. Suficientemente fuerte para confiar en Él. Un Salvador y vecino.

Un Salvador que para millones es irresistible. Nada se compara a «la excelencia del conocimiento de Cristo Jesús, mi Señor» (Fil 3.8). El premio del cristianismo es Cristo.

¿Viajas al Gran Cañón del Colorado para comprar una camiseta conmemorativa o una bola de plástico con copos de nieve que se mueven al agitarla? No. El premio del Gran Cañón del Colorado es el Gran Cañón del Colorado. La emoción de saber que somos parte de algo antiguo, espléndido, poderoso y más grande que nosotros.

El Fort Knox de la fe es Cristo. Es comunión íntima con Él. Caminar con Él. Cavilar en Él. Explorarlo.

Lo importante del cristianismo es Cristo. No es dinero en el banco ni un auto en el garaje ni un cuerpo sano ni una mejor imagen de sí mismo. Quizás frutos secundarios y terciarios. Sin embargo, el Fort Knox de la fe es Cristo. Comunión íntima con Él. Caminar con Él. Cavilar en Él. Explorarlo.

Es la sobrecogedora comprensión de que uno es parte de algo antiguo, eterno, imparable e inconmensurable. Y que Él, que puede cavar un Gran Cañón del Colorado con el meñique, piensa que uno es digno de que Él muera en un madero romano. Cristo es el premio del cristianismo. ¿Por qué más lo haría Pablo su anhelo supremo, «a fin de conocerle»? (Fil 3.10)

¿Anhelas tú lo mismo? Mi idea es sencilla. Veamos algunos lugares a los que Él fue y algunas personas a las que contactó. Únete a mí en una búsqueda de su condición de Dios-hombre. Te asombrarás.

Más importante aún, podrías cambiar. «Nosotros todos, mirando a cara descubierta como en un espejo la gloria del Señor, somos transformados de gloria en gloria en la misma imagen, como por el Espíritu del Señor» (2 Co 3.18).

A medida que lo contemplamos, nos volvemos como Él.

—*MI SALVADOR Y VECINO*

Amado significa «que no tiene precio» y «único». No hay nadie como Cristo. Ni Moisés, ni Elías, ni Pedro, ni Zoroastro, ni Buda ni Mahoma. Ni en el cielo ni en la tierra. Jesús, declaró el Padre, no es «un hijo», ni aun «el mejor de todos los hijos». Él es el «Hijo amado».

—*SIN TEMOR*

*J*usto cuando su divinidad empieza a volverse inalcanzable, cuando su santidad se torna intocable, justo cuando su perfección se convierte en algo imposible de imitar, el teléfono suena y una voz susurra: «Él fue humano. No lo olvides. Él fue de carne y hueso».

En el momento preciso se nos recuerda que Aquel a quien oramos conoce nuestros sentimientos. Sabe de tentación. Se ha sentido desanimado. Ha tenido hambre, sueño y cansancio. Sabe lo que sentimos cuando se apaga el despertador. Comprende lo que sentimos cuando nuestros hijos piden algo diferente, todos al mismo tiempo. Él asiente comprensivo cuando oramos con enojo. Se conmueve cuando le decimos que hay demasiado por hacer. Sonríe cuando confesamos nuestro cansancio.

Pero le debemos mucho a Juan por incluir el versículo 28 en su capítulo 19. Ahí dice:

«Tengo sed».

No es *el Cristo* que tiene sed. Es el carpintero. Y esas son palabras de humanidad en medio de la divinidad.

El fue pionero de nuestra salvación en medio del mundo que tú y yo enfrentamos a diario.

Esta frase estropea el bosquejo de tu sermón. Las otras seis declaraciones son más «acordes». Son exclamaciones que esperaríamos: perdonar pecadores, prometer el paraíso, cuidar a su madre, e incluso «Dios mío, Dios mío, ¿por qué me has desamparado?» es una poderosa (Mt 27.46 NVI).

Pero, ¿«Tengo sed»?

Justo cuando ya teníamos todo arreglado. Justo cuando la cruz estaba definida y empaquetada. Justo cuando el manuscrito estaba terminado. Justo cuando habíamos inventado todos esos términos elegantes y pulcros terminados en «ción», como santificación, justificación, propiciación, y purificación. Justo cuando hemos puesto la gran cruz dorada en nuestro inmenso campanario, Él nos recuerda que «el Verbo se hizo carne» (Jn 1.14).

Quiere recordarnos que Él también fue humano. Quiere que sepamos que Él también conoció la monotonía de la rutina y el cansancio que acompaña los días largos. Quiere que recordemos que nuestro precursor no usó chaleco antibalas ni guantes de caucho ni una armadura impenetrable. No. Él fue pionero de nuestra salvación en medio del mundo que tú y yo enfrentamos a diario.

Él es el Rey de reyes, el Señor de señores, y la Palabra de vida. Más que nunca es la Estrella de la mañana, el poderoso Salvador, y el Príncipe de paz.

Pero hay momentos en los que nos reconforta acordarnos que Dios se hizo carne y habitó entre nosotros. Nuestro Maestro sabe lo que significa ser un carpintero crucificado que tuvo sed.

—*CON RAZÓN LO LLAMAN EL SALVADOR*

Cuanto más tiempo vivimos en {Cristo}, tanto más grande llega a ser Él en nosotros. No es que cambie, sino que nosotros cambiamos; vemos más de Él. Vemos dimensiones, aspectos y características que nunca habíamos visto antes, porciones cada vez mayores y sorprendentes de su pureza, poder y singularidad. Desechamos las cajas y las viejas imágenes de Cristo como si fueran pañuelos de papel usados. No nos atrevemos a colocar a Cristo en un partido político conservador o liberal. La certeza arrogante se convierte en simple curiosidad. ¿Definir a Jesús con una doctrina o lo limitarlo a una opinión? De ninguna manera. Sería más fácil poner todo el mar Caribe en una red para cazar mariposas que colocar a Cristo en una caja.

A la larga, respondemos como los apóstoles. Nosotros también nos postramos sobre nuestro rostro y lo adoramos.

—*SIN TEMOR*

Milagros

Misterios de la Majestad

$\mathcal{V}$enimos a Dios en humildad. No hay arrogancia, no hay vanagloria, no hay declaraciones de «lo he hecho yo solo». No presumimos de músculos ni vamos reclamando los éxitos. Juntamos nuestros mancillados corazones y se los ofrecemos a Dios como si fueran una flor aplastada y sin perfume: «¿Puedes devolverle la vida a esto?»

Y Él lo hace. *Él.* No nosotros. Él es el que hace el milagro de la salvación. Nos sumerge en misericordia. Cose los retazos de nuestra alma. Él deposita su Espíritu e implanta dones celestiales. Nuestro gran Dios bendice nuestra pequeña fe.

—*MÁS ALLÁ DE TU VIDA*

$\mathcal{J}$uan el Bautista vio una paloma y creyó. James Whittaker vio a una gaviota y creyó. ¿Quién puede decir que el que envió la primera no pudo haber enviado la segunda?

James Whittaker fue un miembro de la tripulación seleccionada que voló en el B-17 *Flying Fortress* capitaneado por Eddie Rickenbacker. Todo aquel que no olvida la fecha de octubre de 1942 recuerda el día en que dieron por perdidos a Rickenbacker y su tripulación.

En algún lugar sobre el Pacífico, fuera del alcance de la radio, el avión se quedó sin combustible y se estrelló en el océano. Los nueve hombres pasaron todo un mes flotando en tres balsas. Lucharon con el calor, las tormentas y el agua. Tiburones, algunos de más de tres metros de largo, atacaron sus balsas, más pequeñas que ellos. Pasados apenas ocho días, ya habían consumido todas sus provisiones o el agua salada las había dañado. Solo un milagro les permitiría sobrevivir.

Una mañana, después de tener su devocional, Rickenbacker echó su cabeza hacia atrás, la apoyó en el borde de la balsa y echó su gorra sobre los ojos. Un ave se paró en su cabeza. Él la observaba por debajo de su gorra. Todos los ojos estaban puestos en él. Por instinto supo que se trataba de una gaviota.

Rickenbacker la agarró y la tripulación se la comió. Los intestinos del ave se usaron como carnada para pescar... y la tripulación sobrevivió para contar la historia. Una historia sobre una tripulación desamparada, sin esperanza ni ayuda a la vista. Una historia sobre oraciones ofrecidas y oraciones contestadas. Una historia sobre un visitante de una tierra desconocida que viajó una gran distancia para dar su vida en sacrificio.

Una historia de salvación.

Una historia muy parecida a la nuestra. ¿Hemos estado, como la tripulación, desamparados? ¿Hemos, como la tripulación, orado? ¿Hemos sido, como la tripulación, rescatados por un visitante a quien nunca habíamos visto, mediante un sacrificio que nunca olvidaremos?

¡Ah, las distancias que recorre Dios para captar nuestra atención y ganar nuestra devoción!

Es posible que hayas oído antes la historia de Rickenbacker. Quizás la has escuchado de mí. O la hayas leído en alguno de mis libros. Coreen Schwenk lo hizo. Ella estaba comprometida con el único miembro de la tripulación que no sobrevivió, el joven sargento Alex Kacymarcyck. Con motivo de una reunión de la tripulación efectuada en 1985, la señora Schwenk supo que la viuda de James Whittaker vivía a solo ciento treinta kilómetros de su casa.

Después de leer esta historia en mi libro *En el ojo de la tormenta*, sintió el impulso de escribirme. El verdadero milagro, me informaba, no fue un ave en la cabeza de Eddie Rickenbacker, sino un cambio en el corazón de James Whittaker. Lo más maravilloso de aquel día no fue el rescate de una tripulación, sino el rescate de un alma.

James Whittaker era un incrédulo. El accidente aéreo no cambió su incredulidad. Los días en que enfrentaron la muerte no lo hicieron reconsiderar su destino. En realidad, la señora Whittaker le dijo que su esposo estaba cada vez más irritado con John Bartak, un miembro de la tripulación que leía constantemente su Biblia en privado y en alta voz.

Pero sus protestas no detuvieron la lectura de Bartak. Ni la resistencia de Whittaker impidió que la Palabra penetrara en su alma. Sin saberlo Whittaker, se estaba preparando la tierra de su corazón. Por eso fue que una mañana, después de la lectura de la Biblia, una gaviota se paró en la cabeza del capitán Rickenbacker.

Y en ese momento, Jim creyó.

Me reí cuando leí la carta. No de la carta. Creo cada palabra de ella. No de James Whittaker. Tengo todo el derecho para creer que su conversión fue real. Pero no pude sino reírme... por favor, discúlpame... me reí de Dios.

¿No es eso típico de Él? ¿Quién iría a tales extremos para salvar un alma? Hacer tal esfuerzo para captar la atención de alguien. El resto del mundo se ocupa de Alemania y Hitler. Cada titular de los periódicos informa de las acciones de Roosevelt y Churchill. El globo está enfrascado en una batalla por la libertad... y en el Pacífico, el Padre se ocupa de enviar una gaviota misionera para salvar un alma. ¡Ah, las distancias que recorre Dios para captar nuestra atención y ganar nuestra devoción!

—*EL TRUENO APACIBLE*

*E*l temor crea una especie de amnesia espiritual. Embota nuestra memoria de los milagros. Nos hace olvidar lo que Jesús ha hecho y lo bueno que es Dios.

—*SIN TEMOR*

*P*ara alguien que es testigo del despliegue diario de la majestad de Dios el secreto de la Pascua no le parece absurdo. Para alguien que depende de los misterios de la naturaleza para su sustento no le resulta difícil depender de un Dios invisible para su salvación.

«La naturaleza», escribió Jonathan Edwards, «es el más grande evangelista que tiene Dios».

«La fe», escribió Pablo, «no {está} fundada en la sabiduría de los hombres, sino en el poder de Dios» (1 Co 2.5).

«El testimonio de Jehová», escribió David, «hace sabio al sencillo» (Sal 19.7).

El testimonio de Dios. ¿Cuándo fue la última vez que has sido testigo de él?

Un paseo por la hierba alta en una pradera verde. Una hora oyendo a las gaviotas o mirando conchas en la playa. O mirar cómo los rayos de sol alumbran la nieve en un fresco amanecer de invierno. Toda clase de milagros que casi igualan la magnitud del sepulcro vacío suceden a nuestro alrededor. Solo tenemos que estar atentos...

Hay un momento que nos exige soltar nuestros bolígrafos y parar nuestros comentarios, y salir de nuestras oficinas y bibliotecas. Si queremos realmente comprender y creer en el milagro de la cruz, nos haría bien convertirnos en testigos de los milagros diarios de Dios.

—CON RAZÓN LO LLAMAN EL SALVADOR

*D*esde donde escribo puedo observar varios milagros.

Olas espumosas azotan la playa con regularidad rítmica. Una tras otra, las crestas de agua salada cobran velocidad, saltando, alzándose, de pie para saludar la orilla antes de estrellarse contra la arena. ¿Cuántos billones de veces este sencillo misterio se ha repetido desde el comienzo del tiempo?

Nos recuerdan la misma verdad:
lo invisible es ahora visible.
Lo distante se ha acercado.

A lo lejos yace un milagro de colores: gemelos azulados. El azul océano del Atlántico se encuentra con el pálido azul del cielo, separados tan solo por el horizonte, que se extiende como un cable tensado entre dos mástiles.

También ante mis ojos veo los dos sujeta libros de la vida. Una joven madre pasea a un bebé en coche, partícipes recientes junto con Dios del milagro del nacimiento. Pasan junto a un anciano caballero sentado en un banco, encorvado y canoso, víctima del ladrón de la vida: la edad. (Me pregunto si estará consciente de la cortina que se cierra sobre su vida.)

Tras ellos hay tres niños que patean una pelota de fútbol en la playa. Con agilidad natural coordinan un sinnúmero de músculos y reflejos, tensan y sueltan articulaciones perfectamente diseñadas... todo para ejecutar una sola tarea: mover una pelota en la arena.

Milagros. Milagros divinos.

Son milagros porque son misterios. ¿Se pueden explicar científicamente? Sí. ¿Y reproducir? Hasta cierto grado.

Pero aun así son misterios. Sucesos que exceden nuestra comprensión y cuyo origen se halla en otra esfera. Cada una de sus partículas es tan divina como mares abiertos, cojos sanados, y sepulcros vacíos.

Y son recordatorios de la presencia de Dios tanto como los cojos que andan, los demonios que huyen, y las tormentas silenciadas. Son milagros. Señales. Testimonios. Encarnaciones instantáneas. Nos recuerdan la misma verdad: lo invisible es ahora visible. Lo distante se ha acercado. Su Majestad ha venido para que lo veamos. Y está en los rincones más comunes de la tierra.

De hecho, es la normalidad, no la singularidad de los milagros de Dios, lo que los hace tan asombrosos. En lugar de escandalizar al globo con una demostración aislada de deidad, Dios ha optado por desplegar a diario su poder. Consabido de todos. Olas que embaten. Colores que atraviesan el prisma. Nacimiento, muerte, vida. Estamos rodeados de milagros. Dios nos lanza testimonios como fuegos artificiales, cada uno diciendo con su estallido: «¡Dios es! ¡Dios es!»

El salmista se maravilló ante semejante obra santa. «¿A dónde me iré de tu Espíritu?», preguntó embelesado, «¿Y a dónde huiré de tu presencia? Si subiere a los cielos, allí estás tú; y si en el Seol hiciere mi estrado, he aquí, allí tú estás» (Sal 139.7–8).

Nos preguntamos, con tantos testimonios milagrosos a nuestro alrededor, cómo podríamos escapar de Dios. Pero de alguna manera lo logramos. Vivimos en una galería de arte de creatividad divina y aun así nos conformamos nada más con mirar la alfombra.

O, lo que es patéticamente peor, exigimos *más*. Más señales. Más pruebas. Más trucos de magia. Como si Dios fuera alguna clase de mago vodevil a quien podemos contratar por una moneda.

¿Cómo nos hemos vuelto tan sordos? ¿Cómo nos hemos vuelto tan inmunes a lo formidable y prodigioso? ¿Por qué somos tan reticentes a asombrarnos o a quedar pasmados?

Quizás la frecuencia de los milagros nos hace ciegos a su belleza. Después de todo, ¿qué tiene de emocionante la primavera o un árbol en flor? ¿Acaso las estaciones no se repiten cada año? ¿No hay millares de conchas marinas igualitas a esta?

Vivimos en una galería de arte de creatividad divina y aun así nos conformamos nada más con mirar la alfombra.

Aburridos, inexpresivos, llamamos normal a lo extraordinario, y previsto a lo increíble. Cambiamos lo increíble por lo anticipado. La ciencia y las estadísticas agitan su varita mágica recorriendo las facetas de la vida, ahogando los *¡oh!* y los *¡ah!*, y reemplazándolos con fórmulas y gráficos.

¿Te gustaría ver a Jesús? ¿Te atreves a ser un testigo de su majestad? Entonces redescubre la capacidad de asombro.

La próxima vez que escuches la risa de un bebé, o que veas el océano, presta atención. Haz una pausa y escucha el susurro constante y suave de su Majestad: «Aquí estoy».

—*DIOS SE ACERCÓ*

¿*Quieres* ver un milagro? Planta una palabra de amor a nivel del corazón en la vida de una persona. Nútrela con una sonrisa y una oración, y observa lo que pasa.

Un empleado recibe un elogio. Una esposa recibe un ramo de flores. Un pastel es horneado y llevado a la casa contigua. Una viuda es abrazada. Un empleado en la estación de servicio recibe honra. Un predicador es elogiado.

Sembrar semillas de paz se parece a sembrar habas. No sabes por qué da resultado; solo sabes que lo hace. Las semillas son plantadas, y la tierra de heridas es corrida.

No olvides el principio. Nunca subestimes el poder de una semilla.

Dios no lo hizo. Cuando su reino fue devastado y su pueblo había olvidado su nombre, él plantó su semilla.

Cuando la tierra del corazón humano se había vuelto una costra, plantó su semilla. Cuando la religión se había convertido en rito y el templo era un mercado, plantó su semilla.

¿Quiere ver un milagro? Obsérvalo al colocar la semilla de su propio ser en el vientre fértil de una muchacha judía.

Hacia arriba creció, «como planta tierna que hunde sus raíces en la tierra seca» (Is 53.2 DHH).

La semilla se pasó la vida corriendo a las piedras que intentaban mantenerla bajo tierra. La semilla desarrolló un ministerio basado en sacar de su paso las piedras que estaban desparramadas por el suelo de su Padre.

Las piedras de legalismo que pesaban sobre las espaldas.

Las piedras de opresión que rompían huesos.

Las piedras de prejuicio que excluían a los necesitados.

Pero fue la piedra final la que resultó ser la prueba suprema de la semilla. La piedra de la muerte... colocada por los humanos y sellada por Satanás frente a la tumba. Por un momento parecía que la semilla se quedaría atrapada en la tierra. Por un momento, esta roca parecía ser demasiado grande para ser desplazada.

Pero entonces, en algún lugar del corazón de la tierra, la semilla de Dios se movió, empujó y brotó. La tierra tembló, y la roca de la tumba rodó. La flor de la Pascua floreció.

Nunca subestimes el poder de una semilla.

—*APLAUSO DEL CIELO*

*J*uan no nos cuenta todo lo que Jesús hizo. Pero nos cuenta aquello que nos guiará a la fe. Juan selecciona siete milagros. Sin apuros, empieza con el sobrio milagro de convertir el agua en vino y luego va *in crescendo* hasta la resurrección de Lázaro ante los ojos de la gente. Se relatan siete milagros y se examinan siete testigos, cada uno construye su testimonio sobre el anterior.

Vamos a ver si podemos sentir todo su impacto.

Vamos a suponer que estamos en una sala de corte, una sala casi vacía. Hay cuatro personas presentes: un juez, un abogado, un huérfano y uno que quiere ser su representante. El juez es Dios, Jesús es el que quiere ser representante y el huérfano eres tú. No tienes nombre, ni herencia, ni hogar. El abogado propone que te pongan bajo el cuidado de Jesús.

¿Quién es el abogado? Un pescador galileo de nombre Juan.

Se ha presentado en la corte con seis testigos. Es el momento de presentar al séptimo. Pero antes de llamarlo al estrado, el abogado repasa el caso.

—Comenzamos este caso con la boda de Caná.

Habla con calma, midiendo cada palabra.

—No tenían vino. Absolutamente nada. Pero cuando Jesús habló, el agua se convirtió en vino. Un vino del mejor. Delicioso. Ya oyeron las palabras de los que atendían en la boda. Vieron lo ocurrido.

Guarda silencio y luego prosigue:

—Después oímos las palabras del oficial extranjero. Su hijo estaba en el umbral de la muerte.

Cuando estaba a punto de perder las esperanzas, alguien le habló de un sanador en Galilea.

Sí lo recuerda. Recuerda el testimonio del hombre. Con toda claridad dijo cómo había recurrido a los doctores y había intentado todos los tratamientos sin que nada hubiera ayudado a su hijo. Pero cuando estaba a punto de perder las esperanzas, alguien le habló de un sanador en Galilea.

Con su acento endurecido, el dignatario explicó:

—No tuve otra alternativa. En medio de mi desesperación, acudí a Él. ¡Vea! Vea lo que el Maestro hizo por mi hijo.

El niño estaba de pie y te asombras. Era difícil imaginarse que ese niño tan saludable haya estado tan cerca de la muerte. Escuchas absorto mientras Juan continúa:

—Y, su señoría, no olvide al paralítico cerca del estanque de agua. Hacía treinta y ocho años que no caminaba. Pero luego Jesús llegó y, bueno, la corte lo vio. ¿Recuerda? Lo vimos entrar caminando en esta sala. Oímos su historia.

»Y, por si eso fuera poco, también oímos el testimonio del niño con el almuerzo. Era parte de una multitud de miles que siguieron a Jesús para oírle y verlo hacer sanidades. En el momento preciso, cuando el niño se aprestaba a abrir el canasto donde tenía su almuerzo para servírselo, le dijeron que se lo llevara a Jesús. Por un minuto fue un almuerzo, al siguiente fue un festín.

Juan calla de nuevo, deja que el silencio hable en la sala de la corte. Nadie puede negar estos testimonios. El juez escucha. El abogado escucha. Y tú, el huérfano, no dices nada.

—Luego vino la tempestad. Pedro nos la describió. La barca era un juguete de las olas. Truenos. Relámpagos. Tormentas capaces de matar. Sé lo que es eso. ¡Me ganaba la vida en una barca! El testimonio de Pedro sobre lo ocurrido fue verdad. Yo estaba allí. El Maestro caminó sobre el agua. Y en el mismo momento en que subió a la barca, nos sentimos a salvo.

Juan se detiene. Los rayos del sol que se filtran en la sala forman un cuadro de luz en el piso. Juan se para dentro del mismo.

—Entonces ayer, encontraron a un hombre que nunca había podido ver. Su mundo era la oscuridad. Negro. Era ciego. Ciego de nacimiento.

Juan guarda silencio y con todo dramatismo repite lo que el hombre había dicho:

—Jesús sanó mis ojos.

Se han dado seis testimonios. Se han certificado seis milagros. Juan gesticula hacia la mesa donde yacen los artículos de evidencia. La vasija que contiene el vino. La declaración firmada del doctor que trató al niño enfermo. El lecho del paralítico, el canasto del niño. Pedro trajo un remo roto para demostrar la fuerza de la tempestad. Y el ciego dejó la vasija y el bastón. Ya no necesita seguir pidiendo limosna.

—Y ahora —dice Juan, volviéndose al juez—, tenemos un último testigo para llamar y una evidencia más que presentar.

Se dirige a la mesa y vuelve con un pedazo de tela blanca. Te inclinas hacia adelante, inseguro de lo que está sosteniendo.

—Este es un sudario mortuorio —explica. Coloca la tela sobre la mesa y ruega— Si su señoría me lo permite, llamo a nuestro último testigo, Lázaro de Betania.

El Maestro caminó sobre el agua.
Y en el mismo momento en que subió
a la barca, nos sentimos a salvo.

Las pesadas puertas de la sala de la corte se abren y entra un hombre alto. A grandes zancadas cruza el pasillo y se detiene ante Jesús lo suficiente como para ponerle una mano sobre el hombro y decirle:

—Gracias.

Tú puedes oír la ternura en su voz. Lázaro entonces se vuelve y toma asiento en el estrado.

—Diga su nombre a la corte.

—Lázaro.

—¿Ha oído de un hombre llamado Jesús de Nazaret?

—¿Quién no?

—¿Cómo lo conoce?

—Es mi amigo. Nosotros, mis hermanas y yo, tenemos una casa en Betania. A menudo, cuando Él viene a Jerusalén, se hospeda con nosotros. Mis hermanas, María y Marta, también han llegado a ser creyentes en Él.

—¿Creyentes?

—Creyentes de que Él es el Mesías. El Hijo de Dios.

—¿Por qué lo creen?

Lázaro sonríe.

—¿Cómo no habrían de creer? Yo había muerto. Y hacía cuatro días que estaba muerto. Estaba en la tumba. Oraron por mí y me sepultaron. Estaba muerto. Pero Jesús me mandó salir de la sepultura.

—Cuéntenos lo que ocurrió.

—Bueno, yo era muy enfermizo. Por eso es que vivía con mis hermanas. Ellas me cuidan. Mi corazón nunca ha sido muy fuerte, por eso he tenido que cuidarme mucho. Marta, mi hermana mayor, ella es, bueno, es como una madre para mí. Fue Marta quien llamó a Jesús cuando mi corazón falló.

*L*ázaro sonríe. «¿Cómo no habrían de creer? Yo había muerto... Pero Jesús me mandó salir de la sepultura».

–¿Fue entonces que murió?

–No, pero casi. Duré algunos días. Pero sabía que estaba en el umbral. Los doctores venían, movían la cabeza y se iban. En realidad, tenía un pie en la tumba.

–¿Fue en ese momento que llegó Jesús?

–No, teníamos la esperanza de que llegaría. Por las noches, Marta se sentaba en la cama y me susurraba una y otra vez: «Sé fuerte, Lázaro. Jesús llegará en cualquier momento». Lo único que sabíamos era que vendría. Quiero decir, había sanado a todos esos extraños, de modo que sin duda me sanaría a mí. Yo era su amigo.

–¿Qué lo demoró?

–Por mucho tiempo no lo supimos. Pensé que quizás estaría preso o algo así. Esperé y esperé. Pero cada día me ponía peor. Perdí la vista y ya no pude ver. Entraba y salía del estado de consciencia. Cada vez que alguien entraba en el cuarto, pensaba que era Él. Pero no era. Nunca llegó.

–¿Estaba enojado?

–Más confundido que enojado. No lo entendía.

–¿Y después qué sucedió?

–Bueno, una noche desperté. Tenía el pecho tan apretado que casi no podía respirar. Tuve que haberme incorporado porque Marta y María vinieron a verme. Tomaron mi mano. Oí cómo pronunciaban mi nombre, pero en ese momento empecé a caer. Era como un sueño, iba cayendo, dando amplios giros en el aire. Sus voces las oía más y más débiles hasta que de pronto, nada. Dejé de dar vueltas y de caer. Y el dolor desapareció. Estaba en paz.

–¿En paz?

—Era como dormir. Descansar. Tranquilidad. Había muerto.

—¿Qué sucedió entonces?

—Bueno, Marta puede contarle los detalles. Se planeó el funeral. Se reunió la familia. Los amigos viajaron desde Jerusalén. Me sepultaron.

—¿Asistió Jesús al funeral?

—No.

—¿Aún no había llegado?

—No, cuando supo que me habían sepultado, esperó otros cuatro días.

—¿Por qué?

Lázaro se detuvo y miró a Jesús.

—Porque quería hacer resaltar su propósito.

Juan sonrió, dando a entender que sabía a qué se refería Lázaro.

—¿Qué pasó a continuación?

—Oí su voz.

—¿Qué voz?

—La voz de Jesús.

—Pero tenía entendido que usted estaba muerto.

—Lo estaba.

—Sí, pero pensé que estaba dentro de la tumba.

—Lo estaba.

—¿Cómo puede un hombre muerto y sepultado oír la voz de alguien?

«*D*ejé de dar vueltas y de caer. Y el dolor desapareció. Estaba en paz».

–No puede. Los muertos solo oyen la voz de Dios. Yo oí la voz de Dios.

–¿Qué le dijo?

–Él no lo dijo. Lo gritó.

–¿Qué gritó?

–¡Lázaro, sal de ahí!

–¿Y lo oyó?

–Como si hubiera estado en la tumba conmigo. Mis ojos se abrieron; mis dedos se movieron. Volví mi cabeza. Estaba vivo de nuevo. Oí cómo rodaban la puerta de la entrada de la tumba. La luz me alcanzó. Mis ojos necesitaron un minuto para acostumbrarse a la claridad.

–¿Y qué vio?

–Un círculo de rostros mirándome.

–¿Qué hizo después?

–Me puse de pie. Jesús me dio la mano y me sacó de la tumba. Le dijo a la gente que me proporcionaran ropa y así lo hicieron.

–¿Así es que usted murió, estuvo en la tumba cuatro días y entonces Jesús lo llamó para que volviera a la vida? ¿Hubo algún testigo de esto?

Lázaro rió.

–Solo unos cien o algo así.

–Eso es todo, Lázaro. Puede retirarse.

Juan se volvió al juez.

–Usted ha escuchado los testimonios. Dejo ahora la decisión en sus manos.

Después de decir eso, volvió a la mesa y tomó asiento.

El representante permanece de pie. No se identifica. No necesita hacerlo. Todos lo conocen. Es Jesucristo.

El traerá vino a tu mesa, vista a tus ojos, fuerzas a tus pasos y, lo más importante, poder sobre la tumba.

La voz de Jesús inunda la sala:

–Yo represento a un huérfano, que es la suma de todo lo que han visto. Como la fiesta donde no había vino, este no tiene motivos para celebrar. Como el hijo del dignatario, este hijo está enfermo espiritualmente. Como el paralítico y el mendigo, no puede caminar y es ciego. Está hambriento, pero la tierra no tiene comida que le satisfaga. Enfrenta tempestades tan grandes como aquella en Galilea, pero la tierra no tiene brújula que lo guíe. Y lo más importante de todo, está muerto. Igual que Lázaro. Muerto. Muerto espiritualmente.

»Voy a hacer por él lo mismo que hice por ellos. Le daré gozo, fuerzas, sanidad, vista, seguridad, alimentación, nueva vida. Todo es suyo. Si me lo permite.

El juez da su respuesta:

–Tú eres mi Hijo, a quien he elegido (Lc 3.22 DHH).

Dios te mira.

–Se lo permito –dice–, con una condición. Que el huérfano lo pida.

Juan ha presentado a los testigos.

Los testigos han contado su historia.

El Maestro ha ofrecido hacer por ti lo mismo que hizo por los demás. Él traerá vino a tu mesa, vista a tus ojos, fuerzas a tus pasos y, lo más importante, poder sobre la tumba. Él hará por ti lo que hizo por ellos.

El Juez ha dado su bendición. Lo demás depende de ti.

La elección es tuya.

—EL TRUENO APACIBLE

Paz

Una tierna tranquilidad

A veces me pregunto cuántas cargas Jesús está llevando por nosotros que ni siquiera sospechamos. Sabemos de algunas. Carga con nuestro pecado. Lleva nuestra vergüenza. Carga con nuestra deuda eterna. Pero ¿habrá otras cargas? ¿Nos habrá librado de temores antes de llegar a sentirlos? ¿Habrá cargado con nuestra confusión para que no tuviéramos que hacerlo nosotros? ¿Y qué de las veces que nos ha sorprendido un sublime sentimiento de paz? ¿Sería que Jesús levantó nuestra ansiedad sobre sus hombros y puso un yugo de bondad sobre nosotros?

—Un amor que puedes compartir

«Justificados, pues, por la fe, tenemos paz para con Dios por medio de nuestro Señor Jesucristo» (Ro 5.1).

Paz con Dios. ¡Qué feliz consecuencia de la fe! No solo paz entre naciones, paz entre vecinos, ni paz en el hogar; la salvación trae paz con Dios.

Una vez un monje y un novicio viajaban del monasterio a una aldea cercana. En las puertas de la ciudad se separaron, conviniendo en reunirse allí mismo a la mañana siguiente después de cumplir sus tareas. De acuerdo al plan se encontraron y emprendieron juntos el largo camino de regreso al monasterio. El monje notó que el más joven estaba más callado que de costumbre. Le preguntó si algo andaba mal.

–¿Qué te importa? –fue la cortante respuesta. Ahora el monje tenía la seguridad de que su colega estaba en problemas, pero no dijo nada. La distancia entre los dos se fue agrandando. El novicio caminaba despacio, como para separarse de su maestro. Cuando divisaron el monasterio, el monje se detuvo ante la reja y esperó por el alumno.

–Dime, hijo, ¿qué te atormenta?

El muchacho empezó a reaccionar otra vez, pero cuando vio la ternura en los ojos del maestro, su corazón empezó a ceder.

–He pecado grandemente –gimió–. Anoche dormí con una mujer y abandoné mis votos. No soy digno de entrar en el monasterio a tu lado.

El maestro abrazó a su alumno y le dijo:

–Entraremos juntos al monasterio. Entraremos juntos a la catedral y juntos confesaremos tu pecado. Nadie, sino Dios, sabrá cuál de los dos cayó. (Oí esta historia en un retiro de ministros en la que habló Gordon MacDonald, en febrero de 1990.)

¿No describe eso lo que Dios ha hecho por nosotros? Cuando guardábamos nuestros pecados en silencio, nos alejábamos de Él. Le veíamos como enemigo. Dábamos pasos para evadir su presencia. Pero nuestra confesión de faltas altera nuestra percepción. Dios ya no es más un enemigo sino un amigo. Estamos en paz con Él. Hizo más que el monje, mucho más. Más que hacerse partícipe de nuestro pecado. Jesús fue «molido por nuestros pecados; el castigo de nuestra paz fue sobre El, y por su llaga fuimos nosotros curados» (Is 53.5). «Sufrió la cruz, menospreciando el oprobio» (Heb 12.2). Jesús nos lleva a la presencia de Dios.

—EN MANOS DE LA GRACIA

*D*eleite sagrado es una buena noticia que entra por la puerta trasera de tu corazón. Es lo que siempre has soñado pero nunca esperaste que sucediera. Es aquello que es demasiado bueno para ser cierto se hace realidad. Es tener a Dios de bateador suplente, abogado, papá, principal fanático y mejor amigo. Dios a tu lado, en tu corazón, delante de ti y protegiendo tu espalda. Es esperanza en el lugar que menos esperabas encontrarla: una flor en la acera de la vida.

Es *sagrado* porque solo Dios lo puede conceder. Es un *deleite* porque emociona. Como es sagrado, no puede ser robado. Y por ser deleitoso, no se puede predecir.

Esta fue la alegría que danzó por el Mar Rojo. Este fue el gozo que hizo sonar la trompeta en Jericó. Este fue el secreto que hizo cantar a María. Esta fue la sorpresa que dio la primavera a la mañana de Pascua.

Es la alegría de Dios. Es deleite sagrado.

Y este es el deleite sagrado que promete Jesús en el Sermón del Monte.

Nueve veces lo promete. Y se lo promete al grupo de gente menos pensado:

- *Los pobres en espíritu.* Mendigos en la cocina de Dios.
- *Los que lloran.* Pecadores anónimos unidos por la verdad de su presentación: «Hola, soy yo. Un pecador».
- *Los de corazón humilde.* Pianos en una casa de empeño tocados por Van Cliburn. (Es tan bueno que nadie nota las teclas faltantes.)
- *Los que tienen hambre y sed de justicia.* Huérfanos hambrientos que conocen la diferencia entre alimentos congelados y un banquete.
- *Los compasivos.* Ganadores de la lotería de un millón de dólares que comparten el premio con sus enemigos.
- *Los de corazón limpio.* Médicos que aman a los leprosos y escapan a la infección.
- *Los pacificadores.* Arquitectos que construyen puentes con la madera de una cruz romana.
- *Los perseguidos.* Los que logran mantener un ojo puesto en el cielo mientras andan por un infierno terrenal.

Este es el grupo de peregrinos al cual Dios promete una bendición especial. Un gozo celestial. Un deleite sagrado.

Pero este gozo no es barato. Lo que Jesús promete no es una treta para producirle piel de gallina ni una actitud mental que necesita estimulación. No, Mateo 5 describe la divina reconstrucción radical del corazón.

Su gozo no puede ser apagado por consecuencias. Su paz no puede ser robada por circunstancias.

Observa la secuencia. Primeramente, reconocemos nuestra necesidad (somos pobres en espíritu). Acto seguido, nos arrepentimos de nuestra autosuficiencia (lloramos). Dejamos de controlar la situación y cedemos el control a Dios (tenemos corazón humilde). Quedamos tan agradecidos por su presencia que anhelamos más de Él (tenemos hambre y sed). Al acercarnos más a Él, nos parecemos más a Él. Perdonamos a otros (somos compasivos). Cambiamos nuestra perspectiva (tenemos corazón limpio). Amamos a otros (somos pacificadores). Soportamos injusticia (somos perseguidos).

No se trata de una modificación fortuita de la actitud. Es una demolición de la vieja estructura para crear una nueva. Cuanto más radical es el cambio, mayor es el gozo. Y todo esfuerzo vale la pena, pues se trata del gozo de Dios.

No es accidental que la misma palabra usada por Jesús para prometer deleite sagrado sea la misma que Pablo usó para describir a Dios:

«Dios bendito» (1 Ti 1.11).
«Dios el único y bendito soberano» (1 Ti 6.15).

Reflexiona acerca del gozo de Dios. ¿Qué puede empañarlo? ¿Qué puede apagarlo? ¿Qué puede matarlo? ¿Se altera Dios ante largas filas o congestionamiento de tránsito? ¿Se niega Dios, alguna vez, a rotar la tierra por tener heridos los sentimientos?

No. Su gozo no puede ser apagado por consecuencias. Su paz no puede ser robada por circunstancias.

—*Aplauso del cielo*

Ah... una hora de contentamiento. Un precioso momento de paz. Unos pocos minutos de solaz. Todos tenemos un escenario en el que nos visita la satisfacción.

Temprano en la mañana mientras el café está caliente y todos están dormidos.

Tarde en la noche cuando besas los ojos adormecidos de tu hijo de seis años.

En un bote en un lago cuando se intensifican los recuerdos de una buena vida.

En compañía de una Biblia manchada, gastada, con las esquinas dobladas e incluso teñidas de lágrimas.

En los brazos del cónyuge.

En la cena de Acción de gracias o sentado junto al árbol de Navidad.

Un momento de solaz. Un momento en el que se olvidan las fechas límite y cesan los trabajos. Una hora en la cual lo que tenemos eclipsa lo que deseamos. Un momento en el que descubrimos que toda una vida de trabajo duro y de afán es incapaz de ofrecernos lo que la cruz nos dio en un solo día: una conciencia limpia y un nuevo comienzo.

Pero por desdicha, en nuestras jaulas de ardillas hechas de horarios, concursos, y comparaciones con el prójimo, tiempos como estos son tan comunes como micos con una pata. En nuestro mundo, el contentamiento es un extraño vendedor ambulante, que deambula buscando una casa pero rara vez encuentra una puerta abierta. Este anciano vendedor se mueve lentamente de casa en casa, toca las ventanas, toca las puertas, ofrece su mercancía: una hora de paz, una sonrisa de aceptación, un suspiro de alivio. Pero rara vez alguien se interesa en sus productos. «Estamos demasiado ocupados para estar contentos» (lo cual es una locura puesto que la razón por la cual nos matamos hoy es porque pensamos que esto nos dará satisfacción mañana).

«Ahora no, gracias. Tengo demasiadas cosas por hacer», decimos. «Hay demasiados puntajes por acumular, demasiados logros por alcanzar, demasiados dólares por ahorrar, demasiados ascensos por obtener. Y además, si estoy satisfecho, alguien podría pensar que he perdido mi ambición».

De modo que el vendedor ambulante de nombre Contentamiento avanza. Cuando le pregunté por qué tan pocos lo invitaban a sus casas, su respuesta me hizo sentir culpable. «Como verás, cobro muy caro. Mi tarifa es excesiva. Le pido a la gente que cambie sus agendas, frustraciones y ansiedades. Les exijo que pongan fin a sus jornadas de catorce horas y noches sin dormir. Tal vez crea que podría tener más clientes». Se rascó su barba, y añadió pensativo: «pero la gente parece extrañamente orgullosa de sus úlceras y dolores de cabeza».

¿Puedo decir algo personal? Me gustaría dar un testimonio. Uno real. Estoy aquí para contarte que esta mañana dejé entrar a este amigo barbado a mi sala.

No fue fácil.

Mi lista de tareas estaba prácticamente sin empezar. Mis responsabilidades eran tan agobiantes como de costumbre. Llamadas por hacer. Cartas por escribir. Cuentas por cuadrar.

Adiós, agenda. Hasta la próxima,
rutina. Regresen mañana, fechas
límite... Hola contentamiento, pasa.

Sin embargo, algo curioso ocurrió cuando me alistaba para el ajetreo cotidiano, algo que me llevó a detenerme. Justo cuando me arremangaba la camisa, cuando el motor empezaba a rugir, cuando ya llevaba buen impulso, mi hijita Jenna necesitó que alguien la alzara. Tenía cólico. Mamá estaba en el baño así que le correspondió a papá alzarla.

Hoy cumple tres semanas. Al principio traté de hacer algo con una mano y sostenerla con la otra. Te da risa. ¿También lo has intentado? Justo cuando me di cuenta de que era imposible, también descubrí que tampoco era, en absoluto, lo que deseaba hacer.

Me senté y estreché su pequeña pancita contra mi pecho. Empezó a relajarse. Exhaló de sus pulmones un gran suspiro. Sus gimoteos se volvieron gorjeos. Se deslizó por mi pecho hasta que su pequeña oreja se ubicó justo arriba de mi corazón. Entonces sus brazos se relajaron y se quedó dormida.

Y fue entonces que el vendedor ambulante tocó a mi puerta.

Adiós, agenda. Hasta la próxima, rutina. Regresen mañana, fechas límite... hola contentamiento, pasa.

Ahí nos sentamos: Contentamiento, mi hija, y yo. Bolígrafo en mano, cuaderno en la espalda de Jenna. Ella nunca recordará este momento, y yo nunca lo olvidaré. La dulce fragancia del momento captado llena la habitación. El sabor de una oportunidad aprovechada endulza mi boca. La luz de una lección aprendida ilumina mi entendimiento. Es un instante memorable.

¿Las tareas? Ya se harán. ¿Las llamadas? También. ¿Las cartas? Ya se escribirán. ¿Y sabes qué? Se harán con una sonrisa.

No es mi costumbre hacer esto, pero voy a hacerlo con más frecuencia. De hecho, estoy pensando darle a ese vendedor ambulante una llave de mi puerta. «A propósito, Contentamiento, ¿qué vas a hacer esta tarde?»

—*Con razón lo llaman el Salvador*

*A*nota bien esta promesa: «Al de carácter firme lo guardarás en perfecta paz, porque en ti confía» (Is 26.3). Dios promete no solo paz, sino una paz perfecta. No diluida. Sin manchas. Sin obstrucciones. ¿A quién? A todos aquellos que tengan sus mentes fijas en Él. Olvídate de las miradas ocasionales. Descarta las ponderaciones fortuitas. La paz es prometida a aquellos cuyos pensamientos y deseos están fijos en el Rey.

—*Enfrente a sus gigantes*

*L*a carrera del cristiano no es un trote por hacer ejercicios, sino una carrera exigente, agotadora, y algunas veces agonizante. Se requiere esfuerzo masivo para terminar con fuerza.

Lo más probable es que ya hayas notado que muchos no la terminan así. ¿Has observado cuántos se quedan a un lado del sendero? Solían correr. Hubo un tiempo en que se mantenían al paso. Pero se cansaron. No pensaron que la carrera sería tan ardua. O tal vez se desanimaron cuando alguien se tropezó con ellos, o se intimidaron por algún otro corredor. Cualquiera que haya sido la razón, ya no corren. Pueden ser cristianos. Tal vez asistan a la iglesia. Tal vez depositan un peso en el plato de la ofrenda y calientan una banca, pero sus corazones no están en la carrera. Se retiraron antes de tiempo. A menos que algo cambie, su mejor obra habrá sido la primera, y la concluyeron con un quejido.

En contraste, la mejor obra de Jesús es su obra final, y su paso más fuerte fue el último. Nuestro Maestro es el ejemplo clásico de uno que resistió. El escritor de Hebreos pasa a decir que Jesús perseveró a pesar de «que sufrió tal contradicción de pecadores contra sí mismo» (12.3). La frase implica que Jesús podría haber cedido. El corredor podía haberse dado por vencido, haber tomado asiento o irse a casa. Podía haber abandonado la carrera. Pero no la abandonó. Perseveró a pesar de que los malos le estaban haciendo mal.

—COMO JESÚS

*D*ios nunca promete eximirnos de nuestras luchas. Lo que sí promete, no obstante, es cambiar la manera en que las vemos. El apóstol Pablo dedica un párrafo para hacer una lista de las bolsas de basura: aflicciones, problemas, sufrimientos, hambre, desnudez, peligro y muerte violenta. Son los verdaderos botaderos de basura de dificultad de la que anhelamos escapar. Pablo, sin embargo, indica su valor: «En todas estas cosas tenemos la victoria completa por medio de Dios» (Ro 8.37). Nosotros preferiríamos otra preposición. Optaríamos por «*aparte* de todas estas cosas», o «*lejos* de todas estas cosas», o incluso «*sin* todas estas cosas». Pero Pablo dice: «*en*» todas estas cosas. La solución no es evadir el problema, sino cambiar la manera en que vemos nuestros problemas.

Dios puede corregir tu visión.

—COMO JESÚS

*T*ú y yo estamos en una gran escalada. La pared es alta y los riesgos son aún más grandes. Diste el primer paso el día en que confesaste a Cristo como el Hijo de Dios. Él te entregó su arnés, el Espíritu Santo. Y en tus manos puso una cuerda: su Palabra.

Tus primeros pasos fueron confiados y seguros, pero con el recorrido vino el cansancio y con la altura vino el miedo. Diste un traspié. Perdiste el enfoque. Perdiste el agarre, y caíste. Por un momento, que pareció eterno, diste grandes volteretas. Fuera de control. Fuera de autocontrol. Desorientado. Fuera de sitio. Cayendo.

Pero entonces la cuerda se tensó y las volteretas cesaron. Te afirmaste en el arnés y comprobaste que era fuerte. Te agarraste de la cuerda y comprobaste que era verdad. Miraste al guía y encontraste a Jesús velando por tu alma. Con una tímida confesión, sonreíste y Él te devolvió la sonrisa, y la jornada se reanudó.

Ahora eres más sabio. Has aprendido a ir lentamente. A tener cuidado. Eres cauteloso, pero también eres confiado. Confías en la cuerda. Descansas en el arnés. Y aunque no veas a tu guía, lo conoces. Sabes que es fuerte. Y que es capaz de guardarte de las caídas.

Y sabes que estás a pocos pasos de la cima. De modo que lo que sea que tengas que hacer, hazlo. Aunque tu caída sea grande, las fuerzas de tu guía son más grandes. Lo lograrás. Verás la cumbre. Te pararás en lo alto. Y cuando llegues allí, lo primero que harás será reunirte con los otros que ya hayan llegado y cantarás este pasaje:

El Dios único, nuestro Salvador, tiene poder para cuidar de que no caigáis, y presentaros sin mancha y llenos de alegría ante su gloriosa presencia. A Él sea la gloria, la grandeza, el poder y la autoridad, por nuestro Señor Jesucristo, antes, ahora y siempre. Así sea. (Jud 24-25 DHH)

—EL TRUENO APACIBLE

¡*D*ios se mete en las cosas! Mares Rojos. Peces grandes. Fosos de leones y hornos. Negocios en bancarrota y celdas de cárceles. Desiertos de Judea, bodas, funerales y tempestades galileas. Observa y descubrirás lo que descubrieron todos, desde Moisés hasta Marta. Dios está en medio de nuestras tormentas.

Eso incluye tu tormenta.

—MI SALVADOR Y VECINO

¿*O*yó Dios la oración de su Hijo? Lo suficiente como para enviar a un ángel. ¿Libró Dios a su Hijo de la muerte? No. La gloria de Dios tenía preponderancia sobre la comodidad de Cristo. Por eso Cristo sufrió y así fue como la gracia de Dios quedó desplegada e implementada de forma definitiva.

¿Es parte de tu llamado pasar una temporada tipo Getsemaní? ¿Te ha sido «concedido a causa de Cristo, no sólo que creáis en él, sino también que padezcáis por él» (Fil 1.29)?

Si es así, acércate sediento y bebe hasta el fondo de su señorío. Él es el autor de todos los itinerarios. Él sabe lo que es mejor para ti. Ninguna lucha se pondrá en tu camino sin contar con su propósito, su presencia y su permiso. ¡Esto nos debería llenar de ánimo! Nunca serás víctima del caos ni presa del destino. La arbitrariedad queda eliminada por completo. Eres más que una veleta meteorológica que gira en la dirección dictada por los vientos de la fortuna. ¿Acaso te abandonaría Dios al capricho de los ladrones desquiciados, los bandoleros ambiciosos de las grandes corporaciones o los líderes perversos? ¡Ni se te ocurra pensarlo!

Cuando pases por las aguas, yo estaré contigo;
y si por los ríos, no te anegarán.
Cuando pases por el fuego, no te quemarás,
ni la llama arderá en ti.
Porque yo Jehová, Dios tuyo, el Santo de Israel, soy tu Salvador. (Is 43.2–3)

Vivimos bajo la palma protectora de un Rey soberano que supervisa todas las circunstancias de nuestra vida y se deleita en hacernos bien.

Nada se pone en tu camino si no ha pasado antes por el filtro de su amor.

—*ACÉRCATE SEDIENTO*

*E*nfrenta los problemas de hoy con la energía de hoy. No te fijes en los problemas de mañana hasta mañana. Aún no tienes las fuerzas de mañana. Ya tienes suficiente para el día de hoy.

—ALIGERE SU EQUIPAJE

*M*uchos de ustedes jamás han ganado un premio. O quizás fuiste decurión en tu tropa de Boy Scouts o estuviste a cargo de las sodas en la fiesta de Navidad de la escuela, pero de ahí no pasaste. Nunca ganaste mucho, en cambio observas a los Mark McGwires de este mundo llevándose a casa todos los trofeos. Lo tuyo no pasó de ser «casi» y «qué lindo habría sido que... »

Si tal ha sido tu caso, entonces apreciarás esta promesa: «Y cuando aparezca el Príncipe de los pastores, vosotros recibiréis la corona incorruptible de gloria» (1 P 5.4).

Pronto llegará el día. Lo que el mundo ha pasado por alto, tu Padre te lo ha recordado, y más pronto de lo que te imaginas, te bendecirá. Mira lo que dice Pablo sobre esto: «Cada uno recibirá su alabanza de Dios» (1 Co 4.5).

¡Qué frase increíble! *Cada uno recibirá su alabanza de Dios*. No «el mejor de nosotros», ni «unos pocos de nosotros», ni «los que lo logren entre nosotros», sino que «cada uno recibirá su alabanza de Dios».

Dios mismo te mirará a los ojos y te bendecirá con estas palabras: «Bien, ¡buen siervo y fiel!»

Tú no vas a querer perderte esto. Dios hará que tal cosa no ocurra. De hecho, Dios mismo será quien dé la alabanza. Cuando se trata de dar reconocimiento, Dios no delega ese trabajo. No será Miguel quien ponga las coronas, ni será Gabriel quien hable en nombre del trono. Dios mismo será quien ofrezca los honores. Dios mismo ensalzará a sus hijos.

¡Y lo más extraordinario es que la alabanza es personal! Pablo dice: «Cada uno recibirá su alabanza de Dios» (1 Co 4.5). Las recompensas no se darán a una nación entera de una vez, a una iglesia entera de una vez, ni a una generación entera de una vez. Las coronas se darán una a la vez. Dios mismo te mirará a los ojos y te bendecirá con estas palabras: «Bien, buen siervo y fiel; sobre poco has sido fiel, sobre mucho te pondré; entra en el gozo de tu señor» (Mt 25.23).

Con eso en mente, permíteme animarte a que te mantengas firme. No cedas. No mires hacia atrás. Deja que Jesús hable a tu corazón y diga: «He aquí yo vengo pronto; retén lo que tienes, para que ninguno tome tu corona» (Ap 3.11).

—*CUANDO CRISTO VENGA*

El verdadero valor adopta las realidades gemelas de la dificultad presente con el triunfo final. Sí, la vida es pésima. Pero no lo será para siempre. Como le gusta decir a uno de mis amigos: «Todo se va a arreglar al final. Si no se está arreglando, no es el final».

—*SIN TEMOR*

*¿E*speras que un cambio de circunstancias traiga un cambio en tu actitud? Si es así, estás en prisión, y necesitas aprender un secreto para aligerar tu equipaje. *Lo que tienes en tu Pastor es mayor que lo que no tienes en la vida.*

Permíteme entrometerme por un momento. ¿Qué cosa específicamente se interpone entre tú y tu gozo? ¿Cómo llenarías la línea siguiente?: «Seré feliz cuando _____». Cuando sane. Cuando ascienda. Cuando me case. Cuando esté solo. Cuando sea rico. ¿Cómo terminarías esta oración?

Con tu respuesta bien en mente, responde esto. Si tu barco nunca llega, si tu sueño nunca se hace realidad, si tu situación nunca cambia, ¿podrías ser feliz? Si dices que no, estás durmiendo en la fría mazmorra del descontento. Estás preso. Y necesitas saber lo que tienes en tu Pastor.

Tienes un Dios que te escucha, el poder del amor que te respalda, el Espíritu Santo que vive en ti, y todo el cielo por delante. Si tienes al Pastor, tienes la gracia a tu favor en todo pecado, dirección para cada decisión, una luz para cada rincón y un áncora para cada tormenta. Tienes todo lo que necesitas.

—ALIGERE SU EQUIPAJE

*U*na temporada de sufrimiento es una pequeña tarea comparada con la recompensa que produce.

En lugar de resentir tu problema, explóralo. Medítalo. Y ante todo, úsalo. Úsalo para la gloria de Dios.

—NO SE TRATA DE MÍ

*S*é presto para orar, sigue consejos saludables y no te rindas

No cometas el error de Florence Chadwick, cuando en 1952 intentó atravesar a nado las frías aguas del océano entre la isla de Santa Catalina y la costa de California. Nadó a través de un clima brumoso y picadas aguas por quince horas. Sus músculos comenzaron a acalambrarse y a hacerse más débiles. Rogaba que la sacaran del agua, estaba exhausta y paró de nadar. El auxilio la sacó y la introdujo en un bote. A los pocos minutos de andar, gracias a un claro en la neblina, se dieron cuenta de que la costa estaba a menos de un kilómetro de distancia. «Todo lo que podía ver era neblina –explicó en conferencia de prensa–. Si hubiese podido ver la costa, lo hubiera intentado».[3]

Mira la costa que te espera. Que no te engañe la neblina de la depresión. La meta final podría estar más cerca de lo que te imaginas. Dios quizá, en ese momento, levante su mano haciéndole una señal a Gabriel para que tome su trompeta. Los ángeles quizás estén juntos, los santos reunidos, los demonios temblando. ¡No te des por vencido! Quédate en el agua. Quédate en la carrera. Quédate en el combate. Otorga gracia una vez más. Sé generoso una vez más. Enseña una clase más, anima un alma más, da una brazada más.

—*ENFRENTE A SUS GIGANTES*

*D*ios ha colgado sus diplomas en el universo. El arco iris, las puestas de sol, el horizonte y los cielos adornados con estrellas. Ha registrado sus logros en las Escrituras. No estamos hablando de seis mil horas de vuelo. Su currículum vítae incluye que abrió el mar Rojo, les cerró la boca a los leones, la derrota de Goliat, la resurrección de Lázaro, la calma de las tormentas y sus caminatas en ellas.

Su lección es clara. Él es el jefe de todas las tormentas.

—*SIN TEMOR*

*J*esús no se dio por vencido. Pero no pienses ni por un minuto que no fue tentado a hacerlo. Observa cómo se estremece cuando oye a sus apóstoles criticar y reñir. Mira cómo llora sentado frente a la tumba de Lázaro, o escúchalo gemir cuando araña el suelo de Getsemaní.

¿Alguna vez quiso dejarlo todo? Puedes apostarlo.

Por eso sus palabras son tan maravillosas.

«Consumado es».

Detente y escucha. ¿Puedes imaginar el clamor desde la cruz? El cielo está oscuro. Las otras dos víctimas se quejan. Las bocas que abuchean están cerradas. Tal vez hay un trueno. Tal vez hay llanto. Tal vez silencio. Entonces Jesús inspira con fuerza, empuja hacia abajo sus pies contra el clavo romano, y exclama: «¡Consumado es!»

¿Qué fue consumado?

El milenario plan de redención del hombre. El mensaje de Dios para el hombre había concluido. Las obras de Jesús como un hombre sobre la tierra habían terminado. La tarea de elegir y entrenar embajadores se había cumplido. El trabajo estaba completado. La canción se había entonado. La sangre se había derramado. El sacrificio se había consumado. El aguijón de la muerte había sido quitado. Había terminado.

¿Un grito de derrota? Lejos de eso. Si sus manos no hubieran estado atadas me atrevería a afirmar que un puño victorioso habría atravesado el oscuro cielo. No, este no es un grito de desesperación. Es un grito terminante. Un grito de victoria. Un grito de cumplimiento. Sí, incluso un grito de alivio.

El luchador permaneció. Y gracias a Dios que lo hizo. Gracias a Dios que resistió.

¿Estás a punto de darte por vencido? Por favor no lo hagas. ¿Estás desanimado en tu labor de padre? Persiste. ¿Estás cansado de hacer el bien? Haz solo un poco más. ¿Te decepciona tu trabajo? Pon manos a la obra y vuelve a tu labor. ¿Falta comunicación en tu matrimonio? Dale otra oportunidad. ¿No puedes resistir la tentación? Acepta el perdón de Dios, y vuelve una vez más al campo de batalla. ¿Tu día está lleno de pena y desilusión? ¿Se han vuelto imposibles tus mañanas? ¿Has olvidado la palabra *esperanza*?

No es solo para quienes corren las vueltas de la victoria o beben champaña. No señor. La Tierra de la promesa es para quienes sencillamente permanecen hasta el final.

Recuerda, el que termina no es el que está libre de heridas o cansancio. Es más bien lo contrario. Es el que, como el boxeador, tiene cicatrices y está ensangrentado. A la madre Teresa se le atribuye haber dicho: «Dios no nos llamó a ser exitosos, solo fieles». El luchador, al igual que nuestro Maestro, tiene su cuerpo adolorido y perforado. Él, al igual que Pablo, puede incluso haber sido atado y azotado. Sin embargo, persiste.

La Tierra de la promesa, dice Jesús, espera a aquellos que perseveran (Mt 10.22).

No es solo para quienes corren las vueltas de la victoria o beben champaña. No señor. La Tierra de la promesa es para quienes sencillamente permanecen hasta el final.

Perseveremos.

—*Con razón lo llaman el Salvador*

Enfocado en tus gigantes,
tropiezas.
Enfocado en Dios,
tropiezan tus gigantes.

Levanta tus ojos, tumba-gigantes. El Dios que hizo un milagro de David está listo para hacer uno de ti.

—*Enfrente a sus gigantes*

Comprendo en donde Jesús halló su fuerza. Él alzó sus ojos más allá del horizonte y vio la mesa. Se enfocó en el banquete. Lo que vio le dio fuerza para terminar, y terminar con fuerza.

Tales momentos nos aguardan. En un mundo ajeno a los músculos abdominales y la lectura rápida tomaremos nuestro lugar a la mesa. En una hora que no tiene fin descansaremos. Rodeados de santos y de Jesús mismo, el trabajo, a la verdad, habrá concluido. La cosecha final será recogida, nos sentaremos, y Cristo bendecirá la comida con estas palabras: «Bien, buen siervo y fiel» (Mt 25.23).

Y en ese momento, la carrera bien habrá valido la pena.

—COMO JESÚS

El Dios de las sorpresas se manifiesta otra vez. Es como si dijese: «Ya no puedo seguir esperando. Vinieron hasta aquí para verme; les voy a caer de sorpresa».

Dios les hace eso a los que le son fieles. Justo en el momento que la matriz se vuelve demasiado vieja para concebir, Sarai queda embarazada. Justo en el momento que el fracaso excede a la gracia, David es perdonado. Y justo en el momento que el camino es demasiado oscuro para María y María, el ángel reluce, el Salvador se hace ver y las dos mujeres nunca volverán a ser las mismas de antes.

¿La lección? Tres palabras. No te rindas.

¿Está oscuro el sendero? No te sientes.

¿Está largo el camino? No te detengas.

¿Está negra la noche? No abandones.

Dios está mirando. Sin saberlo tú, es posible que en este preciso instante le esté diciendo al ángel que quite la piedra.

Tal vez el cheque está en el correo.

Quizás una disculpa está en proceso de elaboración.

A lo mejor el contrato de trabajo está sobre el escritorio.

No abandones. Pues si lo haces es posible que te pierdas la respuesta a tus oraciones.

Dios aún envía ángeles. Aún remueve piedras.

—*TODAVÍA REMUEVE PIEDRAS*

En el momento preciso, Dios viene. De la manera exacta, Él se presenta. Así es que no te amilanes. ¡No te des por vencido! ¡No les des descanso a los remos! Dios es demasiado sabio como para olvidarse de ti, demasiado amoroso para hacerte sufrir. Cuando no lo puedas ver, confía en Él. El Señor está haciendo una oración que Él mismo va a contestar.

—*EL TRUENO APACIBLE*

Charles Hall se dedica a detonar bombas. Él es parte de la unidad de Desactivación de Minas Explosivas. Le pagan $1,500 semanales por recorrer los campos arenosos de la posguerra en Kuwait para detectar minas activas o granadas desechadas...

Tú y yo, y los hombres que trabajan en esta unidad, tenemos mucho en común: senderos peligrosos que atraviesan terrenos explosivos, problemas escondidos en la arena, la amenaza constante de perder la vida o alguna extremidad.

Más que eso, nosotros, al igual que esta unidad de desactivación, estamos llamados a recorrer un campo minado que no creamos. Así ocurre con gran parte de las luchas de la vida. No las creamos, pero tenemos que lidiar con ellas.

No hicimos el alcohol, pero nuestras autopistas tienen conductores ebrios. No vendemos drogas, pero en nuestro barrio hay quienes sí lo hacen. No creamos las tensiones internacionales, pero nos toca tener miedo de los terroristas. No entrenamos a los ladrones, pero todos somos víctimas potenciales de su codicia.

Nosotros, al igual que este escuadrón antiminas, andamos de puntillas por un campo minado que no creamos...

Si vives en un campo de tiro, te va alcanzar una bala. Si vives en un campo de batalla, es probable que una bala de cañón aterrice en tu patio. Si caminas en una habitación oscura, podrías golpearte el pie. Si andas por un campo minado, podrías perder tu vida.

Y si vives en un mundo entenebrecido por el pecado, puedes caer víctima de él.

Jesús es franco acerca de la vida que estamos llamados a llevar. Nada garantiza que por el hecho de pertenecer a Él vamos a salir ilesos. No hay ninguna promesa en las Escrituras que asegure que si sigues al rey estás exento de la batalla. No. Con frecuencia es precisamente lo contrario.

Jesús es franco acerca de la vida que estamos llamados a llevar. Nada garantiza que por el hecho de pertenecer a Él vamos a salir ilesos.

¿Cómo sobrevivimos a la batalla? ¿Cómo soportamos el ataque?

Jesús nos ofrece tres certezas. Tres seguridades. Tres absolutos. Imagínalo inclinándose, acercándose, y mirando fijamente a los ojos bien abiertos de los discípulos. Consciente de la selva a la cual están a punto de entrar, les da tres puntos cardinales que, si los usan, los mantendrán en el camino correcto.

El primero, la certeza de la victoria. «Mas el que persevere hasta el fin, éste será salvo» (Mt 24.13).

No dice que si tienes éxito serás salvo. O si sales triunfante serás salvo. Dice que si perseveras. Una traducción exacta sería: «Si resistes hasta el fin... si llegas hasta el final».

Los brasileños tienen una frase grandiosa para expresarlo. En portugués, una persona que tiene la capacidad de persistir y no darse por vencido tiene *garra*. *Garra* significa «garras». ¡Vaya imagen! Una persona con *garra* tiene garras con las que se aferra a los costados del precipicio y se libra de caer.

De igual modo los que son salvos. Puede que se acerquen al borde, e incluso resbalen. Pero clavan sus uñas en la roca de Dios y allí se mantienen.

Jesús nos ofrece esta garantía: si resistes, Él se asegurará de que llegues a casa.

En segundo lugar, Jesús ofrece la seguridad del cumplimiento: «Y será predicado este evangelio del reino en todo el mundo, para testimonio a todas las naciones» (Mt 24.14).

En el 1066 se libró una de las batallas más decisivas de la historia universal. Guillermo, duque de Normandía, se atrevió a invadir

Inglaterra. Los ingleses eran un adversario formidable en cualquier terreno, pero casi invencibles en su propio territorio.

Pero Guillermo tenía algo que los ingleses no. Había inventado un artefacto que le dio a su ejército una gran ventaja en la batalla. Tenía un poder: el estribo.

La sabiduría convencional de la época determinaba que un caballo era una plataforma demasiado inestable desde la cual pelear. Como resultado, los soldados montaban sus caballos hasta el campo de batalla y luego los desmontaban antes de entrar en el combate. Pero el ejército normando, bien firme en sus estribos, pudo superar a los ingleses. Fueron más veloces y más fuertes.

El estribo llevó a la conquista de Inglaterra. Sin él, Guillermo nunca hubiera desafiado a un enemigo semejante. Y este libro podría haberse escrito en inglés antiguo.

Gracias a que tenían una estrategia para permanecer en la batalla, lograron la victoria. La seguridad de la victoria de Jesús fue arriesgada. Mira a sus oyentes: pescadores del campo y obreros a quienes se les salían los ojos de las órbitas frente a una ciudad grande. Habrías pasado apuros tratando de encontrar a alguien que apostara porque la profecía se cumpliera.

Pero se cumplió con precisión, cincuenta y tres días después. Cincuenta y tres días más tarde había judíos en Jerusalén «de todas las naciones bajo el cielo» (Hch 2.5).

Pedro se paró delante de ellos y les habló acerca de Jesús.

Los discípulos se llenaron de valor frente a la seguridad del cumplimiento de la tarea. Puesto que tenían forma de permanecer en la batalla, salieron de ella victoriosos. Tenían una ventaja... y nosotros también.

Por último, Jesús nos da la seguridad del final: «Entonces vendrá el fin» (Mt 24.14).

Un versículo fascinante se encuentra en 1 Tesalonicenses 4.16: «el Señor mismo con voz de mando... descenderá del cielo».

¿Alguna vez te has preguntado qué va a mandar? Será la palabra inaugural del cielo. Será el primer mensaje audible de Dios que la gran mayoría habrá oído jamás. Será la palabra que concluye una era y da inicio a una nueva.

Creo que sé cuál será la orden. Bien podría estar equivocado, pero creo que esta voz de mando que pone fin a los sufrimientos de la tierra y da inicio a las dichas del cielo está compuesta por dos palabras:

«No más».

El Rey de reyes levantará su mano perforada y proclamará: «No más».

Los ángeles se levantarán y el Padre hablará: «No más».

Cada persona que vive y que ha vivido se volverá al cielo y oirá a Dios anunciar: «No más».

No más soledad.

No más lágrimas.

No más muerte. No más tristeza. No más llanto. No más dolor.

*Jesús te ofrece esta garantía:
si resistes, Él se asegurará de
que llegues a casa.*

Cuando Juan estaba sentado en la isla de Patmos rodeado por el mar y separado de sus amigos, soñó con el día en que Dios diría: «No más»

El mismo discípulo que, más de medio siglo antes, había oído de Jesús estas promesas cuyo significado ahora comprendía. Me pregunto si podía escuchar la voz de Jesús en su memoria.

«Vendrá el fin».

Para quienes viven en pos de este mundo, estas son malas noticias. Pero para aquellos que viven para el mundo venidero, es una promesa alentadora.

Amigo mío, estás en un campo minado, y es solo cuestión de tiempo: «En este mundo tendréis aflicción...» (Jn 16.33). La próxima vez que seas lanzado a un río en tu recorrido por los rápidos de la vida, recuerda sus promesas.

Los que perseveran serán salvos.

El evangelio será predicado.

El fin vendrá.

Puedes contar con eso.

—*Y LOS ÁNGELES GUARDARON SILENCIO*

Oración

Tu voz cuenta en el cielo

$\mathcal{D}$erek Redmond, un británico de veintiséis años de edad, era el favorito para ganar la carrera de los cuatrocientos metros en los Juegos Olímpicos de 1992 en Barcelona. A la mitad de su último tramo en la carrera semifinal, un agudo dolor invadió su pierna derecha. Se desmoronó sobre la pista con el tendón desgarrado.

Al aproximarse los asistentes médicos, Redmond se puso de pie con gran dificultad. Más tarde diría:

—Fue por instinto animal.

Siguió la carrera a saltos quitando a los entrenadores a empellones de su camino, mientras intentaba enloquecido acabar la carrera.

Cuando alcanzó la recta final un hombre corpulento se abrió paso entre la multitud. Llevaba puesta una camiseta cuya inscripción preguntaba: «¿Has abrazado a tu hijo hoy?» y un sombrero que alentaba diciendo: «Hazlo». El hombre era Jim Redmond, el padre de Derek.

—No es necesario que hagas esto —le dijo a su hijo que lloraba.

—Sí lo es —declaró Derek.

—Pues bien —dijo Jim— lo acabaremos juntos.

Y así lo hicieron. Jim puso el brazo de Derek alrededor de su cuello y lo ayudó a renguear hasta la línea de la meta. Luchando contra los encargados de la seguridad, la cabeza del hijo hundida ocasionalmente en el hombro del padre, se mantuvieron en el carril de Derek hasta el final.

La multitud aplaudió, luego se puso de pie, dio vítores y finalmente lloró al finalizar padre e hijo la carrera.

¿Qué fue lo que movió al padre a hacer tal cosa? ¿Qué cosa lo movió para que abandonase las gradas y se encontrase con su hijo en la pista? ¿Fue la fortaleza de su hijo? No, fue el dolor de su hijo. Su hijo estaba lastimado y luchaba por acabar la carrera. De modo que el padre se acercó para ayudarlo a terminar.

Dios hace lo mismo. Nuestras oraciones pueden ser torpes. Nuestros intentos pueden ser endebles. Pero como el poder de la oración está en el que la oye y no en el que la pronuncia, nuestras oraciones sí tienen relevancia.

—*TODAVÍA REMUEVE PIEDRAS*

*P*ermíteme preguntarte lo obvio. Si Jesús, el Hijo de Dios, el Salvador sin pecado de la humanidad, pensó que valía la pena dejar libre su calendario para orar, ¿no será sabio que nosotros hagamos lo mismo?

—*COMO JESÚS*

*I*magínate lo que sería considerar todo momento como un tiempo potencial de comunión con Dios. Para cuando tu vida termine, habrás pasado seis meses esperando en los semáforos, ocho meses abriendo correspondencia chatarra, un año y medio buscando cosas perdidas (duplica esa cantidad en mi caso), y cinco impresionantes años esperando en alguna fila.[4]

¿Por qué no entregarle a Dios esos momentos? Al entregarle a Dios tus pensamientos en susurro, lo común se vuelve extraordinario. Frases sencillas tales como: «Gracias, Padre», «Sé soberano en esta hora, Señor», «Tú eres mi refugio, Jesús», pueden convertir una hora de viaje en un peregrinaje. No tienes que salir de tu oficina ni arrodillarte en la cocina. Sencillamente ora donde estés. Deja que la cocina se convierta en una catedral o el aula en una capilla.

—*COMO JESÚS*

*R*econoce la respuesta a la oración cuando la veas y no te des por vencido cuando no.

—*CUANDO DIOS SUSURRA TU NOMBRE*

*L*os discípulos oraron durante diez días. Diez días de oración y unos cuantos minutos de predicación trajeron como resultado tres mil almas salvadas. Quizás nosotros invertimos los números. Tendemos a orar unos cuantos minutos y predicar diez días. No así los apóstoles. Como la barca que estaba siempre lista y a la espera de Cristo, ellos permanecieron todo el tiempo que fuera necesario en su presencia. Nunca salieron del lugar de la oración.

Los escritores bíblicos se refirieron con frecuencia a ese lugar. Los primeros cristianos fueron exhortados a:

- «orar sin cesar» (1 Ts 5.17);
- ser «constantes en la oración» (Ro 12.12);
- vivir «orando todo el tiempo» (Ef 6.18).

Recuerda que ellos perseveraron continuamente, y ese adverbio describe la clase de oración que hicieron los apóstoles en el aposento alto. Esa misma palabra describe nuestras oraciones: «Perseverad en la oración, velando en ella con acción de gracias» (Col 4.2).

¿Suena como una carga difícil de sobrellevar? Tal vez te preguntas: *Necesito atender mis asuntos, mis hijos necesitan la cena, mis cuentas tienen que ser pagadas. ¿Cómo puedo permanecer en el lugar de la oración?* Orar sin cesar suena como algo complicado, pero no tiene por qué serlo.

Practica lo siguiente: Cambia tu definición de oración. No pienses tanto en la oración como una actividad, sino como una manera de llegar al conocimiento pleno de Dios.

Procura vivir en una conciencia permanente de su realidad. Reconoce su presencia dondequiera que vayas. Al esperar en la fila mientras pagas el registro de tu automóvil, piensa: *Gracias Señor por estar aquí conmigo.* En la tienda de víveres mientras haces las compras, medita: *Tu presencia, mi Rey, acojo en mi vida. Te doy la bienvenida.* Mientras lavas los platos, adora a tu Hacedor.

—*ACÉRCATE SEDIENTO*

*C*uán vital es que oremos, armados del conocimiento de que Dios está en los cielos. Ora con una convicción un poco menor y tus oraciones serán tímidas, superficiales y vacías. Pero camina unos momentos por los talleres del cielo, contempla lo que Dios ha hecho y descubrirás cómo tus oraciones cobran energía.

—*LA GRAN CASA DE DIOS*

¿*Q*uieres preocuparte menos? Si es así, ora más. En lugar de anticiparte a las cosas con temor, levanta la mirada en fe. Este mandato no es novedoso. La Biblia nunca deja a nuestra imaginación lo referente a la oración. Jesús enseñó a la gente «sobre la necesidad de orar siempre, y no desmayar» (Lc 18.4). Pablo dijo a los creyentes: «Perseverad en la oración, velando en ella con acción de gracias» (Col 4.2). Santiago declaró: «¿Está alguno entre vosotros afligido? Haga oración» (Stg 5.13).

En lugar de preocuparte por todo, «ora por todo». ¿Por todo? ¿Los cambios de pañales y las citas románticas? ¿Las reuniones de negocios y la tubería rota? ¿Los retrasos y los diagnósticos? Ora por todas las cosas en vez de afanarte, para que «sean conocidas vuestras peticiones delante de Dios en toda oración y ruego» (Fil 4.6).

Cuando vivimos en Río de Janeiro en Brasil, yo solía transportar a mis hijas en bus. Por unos cuantos centavos, podíamos subirnos al bus y viajar por toda la ciudad. A uno le puede parecer aburrido, pero a los dos años de edad esa experiencia genera la misma emoción que la Copa Mundial. Las niñas no hicieron nada durante el viaje. Yo compré los pasajes, llevé las maletas y seleccioné la ruta. Mi única petición de su parte fue esta: «Quédense siempre a mi lado». ¿Por qué? Yo sabía la clase de personajes que podrían subirse al bus y quería asegurarme de que mis hijas y yo no termináramos separados.

Nuestro Padre nos hace el mismo requerimiento: «Permanezcan a mi lado, no se alejen. Háblenme. Háganme sus peticiones en oración. Inhalen mi presencia y exhalen su preocupación». La preocupación disminuye a medida que levantamos nuestra mirada al cielo. Dios sabe todo lo que puede pasar durante nuestro recorrido en la tierra y Él quiere llevarnos con seguridad a casa.

Ora por todo y en todo.

—*ACÉRCATE SEDIENTO*

*N*o es por accidente que a Nuevo México se le llame la «Tierra del Encanto». Extensos desiertos cubiertos de salvia. Montañas púrpura coronadas con nubes. Viviendas de adobe ocultas en las faldas de los cerros. Pinos majestuosos. Artesanía sin fin. Un cruce de culturas desde el conquistador hasta el comanche hasta el vaquero. Nuevo México es encantador.

Y en esta tierra del encanto, hay una capilla que es una maravilla.

Una cuadra al sur del hotel La Fonda en Santa Fe, en la esquina de Water Street y Old Santa Fe Trail, se encuentra la iglesia Capilla Loreto. Al trasponer sus puertas de hierro, habrás entrado a algo más que el patio de una capilla. Habrás entrado a otra era. Detente un momento bajo las amplias ramas de los viejos árboles. Imagínate cómo sería cuando los carpinteros mexicanos terminaron la capilla en 1878.

¿Puedes ver a los pobladores pisando en las calles de barro? ¿Puedes oír a los burros rebuznando? ¿Y puedes ver el sol de la mañana iluminando esta capilla gótica –tan sencilla, tan espléndida– recostada contra el telón de fondo de los cerros del desierto?

Se necesitaron cinco años para terminar la Capilla Loreto. Usaron el modelo de la *Sainte-Chapelle* de París. Su delicado santuario tiene un altar, una ventana circular calada y un desván para el coro.

Este desván para el coro es la razón para que sea maravillosa.

Si en 1878 hubieras podido pararte a mirar la recién construida capilla, hubieras visto a las Hermanas de Loreto mirando hacia el balcón con total desamparo. Todo estaba terminado: las puertas colocadas, los bancos en su lugar y el piso instalado. Todo terminado. Excepto por una cosa. No había escaleras.

La capilla era demasiado pequeña para acomodar una escalera convencional. Los mejores constructores y diseñadores de la región movían la cabeza cuando se les consultaba. «Imposible», decían. Sencillamente no había espacio para la escalera. Una escalera de mano serviría, pero afearía el ambiente.

Las Hermanas de Loreto, cuya determinación las había llevado desde Kentucky a Santa Fe, se enfrentaban ahora a un reto más grande que su viaje: una escalera que no era posible construir.

Lo que habían soñando y lo que podían hacer estaba separado por escasos dos metros. ¿Qué hicieron entonces? La única cosa que podían hacer... Subieron la montaña de la oración.

Lo que habían soñado y lo que podían hacer estaba separado por escasos dos metros de altura. ¿Qué hicieron entonces? La única cosa que podían hacer. Subieron la montaña. No las altas montañas cerca de Santa Fe. No. Ascendieron una aún más alta. Subieron la misma montaña que subió Jesús 1800 años antes en Betsaida. La montaña de la oración... La historia nos cuenta que las monjas oraron durante nueve días. En el último día de la novena, un carpintero mexicano barbudo y con el rostro quemado por el viento se presentó en el convento. Les dijo que había oído que necesitaban una escalera para el desván del coro. Él creía que podía ayudar.

Como no tenían nada que perder, la madre superiora dio el permiso.

El carpintero empezó a trabajar utilizando herramientas toscas, esmerada paciencia y una habilidad extraña. Trabajó durante ocho meses.

Una mañana, las Hermanas de Loreto entraron a la capilla para ver que sus oraciones habían sido contestadas. Una obra maestra de carpintería salía en forma de espiral desde el piso y ascendía hasta el desván. Dos vueltas completas de trescientos sesenta grados. Treinta y tres peldaños unidos entre sí por piezas de madera. No había soporte central. Se dice que la madera era de una variedad durísima de abeto, ¡que no existe en Nuevo México!

Cuando las hermanas se volvieron para agradecer al artesano, se había ido. Nunca más se le volvió a ver. Nunca pidió paga alguna. Nunca reclamó reconocimiento. Fue un carpintero sencillo que hizo lo que nadie más había podido hacer, para que los coristas pudieran ascender al desván del coro.

Si quieres, puedes ver la escalera tú mismo. Viaja hasta la tierra del Encanto. Entra a esta capilla maravillosa y sé testigo del fruto de la oración. O, si prefieres, habla con el Maestro Carpintero. Él, como el carpintero anónimo, usó material de otro lugar. Él, como el visitante en Loreto, vino a cubrir la brecha entre donde estás y donde deseas estar.

Cada año de su vida es un escalón. Treinta y tres pasos. Cada peldaño de la escalera es una oración contestada. Él la construyó para que la pudieras ascender.

Y cantar.

—*En el ojo de la tormenta*

¿*H*as llevado tus desilusiones a Dios? Las has dado a conocer a tus vecinos, a tus familiares, a tus amigos. Pero, ¿las has llevado a Dios? Santiago dice: «¿Está alguno entre vosotros afligido? Haga oración» (Stg 5.13).

Antes de irte a cualquier otra parte con tus desilusiones, ve a Dios.

—*Aligere su equipaje*

*P*uedes invocar a Dios porque Dios escucha. Tu voz importa en los cielos. Él te toma muy en serio. Cuando entras en su presencia, los que están asistiéndole se vuelven hacia ti para oír tu voz. No tienes que temer que te pasen por alto. Aun cuando tartamudees o andes a tropezones, aun cuando lo que digas no impresione a nadie, impresiona a Dios y Él escucha. Escucha el dolorido ruego del anciano en la casa de reposo. Escucha la ruda confesión del preso condenado a muerte. Dios oye cuando el alcohólico pide misericordia, cuando la esposa pide dirección, cuando el hombre de negocios entra a la capilla desde la calle.

Atentamente. Con mucho cuidado. Acepta las oraciones como joyas preciosas. Purificadas y legitimadas, las palabras se elevan en grata fragancia hacia nuestro Señor. «El humo del incienso subió de la mano del ángel a la presencia de Dios» (Ap 8.4). Increíble. Sus palabras no se detienen hasta que llegan al mismísimo trono de Dios.

«Entonces el ángel tomó el incensario, lo llenó con brasas de fuego del altar y lo lanzó sobre la tierra» (Ap 8.5). Un llamado y aparece la hueste celestial. Tus oraciones en la tierra ponen en acción el poder de Dios en los cielos, y se hace la voluntad de Dios «como en el cielo, así también en la tierra» (Mt 6.10).

Eres el alguien del Reino de Dios. Tienes acceso al horno de Dios. Tus oraciones mueven a Dios para cambiar el mundo. Quizás no entiendas el misterio de la oración. No es necesario. Pero esto es mucho más claro: El cielo comienza a ponerse en actividad cuando alguien ora sobre la tierra. ¡Qué pensamiento más asombroso!

Cuando hablas, Jesús oye.

Cuando Jesús oye, el rayo cae.

Cuando el rayo cae, el mundo cambia.

Todo porque alguien oró.

—*LA GRAN CASA DE DIOS*

*N*uestras apasionadas oraciones conmueven el corazón de Dios. «La oración del justo es poderosa y eficaz» (Stg 5.16 NVI). La oración no cambia la naturaleza de Dios; el que Es nunca será alterado. La oración, sin embargo, impacta en el fluir de la historia. Dios ha conectado este mundo al poder, pero nos pide a nosotros que apretemos el interruptor.

—*MÁS ALLÁ DE TU VIDA*

*A*ferrarnos al pecado nos endurece. La confesión nos ablanda.

Cuando mis hijas eran pequeñas, les gustaba jugar con una masa de plastilina. Hacían figuras de todo tipo, pero cada vez que olvidaban ponerle la tapa al material, se ponía tieso y me lo traían para que las ayudara, pues mis manos eran más grandes y mis dedos más fuertes. Yo podía amasar y moldear el material hasta dejarlo otra vez dócil y servible.

¿Está endurecido tu corazón? Llévaselo a tu Padre. Estás solo a una oración de la ternura. Vives en un mundo duro, pero no tienes que vivir con un corazón endurecido.

—*3:16: LOS NÚMEROS DE LA ESPERANZA*

$\mathscr{E}$l viaje desde Boston, Massachusetts hasta Edmonton, Canadá es muy largo. No importa la ruta que siga, el viaje siempre es largo.

Mi jornada comenzó cerca de la 4:30 p.m. Llamé a la gente donde iba a hablar, me puse mis tenis Reebok justo a tiempo para pelear con el tráfico de camino al Aeropuerto Logan.

El vuelo estaba sobrevendido; algunas personas estaban furiosas. Para colmo, el avión lo diseñaron ingenieros de cinco pies y cuatro pulgadas que odian a las personas altas. (Me comí mis rodillas de almuerzo.) Llegamos atrasados a Minneapolis, donde tenía que cambiar de avión.

Está bien, sé que no se supone que me queje tanto. Me he oído muchas veces predicando sobre la gratitud. Y sé que a un millón de personas en el mundo le hubiera encantado comerse la bolsita de cacahuates que yo boté hoy. Pero aun así, me bajé del avión con calambre en una pierna, un estómago vacío, una mala actitud y todavía me faltaban tres horas de viaje.

Mientras me dirigía hacia mi próximo avión, vi un McDonald's. Se veía muy bien. ¿Tengo tiempo? Luego vi algo mejor: un teléfono.

Caminé hacia él, puse mi equipaje de mano en el suelo y llamé a casa. Me contestó Denalyn. Me encanta cuando ella contesta. Siempre se alegra cuando llamo. Cuando llegue al cielo, San Pedro le va a dar el puesto de recepcionista en la puerta. Pasamos veinte minutos hablando de temas a nivel de Pentágono, como por ejemplo, el tiempo en Nueva Inglaterra y en San Antonio.

Hablamos sobre una amiguita de Jenna que dormiría una noche en nuestra casa y que Sara tenía un poco de fiebre. Le conté del profesor canadiense que se sentó a mi lado en el avión que hablaba tanto francés como inglés y ella me contó sobre la nueva escuela elemental.

No tomamos decisiones. No solucionamos ningún problema. No resolvimos conflictos de importancia mundial. Solo hablamos. Y me sentí mejor.

Jenna tomó el teléfono y me preguntó cuándo volvería a casa. Es bueno sentir que te echan de menos. Andrea tomó el teléfono y me dijo: «Papá, te amo». Y me hizo sentir bien saber que hay personas que me aman. Jenna acercó el teléfono a la oreja de Sara, la bebé y allí, en medio del aeropuerto, le hablé como se le habla a una bebé. (La gente se paraba para mirarme.) Pero no me preocupé porque Sara me dijo unas cuantas cosas en su idioma de bebé y eso me hace sentirme bien.

Denalyn volvió al teléfono y me dijo: «Gracias por haber llamado». Y colgué feliz.

Ya estoy de nuevo en el avión y mi actitud ya volvió a su cauce. El avión está retrasado porque la pista de despegue está repleta, lo que significa que llegaré a Edmonton una hora más tarde de lo planeado. No sé quién me estará esperando ni tampoco recuerdo a quién tengo que llamar mañana. Pero todo está bien.

No me importa ser peregrino mientras sepa que puedo llamar a casa las veces que quiera.

Ahora se me ocurre pensar que Jesús necesitaba llamar a casa en medio de la crisis, como me pasó a mí.

Jesús también podía... y lo hizo.

Es posible que esa sea la reflexión que hay tras el versículo 19 de Mateo 14: «Y tomando los cinco panes y los dos peces, y levantando los ojos al cielo, bendijo, y partió ⟨los panes⟩». Siempre tuve en cuenta esta oración como un buen ejemplo o, al menos, como un buen hábito.

Hasta ahora.

Ahora se me ocurre pensar que Jesús necesitaba llamar a casa en medio de la crisis, como me pasó a mí. Estaba rodeado de gente que necesitaba alimentarse y los discípulos que querían un respiro. Su corazón estaba abrumado por la muerte de Juan el Bautista.

Necesitaba hablar un minuto con alguien que pudiera entenderlo.

Quizás él, como yo, se sintió un poco cansado por las molestias de tener que hacer un trabajo en una tierra distante y necesitaba llamar a casa.

Y lo hizo. Charló con Aquel a quien amaba. Oyó el sonido del hogar que echaba de menos. Y recordó que cuando todo el infierno se suelta, entonces el cielo se acerca.

Quizás tú también necesites llamar a casa. Dios se alegrará cuando lo hagas... pero ni siquiera la mitad de lo contento que estarás tú.

—*EN EL OJO DE LA TORMENTA*

Propósito

Aviva el fuego interior

$\mathcal{D}$ios usó (¡y usa!) personas para cambiar el mundo. *¡Gente!* No santos, ni superhumanos, ni genios, sino gente común. Pillos, aduladores, amantes, mentirosos... Dios los usa a todos. Y lo que les falta en perfección, Dios lo compensa en amor.

—*Con razón lo llaman el Salvador*

$\mathcal{L}$adrillo a ladrillo, vida a vida, Dios está creando un reino, una «casa espiritual» (1 P 2.5). Él te ha confiado una tarea clave en el proyecto. Examina tus herramientas y descúbrela. Tus capacidades revelan tu destino. «Si alguno habla, hable conforme a las palabras de Dios; si alguno ministra, ministre conforme al poder que Dios da, para que en todo sea Dios glorificado por Jesucristo» (1 P 4.11). Cuando Dios nos encomienda una tarea, también nos da la capacidad para realizarla. Entonces, estudia tus capacidades y entenderás cuál es tu tarea.

Mírate detenidamente. Tu extraña capacidad para las matemáticas. Tu irrefrenable curiosidad por la química. Otros ven de reojo ciertos proyectos y bostezan; pero tú los lees y se te hace agua la boca. «Fui creado para hacer esto», te dices.

Sigue esa música interior. Nadie la escucha como tú la escuchas. Nadie más la oye como tú la oyes.

En este mismo momento, en otra sección del edificio de la iglesia donde estoy escribiendo, hay niños explorando sus herramientas. Las aulas de preescolar pueden sonarte a ti o a mí como una cacofonía. Pero en ellas, Dios escucha una sinfonía.

Un chico de cinco años está sentado ante una mesa sobre la cual hay creyones desparramados. Apenas habla. Sus condiscípulos terminaron hace un rato de colorear sus páginas, pero él aún está ensimismado en la suya. Los colores le inspiran. Le maravilla la paleta de verdes, azules y púrpuras. Con su obra maestra en las manos, irá corriendo donde mamá y papá, ansioso por mostrarles su Picasso de jardín de infantes.

Su hermana, sin embargo, olvida pronto su dibujo. Ella no usará el tiempo de regreso a casa en relatos sobre obras pictóricas. Ella contará cuentos. «¡La maestra nos enseñó un cuento nuevo hoy!» Y para repetirlo no necesitará que se lo pidan.

A otro niño le interesan muy poco los dibujos y los cuentos, pero sí le importan los otros niños. Se pasa el día con una expresión de «¡Hey, préstenme atención!» en el rostro, al frente de la clase, poniendo a prueba la paciencia de la maestra. Demanda atención, y provoca reacciones. Su tema parece ser: «Hagámoslo así. Vengan conmigo. Vamos a probar esto».

Nuestro Creador nos encomienda tareas... Tal como nos llama, nos equipa.

¿Actividades insignificantes a una edad insignificante? ¿O sutiles indicios de fuerzas escondidas? Yo creo que es lo último. El niño silencioso con su fascinación por los colores podría embellecer algún día con murales los muros de la ciudad. Su hermana podría escribir guiones para el cine, o enseñar literatura a curiosos condiscípulos. Y esa personalidad fuerte que hoy recluta seguidores un día podría hacer lo mismo representando un producto, a los pobres, o incluso a su iglesia.

Y tú ¿qué? Nuestro Creador nos encomienda tareas... Tal como nos llama, nos equipa. Echa una mirada retrospectiva a tu vida, ¿Qué cosa has hecho consistentemente bien? ¿Qué es lo que siempre te ha gustado hacer? Detente en la intersección de tus deseos y tus éxitos, y encontrarás tu singularidad.

La tienes... Un llamado extraordinario a una vida extraordinaria.

—*CURA PARA LA VIDA COMÚN*

$\mathcal{D}$ios no llama a los cualificados, sino que cualifica a los que llama.

No dejes que Satanás te convenza de lo contrario. Él lo intentará. Te dirá que Dios pide un coeficiente intelectual X para llevar a cabo una determinada tarea. Te dirá que solo emplea a especialistas y expertos, gobernantes y personas influyentes. Cuando Satanás susurra estas mentiras, recházale con esta verdad: Dios impactó a la sociedad del primer siglo con simples caballos salvajes, no con pura sangres. Antes de que Jesús viniera, los discípulos eran camioneros, entrenadores de fútbol y vendedores de refrescos en una tienda de conveniencia. Eran obreros, con callos en las manos, y no hay ninguna evidencia de que Jesús les eligiera porque ellos eran más buenos o más listos que la persona que tenían al lado. Lo único que tuvieron a su favor fue la disposición a dar un paso cuando Jesús les dijo: «Sígueme».

—MÁS ALLÁ DE TU VIDA

¿Has sido llamado a arriesgarte por causa de Dios? Puedes apostar que no será fácil. Arriesgarse nunca lo ha sido. Pregúntale a José. O mejor aún, pregúntale a Jesús.

Él conoce mejor que nadie lo que cuesta colgarse de un madero.

—DIOS SE ACERCÓ

Exhibe a Dios con tu singularidad. Cuando magnificas con tus dones a tu Creador, cuando tu contribución enriquece la reputación de Dios, tus días se vuelven súbitamente agradables. Y para poder dulcificar realmente tu mundo, debes utilizar tu singularidad a fin de convertir a Dios en lo primordial... *todos los días de tu vida.*

—CURA PARA LA VIDA COMÚN

¿*Q*uieres conocer la voluntad de Dios para tu vida? Responde entonces la pregunta: ¿Qué es lo que enciende tu corazón? ¿Los niños abandonados? ¿Las naciones no alcanzadas con el evangelio? ¿La ciudad? ¿Los barrios marginales?

¡Escuchas el fuego que tienes en tu interior!

¿Sientes pasión por el canto? ¡Pues, canta!

¿Te sientes impulsado a administrar? ¡Administra!

¿Sientes dolor por los enfermos? ¡Trátalos!

¿Sientes pesar por los perdidos? ¡Enséñalos!

Sentí el llamado a predicar en mi juventud. Como no estaba seguro que había interpretado debidamente la voluntad de Dios para mí, pedí consejo a un ministro que admiraba. Su consejo aún resuena y nos comunica la verdad: «No prediques», dijo, «a menos que tengas que hacerlo».

Mientras meditaba en sus palabras hallé la respuesta: «*Tengo* que hacerlo. Si no, este fuego me consumirá».

¿Cuál es el fuego que te consume?

Anótalo: Jesús viene para encenderte. Él va como una antorcha de corazón en corazón para calentar lo frío, descongelar el hielo y avivar las cenizas. Él es un abrasador fuego galileo y una vela de bienvenida al mismo tiempo. Viene a purificar la infección, a iluminar tu rumbo.

El fuego de tu corazón es la luz para tu sendero. Si la desechas, será a tus expensas. Avívalo para tu deleite. Dale aire. Agítalo. Aliméntalo. Los cínicos dudarán. Los que no te conocen se burlarán. Pero los que te conocen, esos que lo conocen a *Él*, lo comprenderán.

Encontrarse con el Salvador es ser inflamado.

Descubrir la llama es descubrir su voluntad.

Y descubrir su voluntad es tener acceso a un mundo que nunca has visto.

—LA GRAN CASA DE DIOS

*D*ios te creó y rompió el molde. «Desde los cielos miró Jehová; vio a todos los hijos de los hombres; desde el lugar de su morada miró sobre todos los moradores de la tierra; *Él formó el corazón de todos ellos;* atento está a todas sus obras» (Sal 33.13–15). Cada bebé es una idea totalmente nueva de la mente de Dios.

Nadie puede duplicar tu vida. Busca tu réplica en la historia; no la encontrarás. Dios te hizo a la medida. «Los he creado, los formé y los hice» (Is 43.7). En el taller de Dios no existe una caja con un repuesto tuyo. Porque tú no eres un ladrillo más en la pila del alba-ñil, ni un tornillo más en la gaveta del mecánico. ¡Eres simplemente tú! Y si tú no eres tú entonces perdemos la oportunidad de disfrutarte.

Eres el cometa Halley del cielo: solo tenemos una oportunidad para verte brillar. Tú le ofreces a la sociedad un regalo que nadie más puede darle. Y si tú no lo traes, nadie más lo hará.

—CURA PARA LA VIDA COMÚN

¿*E*res más balsa que un barco crucero? ¿Más un doble que una estrella de cine? ¿Más plomero que ejecutivo? ¿Más *blue jeans* que sangre azul? Felicidades. Dios cambia el mundo con gente como tú.

—*MÁS ALLÁ DE TU VIDA*

*T*u papel a desempeñar no es pequeño, porque no hay papel peque-ño. «Ustedes son el cuerpo de Cristo y cada uno es miembro de ese cuerpo» (1 Co 12.27 NVI). «El cuerpo» y «sus miembros». Únicos y esenciales. A nadie más se le han encomendado tus guiones. Dios «formó el corazón de todos ellos» (Sal 33.15). El Autor del drama humano solo te ha confiado a ti tu parte. Vive tu vida, o no será vivi-da. Todos necesitamos que tú seas tú.

Tú mismo necesitas ser tú.

No puede ser tu héroe, tu padre, ni tu hermano mayor. Podrías imitar el estilo para jugar al golf o el corte de pelo de ellos, pero no puedes ser ellos. Solo puedes ser tú. Y lo único que tienes que dar es lo que te ha sido dado para que des. Concéntrate en quién eres y en qué tienes. «Cada uno someta a prueba su propia obra, y entonces tendrá motivo de gloriarse sólo respecto de sí mismo, y no en otro; porque cada uno llevará su propia carga» (Gá 6.4-5).

—*CURA PARA LA VIDA COMÚN*

¿Por qué eres bueno en lo que haces? ¿Para tu comodidad? ¿Para tu jubilación? ¿Para tu autoestima? No. Considera estos como beneficios adicionales.

¿Por qué haces bien tu trabajo? Para Dios. Lo importante de tu éxito no es lo que haces. Es Dios: su gloria presente y futura.

—*NO SE TRATA DE MÍ*

Hemos sido creados por un gran Dios para hacer grandes obras. Él nos invita a ir más allá de nuestra vida, no solo en el cielo sino también aquí en la tierra.

—*MÁS ALLÁ DE TU VIDA*

«Porque de él, y por él, y *para* él, son todas las cosas. A él sea la gloria por los siglos» (Ro 11.36). «Sólo hay un Dios, el Padre, del cual proceden todas las cosas, y *nosotros somos para él*» (1 Co 8.6).

¿Para qué gira la tierra? Para Él.

¿Para qué tienes talentos y habilidades? Para Él.

¿Para qué tienes dinero o pobreza? Para Él.

¿Fortalezas o luchas? Para Él.

Todas las cosas y todas las personas existen para revelar su gloria.

Y tú también.

—*NO SE TRATA DE MÍ*

*D*ios nunca te ha llamado a ser nadie más que tú mismo. Pero sí te llamó a ser el mejor «tú» que puedas ser.

—*CURA PARA LA VIDA COMÚN*

*D*ios te permite sobresalir para que lo des a conocer. Y puedes estar seguro de una cosa: Dios te hará bueno en algo.

—*NO SE TRATA DE MÍ*

Hubo una vez un hombre que retó a Dios a que le hablara.

Dios, quema la zarza como lo hiciste para Moisés.

Y te seguiré.

Dios, derriba las murallas como lo hiciste para Josué.

Y pelearé.

Calma las olas como lo hiciste en Galilea.

Y te oiré.

Así que el hombre se sentó junto a la zarza, cerca de una muralla,

y a la orilla del mar

y esperó a que Dios le hablara.

Y Dios oyó al hombre, y le contestó.

Mandó fuego, no a una zarza, sino a una iglesia.

Derribó una muralla, no de ladrillos, sino de pecado.

Calmó una tempestad, no del mar, sino del alma.

Y Dios esperó a que el hombre respondiera.

Y esperó...

Y esperó...

Y esperó.

Pero como el hombre estaba mirando zarzas, no corazones;

ladrillos y no vidas, mares y no almas,

supuso que Dios no había hecho nada.

Finalmente, miró a Dios y preguntó: ¿Has perdido tu poder?

Y Dios lo miró y le dijo: ¿Te has quedado sordo?

—*EL TRUENO APACIBLE*

*C*uando rindes el máximo en lo que mejor sabes hacer, estás prendiendo medallas de orgullo en el chaleco de Dios.

—*CURA PARA LA VIDA COMÚN*

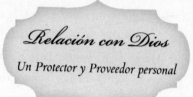

Relación con Dios

Un Protector y Proveedor personal

Escuchar a Dios es una experiencia de primera mano. Cuando Dios pide tu atención, no quiere que envíes a un sustituto; te quiere a ti. Te invita a *ti* a tomar vacaciones en su esplendor. Te invita a que *tú* sientas el toque de su mano. Te invita a *ti* a que disfrutes del banquete a su mesa. Quiere pasar tiempo *contigo*. Y con un poco de práctica, tu tiempo con Dios puede ser la mejor parte de tu día.

—*Como Jesús*

Dios siempre será el mismo.

Nadie más lo será. Los amantes te llaman hoy y te insultan mañana. Las compañías hoy dan aumentos y mañana cartas de despido. Los amigos te aplauden cuando haces todo bien y te desechan cuando fallas. Dios no. Dios es siempre «el mismo» (Sal 102.27). En Él «no hay mudanza, ni sombra de variación» (Stg 1.17).

¿Sorprender a Dios de mal humor? Eso no sucederá. ¿Que el temor agote su gracia? Primero una sardina se tragará el Atlántico. ¿Crees que se ha dado por vencido contigo? Error. ¿Acaso no te hizo una promesa? «Dios no es hombre, para que mienta, ni hijo de hombre para que se arrepienta. Él dijo, ¿y no hará? Habló, ¿y no lo ejecutará?» (Nm 23.19). Él nunca está huraño ni amargado, de malhumor ni estresado. Su fuerza, su verdad, sus caminos, y su amor nunca cambian. Él es «el mismo ayer, y hoy, y por los siglos» (Heb 13.8).

—*NO SE TRATA DE MÍ*

*D*ios recompensa a los que *le buscan*. No a los que buscan doctrina o religión, sistema o credos. Muchos se conforman con estas pasiones menores, pero la recompensa es para los que no se conforman con nada menos que el mismo Jesús. ¿Cuál es la recompensa? ¿Qué les espera a los que buscan a Jesús? Nada menos que el corazón de Jesús. «Vamos transformándonos en su imagen misma, porque cada vez tenemos más de su gloria, y esto por la acción del Señor, que es el Espíritu» (2 Co 3.18 DHH).

¿Puedes pensar en un obsequio más grandioso que ser como Jesús? Cristo no sentía culpabilidad; Dios quiere extinguirla en ti. Jesús no tenía malos hábitos; Dios quiere quitarte los tuyos. Jesús no tenía miedo a la muerte; Dios quiere que tú no tengas miedo.

Jesús tenía bondad por los enfermos y misericordia por los rebeldes y valor para los retos. Dios quiere que tengas lo mismo.

—*Como Jesús*

$\mathcal{D}$ios susurrará. Gritará. Tocará y forcejará. Nos despojará de nuestras cargas; y aun nos quitará nuestras bendiciones. Si hay mil pasos entre nosotros y Dios, Él los dará todos, menos uno. A nosotros nos corresponderá dar el paso final. La decisión es nuestra.

Por favor, entiende. Su meta no es hacerte feliz. Su meta es hacerte suyo.

—*El trueno apacible*

¡$\mathcal{D}$ios *en* nosotros! ¿Hemos sondeado la profundidad de esta promesa?

Dios estuvo *con* Adán y Eva, y caminó con ellos al fresco de la noche.

Dios estuvo *con* Abraham, e incluso llamó amigo al patriarca.

Dios estuvo *con* Moisés y los hijos de Israel. Los padres podían señalar a sus hijos el fuego en la noche y la nube en el día. Ellos podían asegurarles: *Dios está con nosotros.*

Con Dios morando *en* ti, ¡tienes un millón de recursos que antes no tenías!

Entre los querubines del arca, en la gloria del templo, Dios estaba *con* su pueblo. Estaba *con* los apóstoles. Pedro pudo tocar la barba de Dios. Juan vio dormir a Dios. Multitudes oyeron su voz. ¡Dios estaba *con* ellos!

Mas ahora, Él mora *en* ti. Tú eres la María de los tiempos modernos. Y aún más. Él fue un feto en ella, más es una fuerza poderosa en ti. Él hará en ti lo que tú no puedes hacer. Imagínate depositar en tu cuenta bancaria un millón de dólares. Para cualquier observador, parecerías el mismo, excepto por la sonrisa bobalicona, pero ¿eres el mismo? ¡Absolutamente no! Con Dios morando *en* ti, ¡tienes un millón de recursos que antes no tenías!

¿No puedes dejar de beber? Cristo puede. Y Él mora dentro de ti.

¿No puedes dejar de preocuparte? Cristo puede. Y Él mora dentro de ti.

¿No puedes perdonar al despreciable, olvidar el pasado ni renunciar a tus malos hábitos? ¡Cristo puede! Y Él vive dentro de ti.

Pablo sabía esto. «Para lo cual también trabajo, luchando según la potencia de él, la cual actúa poderosamente *en* mí» (Col 1.29).

Igual que en María, Cristo mora en ti y en mí.

—*MI SALVADOR Y VECINO*

*D*ios nos llama en un mundo real. Él no se comunica por medio de trucos. No se comunica organizando estrellas en los cielos ni reencarnando abuelos de la tumba. No va a hablarte por medio de voces en un campo de maíz o de un hombrecito gordo en una tierra llamada Oz. Hay tanto poder en el Jesús de plástico pegado en el tablero de tu auto como en el dado de madera que cuelga de tu espejo retrovisor.

Importa un comino si naciste bajo Acuario o Capricornio, o si naciste el día que asesinaron a Kennedy. Dios no es un embaucador. No es un genio que sale de una botella. No es un mago, ni un amuleto de la buena suerte ni el tipo de la azotea. En cambio, Él es el Creador del universo, presente en el enredo de nuestro mundo cotidiano, y que te habla más a través de los arrullos de un bebé y sus pancitas con hambre que lo que haría jamás a través de horóscopos, zodiacos o Madonas lloronas.

Si percibes alguna visión sobrenatural o escuchas alguna voz extraña en la noche, no te dejes impresionar demasiado. Podría ser Dios o podría ser también una indigestión, y no quieres confundir lo uno con lo otro.

Pero tampoco quieres perderte lo imposible por estar mirando a lo increíble. Dios habla en nuestro mundo. Solo tenemos que aprender a escucharlo.

Escúchalo en lo cotidiano.

—*Y LOS ÁNGELES GUARDARON SILENCIO*

Cristo nos encuentra fuera del salón del trono, nos lleva de la mano y nos conduce a la presencia de Dios. Al entrar hallamos gracia, no condenación; misericordia, no castigo. Allí donde jamás se nos concedería una audiencia con el rey, ahora nos reciben ante su presencia.

Si eres padre, comprendes esto. Si un niño que no conoces se asoma a la puerta y te pide pasar la noche en casa, ¿qué harías? Lo más probable es que le preguntarías su nombre, dónde vive, procurarías saber por qué anda vagando por las calles y le pondrías en contacto con sus padres. Por otro lado, si un muchacho entra a la casa acompañando a tu hijo, ese muchacho será recibido. Lo mismo ocurre con Dios. Al llegar a ser amigos del Hijo, ganamos el acceso al Padre.

Jesús prometió: «A cualquiera, pues, que me confiese delante de los hombres, yo también le confesaré delante de mi Padre que está en los cielos» (Mt 10.32). Debido a que somos amigos de su Hijo tenemos entrada al salón del trono. Él nos conduce a esa «gracia en la cual estamos firmes» (Ro 5.2).

La dádiva no es una ocasional visita a Dios, sino más bien una permanente «entrada por la fe a esta gracia en la cual estamos firmes» (v. 2).

—*EN MANOS DE LA GRACIA*

Lo que más me gusta de Juan es su manera de amar a Jesús. Y otra vez, su relación con Jesús fue bastante sencilla. Para Juan, Jesús era un buen amigo con un buen corazón y una buena idea. Un narrador de historias con una promesa en algún lugar más allá del arco iris.

Juan nos enseña... que los hilos más fuertes de lealtad no se tejen con teologías herméticas o filosofías infalibles, sino con amistades.

Da la impresión de que para Juan, Jesús era ante todo un compañero leal. ¿El Mesías? Sí. ¿El Hijo de Dios? Por supuesto. ¿Un hacedor de milagros? Eso también. Pero más que nada Jesús era un amigo. Alguien con quien podrías ir de campamento, o a jugar bolos, o contar las estrellas.

Simple. Para Juan, Jesús no era un tratado sobre activismo social, ni tampoco una licencia para estallar clínicas abortistas, ni para vivir en un desierto. Jesús era un amigo.

Ahora bien, ¿qué haces con un amigo? (Bueno, eso también es bastante sencillo.) Permaneces fiel a su lado.

Quizás por esto Juan fue el único de los doce que estuvo en la cruz. Fue a decir adiós. Según él mismo lo confesó, todavía no había logrado asimilar todo lo sucedido. Pero eso realmente no importaba. Hasta donde él sabía, su amigo más cercano estaba en problemas, y vino a ayudar.

«¿Puedes cuidar a mi madre?»

Por supuesto. Para eso son los amigos.

Juan nos enseña que la relación más sólida con Cristo no es necesariamente algo complicado. Nos enseña que los hilos más fuertes de lealtad no se tejen con teologías herméticas o filosofías infalibles, sino con amistades. Amistades perseverantes, desinteresadas, gozosas.

Luego de contemplar este amor obstinado, sentimos el anhelo ardiente de tener uno semejante. Sentimos que si hubiéramos podido estar en las sandalias de alguien aquel día, habríamos elegido las del joven Juan, y le hubiéramos regalado una sonrisa de lealtad a este amado Señor.

—*Con razón lo llaman el Salvador*

¿*T*e gustaría ser valiente mañana? Entonces pasa tiempo con Jesús hoy. Medita en su Palabra. Reúnete con su gente. Disfruta de su presencia. Y cuando la persecución llegue (y lo hará), sé fuerte. ¿Quién sabe? La gente puede darse cuenta de que tú, al igual que los discípulos, has estado con Cristo.

—*MÁS ALLÁ DE TU VIDA*

«*S*i Dios es por nosotros, ¿quién contra nosotros?» (Ro 8.31).

La pregunta no es simplemente: «¿Quién puede estar contra nosotros?» Eso bien podría contestarlo. ¿Quién está en contra de ti? La enfermedad, la inflación, la corrupción, el agotamiento. Las calamidades nos salen al encuentro y el temor oprime. Si la pregunta de Pablo fuera: «¿Quién puede estar contra nosotros?», podríamos hacer una lista de enemigos con mucha más facilidad de lo que pudiéramos luchar contra ellos. Pero esa no es la pregunta. La pregunta es: *Si Dios es por nosotros, ¿quién contra nosotros?*

Concédeme un momento. Cuatro palabras en este versículo merecen tu atención. Lee lentamente la frase: «Dios es por nosotros». Por favor, haz una pausa antes de continuar. Léela de nuevo en voz alta. (Mis disculpas a la persona que tienes al lado.) *Dios es por nosotros*. Repite la frase cuatro veces, esta vez enfatizando cada palabra. (Vamos, no tanta prisa.)

Dios es por nosotros.

Dios *es* por nosotros.

Dios es *por* nosotros.

Dios es por *nosotros*.

Dios es por ti. Puede que tus padres se hayan olvidado de ti, quizás tus maestros te descuidaron, o tus hermanos tal vez se avergüencen de ti; pero al alcance de tus oraciones está el que hizo los océanos. ¡Dios!

Dios *es* por ti. No «tal vez», no «quizás estuvo», no «estuvo», no «estaría», sino «¡Dios es!» Él *es* por ti. Hoy. En esta hora. En este minuto. Mientras lees esta frase. No necesitas esperar en fila ni regresar mañana. Él está contigo. No podría estar más cerca de ti de lo que está en este momento. Su lealtad no aumentará porque te vaya mejor ni disminuirá si te va peor. Él *es* por ti.

Dios es *por* ti. Observa las líneas laterales; ese es Dios vitoreándote. Mira más allá de la meta; ese es Dios aplaudiendo tus pasos. Escúchale gritando tu nombre desde las gradas . ¿Demasiado cansado como para continuar? Él te cargará. ¿Demasiado desalentado como para luchar? Él te levanta. Dios es *por* ti.

Dios es por *ti*. Si Él tuviera un calendario, hubiera marcado con un círculo la fecha de tu nacimiento. Si Él condujera un automóvil, tu nombre estaría en su parachoques. Si hubiera un árbol en el cielo, hubiera tallado tu nombre en la corteza. Sabemos que Él tiene un tatuaje y conocemos lo que dice: «He aquí que en las palmas de las manos te tengo esculpida» (Is 49.16).

Aun cuando el mismo infierno se levantara en contra tuya, nadie puede derrotarte. Estás protegido. Dios está contigo.

«¿Se olvidará la mujer de lo que dio a luz, para dejar de compadecerse del hijo de su vientre?», pregunta Dios en Isaías 49.15. Qué pregunta tan ridícula. ¿Pueden, madres, imaginarse dando de mamar a su bebé y luego preguntando: «¿Cómo se llama este nene?» No. He visto que se preocupan por sus pequeños. Les acarician el pelo, les tocan las mejillas, cantan su nombre una vez tras otra. ¿Puede una madre olvidar? De ninguna manera. Pero, «aunque olvide ella, yo nunca me olvidaré de ti», promete Dios (Is 49.15).

Dios está contigo. Sabiendo eso, ¿quién contra ti? ¿Puede la muerte dañarte ahora? ¿Puede la enfermedad robarte la vida? ¿Se te puede quitar tu propósito o restar valor? No. Aun cuando el mismo infierno se levantara en contra tuya, nadie puede derrotarte. Estás protegido. Dios está contigo.

—EN MANOS DE LA GRACIA

Salvación

Un corazón lavado por Cristo

Ver el pecado sin la gracia produce desesperanza. Ver la gracia sin el pecado produce arrogancia. Verlos juntos produce conversión.

—*Cuando Dios susurra tu nombre*

Mi familia hizo anoche algo muy especial para mí. Celebraron una fiesta en mi honor, una fiesta de cumpleaños, y de sorpresa. A principios de la semana pasada le dije a Denalyn que no hiciera ningún plan especial aparte de una cena familiar tranquila en algún restaurante. Ella escuchó solo la parte del restaurante. Yo no tenía ni idea de la docena de familias que iban a venir.

Es más, traté de persuadirla de que nos quedáramos en casa. «Vayamos a cenar fuera otro día», le dije. Andrea había estado enferma. Jenna tenía tareas escolares, y yo me había pasado toda la tarde viendo juegos de fútbol en la televisión, y me sentía holgazán. No me sentía con ganas de levantarme, arreglarme y salir. Pensé que no tendría problema para convencer a las hijas de posponer la comida. ¡Vaya que me sorprendieron! No quisieron ni siquiera oírlo. A cada una de las objeciones que presenté, respondieron con una defensa unida y unánime. Mi familia lo dejó bien en claro: saldríamos a comer fuera.

No solo eso, sino que saldríamos a la hora señalada. Consentí, y empecé a alistarme. Pero para consternación de ellas, yo andaba demasiado despacio. Éramos un estudio en contrastes. Mi actitud era: *¿Para qué apurarse?* La actitud de mis hijas: *¡Apúrate!* Yo remoloneaba. Ellas estaban listas para salir disparadas. Yo estaba contento con quedarme en casa. Ellas no podían contener su deseo de salir. Para ser franco, me quedé perplejo por sus acciones. Ellas estaban a tiempo en forma nada usual. Curiosamente entusiastas. ¿A qué tanta alharaca? pensé, me encanta salir tanto como a cualquiera, pero Sara no dejó de reírse en todo el trayecto al restaurante.

Solo cuando llegamos sus acciones cobraron sentido. Un paso dentro del umbral y comprendí su entusiasmo: *¡Sorpresa!* Con razón actuaban diferente. Sabían algo que yo no sabía. Habían visto algo que yo no había visto. Ya habían visto las mesas, y apilado los regalos, y olido el pastel. Puesto que sabían de la fiesta, hicieron todo lo necesario para cerciorarse de que yo no me la perdiera.

Jesús hace lo mismo por nosotros. Él sabe de *la fiesta*. En uno de los más grandiosos capítulos de la Biblia, Lucas 15, nos cuenta tres historias. Cada una habla de algo que se perdió y que fue hallado. Una oveja perdida. Una moneda perdida. Un hijo perdido. Al final de cada historia Jesús describe una fiesta, una celebración. El pastor hizo fiesta por haber hallado a su oveja perdida. La mujer hizo fiesta porque halló su moneda perdida. El padre hizo una fiesta en honor al hijo perdido que había hallado.

Tres parábolas, cada una con una fiesta. Tres historias, y en cada una aparece la misma palabra: *gozo*. Respecto al pastor que halló a su oveja, Jesús dice: «Y cuando la encuentra, la pone sobre sus hombros *gozoso*» y se va a su casa (vv. 5-6). Cuando la mujer encontró su moneda perdida, anunció: «*Gozaos* conmigo, porque he encontrado la dracma que había perdido» (v. 9). Cuando el padre del hijo pródigo le explica al hermano mayor renuente, le dice: «Mas era necesario hacer fiesta y *regocijarnos*, porque este tu hermano era muerto, y ha revivido; se había perdido, y es hallado» (v. 32).

El punto está claro. Jesús se alegra mucho cuando se halla lo que estaba perdido. Para Él ningún momento se compara al momento de la salvación. Para mi hija la alegría empezó cuando me vestí y nos acomodamos en el automóvil y salimos a la calle para dirigirnos a la fiesta. Lo mismo ocurre en el cielo. Basta que un hijo consienta en vestirse de justicia, empiece el viaje de regreso y el cielo prepara el refresco, cuelga las serpentinas y lanza el confeti. «Hay gozo delante de los ángeles de Dios por un pecador que se arrepiente» (v. 10).

—*COMO JESÚS*

Jesús se alegra mucho cuando se halla lo que estaba perdido. Para Él ningún momento se compara al momento de la salvación.

En nuestro nuevo nacimiento Dios rehace nuestras almas y nos da, de nuevo, cuanto necesitamos. Nuevos ojos que vean por fe. Una nueva mente de modo que podamos tener la mente de Cristo. Nuevas fuerzas, de modo que no nos cansemos. Una nueva visión para que no nos desanimemos. Una nueva voz para alabar y nuevas manos para servir. Y, por sobre todo, un nuevo corazón. Un corazón que ha sido lavado por Cristo.

—*El trueno apacible*

El plan de Dios para ti no es nada menos que un nuevo corazón. Si fueras un coche, Dios querría controlar tu motor. Si fueras una computadora, Dios controlaría los programas y el disco duro. Si fueras un aeroplano, tomaría asiento en la cabina de mando. Pero eres una persona, así que Dios quiere cambiarte el corazón.

—*Como Jesús*

El camino a la libertad nunca se olvida. El camino que se toma de la esclavitud a la liberación queda grabado en la memoria. Más que un camino, es una salida. Los grilletes se abren y, tal vez por primera vez, nace la libertad. «Yo creo que siempre me acordaré de ese recorrido...».

¿Recuerdas el tuyo? ¿Dónde estabas la noche que se abrió la puerta? ¿Recuerdas el toque del Padre? ¿Quién caminó contigo el día que fuiste liberado? ¿Todavía puedes revivir la escena? ¿Puedes sentir el camino debajo de tus pies?

Eso espero. Espero que se hayas grabado para siempre en tu alma el momento en el que el Padre te levantó en la oscuridad y te guió por el camino. Es un recuerdo como ningún otro. Porque cuando Él te hace libre, eres verdaderamente libre.

Las personas que han sido esclavas describen con claridad el momento de su liberación.

¿Puedo contarte el mío?

Una clase bíblica en una pequeña ciudad al oeste de Texas. No sé qué fue más sorprendente: que un maestro estuviera tratando de enseñarles el libro de Romanos a un grupo de niños de diez años, o el hecho de que yo recuerde lo que dijo.

El salón era mediano, uno de los doce o más salones en una iglesia pequeña. Mi escritorio tenía marcas en la madera arriba y goma de mascar pegada debajo. Había unos veinte escritorios en el salón, pero solo cuatro o cinco estaban ocupados.

Todos nos sentamos en la parte de atrás, demasiado importantes para mostrar interés. *Jeans* almidonados. Zapatillas deportivas estilo botas. Era verano, y el dorado del lento atardecer se proyectaba en la ventana.

El maestro era un hombre muy formal. Todavía recuerdo su corte de pelo estilo militar y su panza abultada detrás de un abrigo, que ni siquiera intenta abotonar. Su corbata le llega hasta la mitad del pecho. Tiene un lunar negro en su frente, una voz suave y una mirada amable. Aunque está completamente desconectado de los niños de 1965, no lo sabe.

Sus apuntes están apilados en un estrado debajo de una pesada Biblia negra. Está de espaldas a nosotros y su abrigo sube y baja de la cintura mientras escribe en el tablero. Habla con verdadera pasión. No es un hombre histriónico, pero esta noche habla con intensidad.

Solo Dios sabe por qué lo escuché aquella noche. El pasaje era el capítulo seis de Romanos. La pizarra estaba llena de palabras largas y diagramas. Ocurrió en algún punto durante la descripción de cómo Jesús fue sepultado y salió del sepulcro. La joya de la gracia quedó descubierta y dio vuelta, y pude verla desde un nuevo ángulo... y me robó el aliento.

Yo no vi un código moral. No vi una iglesia. No vi diez mandamientos o demonios infernales. Vi lo mismo que Mary Barbour, cuando también tenía diez años. Vi cómo mi Padre entró en mi oscura noche, me despertó de mi sueño, y me guió o, mejor dicho, me llevó en sus brazos, a la libertad.

«Creo que siempre recordaré ese camino».

—*Y LOS ÁNGELES GUARDARON SILENCIO*

De acuerdo a Jesús nuestras decisiones tienen un impacto termostático en el mundo invisible. Nuestras acciones en el teclado de la tierra disparan martinetes sobre las cuerdas del piano en los cielos. Nuestra obediencia tira de las cuerdas que hacen repicar las campanas de los cielos. Cuando un hijo llama, el Padre inclina su oído.

Una hermana llora y las lágrimas empiezan a correr desde arriba. Si muere un santo, la puerta se abre. Pero, más importante, si un pecador se arrepiente, toda otra actividad cesa y todo ser celestial celebra... Cuando se salva un alma el corazón de Jesús se torna como el firmamento nocturno en el día de la independencia, radiante con explosiones de alegría.

—*Como Jesús*

¿*Cómo* recibimos a Cristo? Al acercarnos sedientos y beber abundantemente. ¿Cómo se vive en Cristo? Al acercarnos sedientos y beber abundantemente.

Si haces eso, el poder que te salva se convierte en el que te sostiene. Dios, aquel «que comenzó en ⁌ti⁌ la buena obra, la perfeccionará hasta el día de Jesucristo» (Fil 1.6).

Cristo no te dio un automóvil y después te dijo que lo empujaras. Ni siquiera te lo dio y te dijo que lo manejaras. ¿Sabes qué hizo? Abrió la puerta del pasajero, te invitó a tomar asiento y te dijo que te pusieras el cinturón para emprender la aventura de tu vida.

—*Acércate sediento*

Reflexiona en lo que Dios logró.

No condona nuestro pecado, ni transige con sus normas.

No pasa por alto nuestras rebeliones, ni suaviza sus demandas.

En vez de echar a un lado nuestro pecado, lo asume y

–¡en qué cabeza cabe!– se sentencia a sí mismo.

La santidad de Dios se honra. Nuestro pecado se castiga... y somos redimidos.

Dios hace lo que nosotros no podemos hacer para que seamos

lo que ni siquiera nos atrevemos a soñar ser: perfectos ante Dios.

—EN MANOS DE LA GRACIA

*Y*a sería bastante que Dios te hubiera limpiado el nombre, pero ha hecho más. Él te da *su* nombre. Ya sería bastante que Dios te hubiera dado la libertad, pero hace más. Te lleva a su casa. Te lleva a la Gran Casa de Dios para que sea tu hogar.

Los padres adoptivos entienden de esto más que cualquier otra persona. No pretendo ofender a algún padre biológico; yo también lo soy. Los padres biológicos sabemos bien el anhelo sincero de tener un hijo. Pero en muchos casos nuestras cunas se llenan con facilidad. Decidimos tener un hijo y nace un hijo. En realidad, a veces los hijos llegan sin haber tomado una decisión. He sabido de embarazos no programados, pero nunca he oído de una adopción no programada.

Por eso es que los padres adoptivos comprenden la pasión de Dios al adoptarnos. Saben lo que es sentir interiormente un espacio vacío. Saben lo que es buscar, salir con una misión y asumir la responsabilidad de un niño con un pasado manchado y un futuro dudoso. Si alguien entiende la pasión de Dios por sus hijos, es alguien que ha rescatado a un huérfano de la desesperación porque eso es lo que Dios ha hecho por nosotros.

Dios te adoptó. Dios te buscó, te encontró, firmó los papeles y te llevó a casa.

—*LA GRAN CASA DE DIOS*

¿*P*or qué Jesús y sus ángeles se regocijan por un pecador que se arrepiente? ¿Pueden ver algo que nosotros no podemos ver? ¿Saben algo que nosotros no sabemos? Claro que sí. Saben lo que guarda el cielo. Han visto la mesa, han oído la música, y se mueren de deseos de ver tu cara cuando llegues. Todavía mejor, se mueren de deseos por verte llegar.

—*COMO JESÚS*

*N*unca hay un punto en el cual seas menos salvo que en el primer momento en que Él te salvó. Sencillamente porque estabas malhumorado durante el desayuno no quiere decir que estabas condenado durante el desayuno. Cuando perdiste los estribos ayer no perdiste la salvación. Tu nombre no desaparece y vuelve a aparecer en el libro de la vida dependiendo de tu humor ni tus acciones. Tal es el mensaje de la gracia. «Ahora, pues, ninguna condenación hay para los que están en Cristo Jesús» (Ro 8.1).

Eres salvo, no por lo que haces, sino por lo que Cristo hizo. Eres especial, no por lo que haces, sino por quién eres. Eres de Él.

Y debido a que somos de Cristo, olvidémonos de los atajos y quedémonos en el camino principal. Él sabe el camino. Él trazó el mapa. Él conoce el camino al hogar.

—*EN MANOS DE LA GRACIA*

*C*uando mi hermano y yo estábamos en la primaria, él recibió una escopeta de aire comprimido como regalo de Navidad. Inmediatamente, en el patio trasero de nuestra casa, nos pasamos la tarde disparando a un blanco de arquería. Cuando nos comenzamos a aburrir por lo fácil que era dar en el blanco, mi hermano me mandó a buscar un espejo de mano. Ubicó el revólver sobre su hombro, puso el centro del blanco mirando a través del espejo e hizo su mejor imitación de Búfalo Bill. Pero no dio en el blanco. Ni tampoco tuvo en cuenta la bodega que se hallaba detrás del blanco, ni la cerca detrás de la bodega. No teníamos idea de hacia dónde había volado el perdigón. Sin embargo, nuestro vecino del otro lado del callejón sí supo. Inmediatamente apareció por detrás de la cerca preguntando quién había disparado y quién iba a pagar por el vidrio de su puerta corrediza.

En ese momento negué que él fuera mi hermano. Cambié mi apellido y dije ser un visitante de Canadá. Pero mi padre tuvo una actitud más noble que la mía. Cuando escuchó el ruido, apareció en el patio trasero, recién levantado de su siesta navideña, y habló con el vecino.

Entre sus palabras pude escuchar las siguientes:

«Sí, ellos son mis hijos».

«Si, yo pagaré por el error».

Cristo dice lo mismo de ti. Sabe que erraste el blanco. Sabe que no puedes pagar por tus errores. Pero Él sí puede. «Dios lo ofreció como un sacrificio de expiación que se recibe por la fe en su sangre, para así demostrar su justicia» (Ro 3.25).

Puesto que fue libre de pecados, Él pudo.

Puesto que te ama, Él pudo. «En esto consiste el amor: no en que nosotros hayamos amado a Dios, sino en que Él nos amó y envió a su Hijo para que fuera ofrecido como sacrificio por el perdón de nuestros pecados» (1 Jn 4.10).

Él se hizo uno de nosotros para redimirnos. «Tanto el que santifica como los que son santificados tienen un mismo origen, por lo cual Jesús no se avergüenza de llamarlos hermanos» (Heb 2.11).

No se avergonzaba de David. No se avergüenza de ti. Él te llama hermano, te llama hermana. La pregunta es: ¿Lo llamas tú a Él Salvador?

Toma un momento para responder esta pregunta. Quizá nunca lo hayas hecho. Tal vez no sabías cuánto te ama Cristo. Ahora lo sabes. Jesús no negó a David. Tampoco te negará a ti. Simplemente aguarda tu invitación. Una palabra de su parte y Dios hará otra vez lo que hizo con David y millones como él: Te reclamará, te redimirá y te utilizará. No importa como se lo expreses, pero estas palabras parecen apropiadas:

Cristo... sabe que no puedes pagar por tus errores. Pero Él sí puede.

Jesús, mi Salvador y quien derrumba gigantes, te ruego me otorgues misericordia, fortaleza y la vida eterna. Confío en ti con mi corazón y te ofrezco mi vida. Amén.

Pronuncia este tipo de palabras con un corazón sincero y asegúrate de esto: tu gigante Goliat ha caído. Tus fracasos serán parte del pasado y derrotarás la muerte. El poder que fue capaz de convertir en pigmeos a los gigantes de David, hará lo mismo con los tuyos.

Tú puedes enfrentar tus gigantes. ¿Por qué? Porque primero has estado frente a frente con Dios.

—*ENFRENTE A SUS GIGANTES*

*E*n muchos sentidos, tu nuevo nacimiento es como el primero: en tu nuevo nacimiento Dios provee todo lo que necesitas; alguien, fuera de ti, siente el dolor, y alguien, fuera de ti, hace el trabajo. Y así como los padres son pacientes con su recién nacido, Dios es paciente contigo. Pero hay una diferencia. La primera vez no tuviste que decidir si nacías o no; esta vez sí tienes que hacerlo. El poder es de Dios. El esfuerzo lo hace Dios. El dolor lo experimenta Dios. Pero la elección es tuya.

—*EL TRUENO APACIBLE*

*D*ios da la salvación, Dios la impulsa, Dios la fortalece y Dios la origina. El regalo no es del hombre a Dios. Es de Dios al hombre. «En esto consiste el amor; no en que nosotros hayamos amado a Dios, sino en que Él nos amó a nosotros, y envió a su Hijo en propiciación por nuestros pecados» (1 Jn 4.10).

Dios crea la gracia y la da al hombre. «Rociad, cielos, de arriba, y las nubes destilen la justicia; ábrase la tierra, y prodúzcanse la salvación y la justicia; háganse brotar juntamente. Yo Jehová lo he creado» (Is 45.8).

Solo basándose en esto, el cristianismo se distingue de cualquier otra religión del mundo.

—*EN MANOS DE LA GRACIA*

Él te ha visto. Te ha oído y te ha invitado. Lo que una vez te separaba, ha sido quitado: «Ahora en Cristo Jesús, tú que estabas lejos de Dios has sido puesto cerca» (Ef 2.13). Nada queda entre tú y Dios sino una puerta abierta.

—*ÉL ESCOGIÓ LOS CLAVOS*

Segundas oportunidades
Cuenta con la bondad de Dios

La fidelidad de Dios nunca ha dependido de la fidelidad de sus hijos. Él es fiel aunque nosotros no lo seamos. Cuando nos desanimamos, Él no se desanima. Él ha hecho la historia usando a personas, a pesar de las personas... Dios es fiel aunque sus hijos no lo sean. Eso es lo que hace Dios a Dios.

—*EL TRUENO APACIBLE*

Todo aquel... estas son las maravillosas palabras de bienvenida de Dios. Me encanta oír a mi esposa decir unas palabras similares. A veces percibo en el aire mi olor favorito, procedente de la cocina: pastel de fresas. Sigo el olor como un sabueso la pista, hasta que mi nariz queda justo encima del molde recién sacado del horno, embelesada. No obstante, he aprendido a dejar quieto el tenedor hasta que Denalyn permita el acceso.

–¿Para quién es? –pregunto.

Ella a veces me parte el corazón: «Es para una fiesta de cumpleaños, Max. ¡No lo vayas a tocar!»

Otras veces dice: «Es para una amiga. Ni te acerques».

Pero también es posible que me abra la puerta de la felicidad: «Es para el que quiera».

¡Qué dicha! ¡Eso me incluye a mí!

Espero que también lo quieras. No el pastel, sino a Dios.

Ninguna clase social es demasiado baja.

Ninguna hora es demasiado avanzada.

Ningún lugar es demasiado lejano.

Como sea. Cuando sea. Donde sea. Quien sea.

Mi amigo, *todo aquel* te incluye a ti también... para siempre.

—*3:16: LOS NÚMEROS DE LA ESPERANZA*

*N*o pierdas la esperanza con tu Saulo. Cuando otros le descarten, dale otra oportunidad. Mantente fuerte. Llámale hermano o hermana. Cuéntale a tu Saulo cosas de Jesús y ora. Y recuerda esto: Dios nunca te envía a un sitio donde él no haya estado antes. Para cuando alcances a tu Saulo, quién sabe qué encontrarás.

Mi historia favorita sobre gente que se comporta como Ananías involucra a un par de compañeros de habitación de la universidad. El Ananías de la pareja era un alma tolerante. Él aguantaba las borracheras nocturnas de su compañero sus vómitos de media noche y que durmiera todo el día. No se quejaba cuando desaparecía durante el fin de semana ni cuando fumaba cigarrillos en el coche. Él podía haber solicitado otro compañero de habitación que fuera más a la iglesia, que no dijera tantas palabrotas o a quien le importara algo más aparte de impresionar a las chicas.

Pero decidió quedarse con su Saulo personal, pues al parecer pensaba que algo bueno podría resultar si él decidía dar un giro a su vida. Así que continuó limpiando el desorden, invitando a su compañero a ir a la iglesia y cubriéndole las espaldas.

No recuerdo haber visto una luz brillante ni oír una fuerte voz. Nunca he viajado por una carretera desierta hacia Damasco. Pero sí recuerdo con claridad a Jesús tumbándome de mi cabalgadura y volviéndome hacia la luz. Tuvieron que pasar cuatro semestres, pero el ejemplo de Steve y el mensaje de Jesús finalmente penetraron en mi interior.

Así que si este libro eleva tu espíritu, deberías darle gracias a Dios por mi Ananías, Steve Green. Aun más, deberías escuchar esa voz en tu corazón y buscar en tu mapa una calle llamada Derecha.

—*MÁS ALLÁ DE TU VIDA*

*C*ontrario a lo que hayas escuchado, Jesucristo no se limita a reclutar al valeroso de corazón. El abatido y el afligido son los prospectos primordiales en su agenda, y se le conoce por treparse en canoas, bares y bordeles para anunciar: «No es muy tarde para empezar de nuevo».

—*MI SALVADOR Y VECINO*

*N*ada nos arrastra con más obstinación que un saco de fracasos.

Si pusieras hacerlo todo de nuevo, lo harías de otra manera. Serías otra persona. Serías más paciente. Controlarías tu lengua. Terminarías lo que empezaste. Pondrías la otra mejilla en lugar de darle una cachetada a él. Te casarías primero. No te hubieras casado. Serías honesto. Resistirías la tentación. Pasarías tu tiempo con otro tipo de gente.

Pero no puedes. Y por más que te digas que «lo hecho, hecho está», lo que hiciste no se puede deshacer.

Eso es en parte lo que quiso decir Pablo cuando declaró que «la paga del pecado es muerte» (Ro 6.23). Él no dijo «la paga del pecado es un disgusto» o «la paga del pecado es un día difícil». Tampoco «la paga del pecado es depresión». Léelo de nuevo. «La paga del pecado es muerte». El pecado es mortal.

¿Se puede hacer algo al respecto?

Tu terapeuta te dice que hables al respecto. Entonces lo haces. Traes tu costal a su oficina y vuelcas las rocas en su piso para analizarlas una por una. Y eso ayuda. Se siente bien hablar, y él es amable. Pero cuando termina la hora, tienes que volver a llevarte el saco a cuestas.

Tus amigos te dicen que no te sientas mal. «Todos nos caemos de vez en cuando en este mundo», dicen ellos. «Eso no es nada alentador», dices tú.

Los partidarios del optimismo frente a la vida te sugieren olvidarlo y ser feliz. Eso funciona, hasta que limpias tu espejo y echas una mirada sincera. Entonces lo ves, no se ha ido.

¿Acaso no anhelamos un padre que nos ame a pesar de que nuestros errores estén escritos por toda la pared?

Los legalistas te aconsejan esforzarte para librarte del peso. Una vela para cada roca. Una oración para cada piedrecita. Suena lógico, ¿pero qué pasa si el tiempo se me agota? ¿O si no lo hice correctamente? Entras en pánico.

¿Qué *haces* con las piedras de los tropiezos de la vida?

Cuando Jenna, mi hija mayor, tenía cuatro años, se me acercó con una confesión. «Papi, tomé una crayola y dibujé en la pared». (Admiro la honestidad de los niños.)

Me senté, la puse sobre mi regazo y traté de actuar sabiamente.

—¿Está bien lo que hiciste? —le pregunté.

—No.

—¿Qué hace papá cuando escribes en la pared?

—Me castigas.

—¿Qué piensas que debería hacer papá esta vez?

—Amarme.

¿Acaso no queremos todos lo mismo? ¿Acaso no anhelamos un padre que nos ame a pesar de que nuestros errores estén escritos por toda la pared? ¿No queremos un padre que se interese por nosotros a pesar de nuestros fracasos?

Pues *sí* tenemos esa clase de padre. Un padre que se luce con nosotros en nuestro peor momento. Un padre cuya gracia es más fuerte cuando nuestra devoción es más débil. Si tu costal es grande y pesado, esta emocionante noticia es para ti: tus fracasos no son mortales.

—*SEIS HORAS DE UN VIERNES*

𝒫edro nunca volvió a pescar peces. Pasó el resto de su vida diciendo a todo aquel que lo escuchara: «No es demasiado tarde para intentarlo de nuevo».

¿Es demasiado tarde para ti? Antes de decir sí, antes de desenrollar las redes y dirigirte a casa, hazte algunas preguntas. ¿Le has dado a Cristo tu barca, tu pena, tu dilema sin solución, tu lucha?

¿Le has entregado realmente tu problema a Jesús? ¿Has ahondado en él? ¿Has eludido las soluciones superficiales que puedes ver, en busca de las provisiones profundas que Dios puede dar? Intenta por el otro lado de la barca. Profundiza más de lo que has hecho. Quizá encuentres lo que descubrió Pedro. Lo que obtuvo de su segundo esfuerzo no fueron los peces que atrapó, sino el Dios que vio.

Vio al Dios-hombre que encuentra pescadores cansados, que se preocupa tanto por ellos como para entrar en sus barcas, que da la espalda a la adoración de una multitud para solucionar la frustración de un amigo. Vio al Salvador vecino que susurra a los dueños de redes vacías: «Intenta de nuevo... esta vez conmigo a bordo».

—*Mi Salvador y vecino*

𝒟esde que Eva cosió las hojas de higuera a la medida de Adán, hemos escondido nuestras verdades.

Y con cada generación hemos perfeccionado el arte.

La creatividad de Miguel Ángel palidece comparada con los usos que le da un hombre calvo a unas pocas hebras de cabello. Houdini quedaría asombrado frente a nuestra capacidad para meter nuestras cinturas tamaño leñador en pantalones tamaño bailarina.

Somos maestros del disfraz. Se conducen autos para impresionar. Se compran *jeans* para representar una imagen. Se compran adornos para ocultar un pasado. Se cambian los nombres. Se levantan pesas. Se inventan historias. Se compran juguetes. Se profesan logros.

Y se ignora el sufrimiento. Y con el tiempo, la verdadera identidad queda en el olvido.

Los indígenas solían decir que dentro de cada corazón hay un cuchillo. Este cuchillo gira como las manecillas de un reloj. Cada vez que el corazón miente, el cuchillo gira y avanza. Cuando lo hace, corta el corazón. Entre más gira, más se agranda el círculo. Después de que el cuchillo ha girado una vuelta completa, se ha marcado un camino. ¿Cuál es el resultado? No más daño, no más corazón.

Una opción que tenía el muchacho en la pocilga era entrar en la fiesta de disfraces y actuar como si todo estuviera bien. Podría haber herido su integridad hasta que el dolor desapareciera. Podría haber hecho lo que hacen millones. Podría haber pasado la vida entera en la pocilga fingiendo que era un palacio. Pero no lo hizo.

Algo le dijo que ese era el momento de la verdad, y para la verdad.

Se miró en el agua. El rostro que vio no era nada atractivo: estaba hinchado y enlodado. Apartó su mirada. «No lo pienses más. Tú no eres peor que cualquier otro. Hay un futuro mejor».

Las mentiras esperaban un oído receptivo. Siempre habían encontrado uno antes. «Esta vez no», susurró. Y se quedó pensativo.

«Qué bajo he caído». Sus primeras palabras de verdad.

Miró sus ojos. Pensó en su padre. «Siempre dijeron que tenía tus ojos». Podía ver la mirada de dolor en el rostro de su padre cuando le dijo que se iba.

«Cuánto debí herirte».

Se le partió el corazón.

Una lágrima cayó en la alberca. Otra le siguió al instante. Y otra. Y una más. Entonces se rompió la represa. Hundió su rostro en sus manos sucias mientras las lágrimas hacían lo que saben hacer tan bien: limpiar su alma.

Su cara aún estaba mojada cuando se sentó junto a la alberca. Por primera vez en mucho tiempo pensó en casa. Los recuerdos revivieron el afecto. Recuerdos de risas en la mesa durante la cena. Recuerdos de una cama tibia. Recuerdos de noches en la terraza con su padre cuando escuchaban el canto hipnótico de los grillos.

«Padre». Dijo la palabra en voz alta al tiempo que se miraba. «Siempre han dicho que me parezco a ti. Ahora ni siquiera me reconocerías. Vaya, eché todo a perder, ¿no es así?»

Se paró y empezó a caminar.

El camino a casa era más largo de lo que recordaba. La última vez que lo recorrió, atrajo miradas por su estilo de vestir. Si atrajo miradas esta vez fue porque apestaba. Sus ropas estaban gastadas, su cabello enmarañado y sus pies llenos de mugre. Pero eso no le molestó porque, por primera vez en una larga temporada de sinsabores, tenía una conciencia limpia.

No tenía dinero. No tenía excusas. Ni tenía idea de lo mucho que su padre lo había extrañado.

Iba a casa. Volvía a casa como un hombre transformado. No exigiendo que le dieran lo que merecía, sino dispuesto a recibir cualquier cosa que le ofrecieran. El «dame» se convirtió en un «ayúdame», y en vez de una actitud desafiante, había arrepentimiento.

Vino pidiendo todo sin nada que dar a cambio. No tenía dinero. No tenía excusas.

Ni tenía idea de lo mucho que su padre lo había extrañado.

No tenía idea de las muchas veces que su padre se detuvo en medio de sus labores para mirar hacia el portal en busca de su hijo. El muchacho no tenía idea de la cantidad de veces que su padre se despertó de su agitado sueño, para ir a la habitación del hijo y quedarse sentado en su cama. Y el hijo nunca hubiera creído la cantidad de horas que el padre se sentó en la terraza junto a la silla vacía, mirando, anhelando ver esa silueta conocida, esa forma de caminar, ese rostro.

Cuando se acercaba a la curva que conducía a su casa, ensayó su discurso una vez más.

«Padre, he pecado contra el cielo y contra ti».

Se acercó a la puerta y puso su mano en el cerrojo. Empezó a levantarlo, pero se detuvo. De repente, su plan de volver a casa parecía una tontería. «¿De qué sirve?», se preguntó. «¿Qué posibilidades tengo?» Se agachó, se dio vuelta, y empezó a alejarse.

Entonces oyó los pasos. Oyó el golpeteo de unas sandalias. Alguien estaba corriendo. No se dio vuelta para mirar. *Puede ser un sirviente que viene a ahuyentarme, o mi hermano mayor queriendo saber qué hago de vuelta en casa.* Empezó a retirarse.

Pero la voz que oyó no fue la de un siervo ni la de su hermano. Fue la voz de su padre.

«¡Hijo!»

«¿Padre?»

Se volvió para abrir el portón, pero el padre ya lo había hecho. El hijo miró a su padre de pie en la entrada. Lágrimas corrían por sus mejillas, al tiempo que sacudía en alto sus brazos de un lado a otro invitando al hijo a venir a casa.

«Padre, he pecado». Las palabras se apagaron cuando el joven clavó su rostro en el hombro de su padre.

Los dos lloraron. Por un momento eterno permanecieron en la puerta entrelazados como uno solo. Sobraban las palabras. Se había producido arrepentimiento, se había concedido el perdón.

El muchacho estaba en casa.

—*SEIS HORAS DE UN VIERNES*

*N*o olvides el clásico estudio de caso acerca del valor de una persona que presenta Lucas. Se llama «La historia del sinvergüenza crucificado».

Si alguien había sido indigno, este lo era. Si algún hombre merecía morir, quizá era este hombre. Si alguien había sido un perdedor, este tipo encabezaba la lista.

*Ninguno de nosotros
—ni siquiera el más puro—
merece el cielo más de lo que lo merecía este
sinvergüenza.*

Tal vez por eso Jesús lo escogió para mostrarnos lo que piensa de la raza humana.

Probablemente este criminal había escuchado antes al Mesías. Tal vez había visto su amor por los más humildes. Quizás lo había visto cenar con los vándalos, carteristas, y mal hablados en las calles. O tal vez no. Quizás lo único que sabía sobre este Mesías era lo que tenía en frente en ese momento: un predicador azotado, abatido, colgando de unos clavos. Su rostro ensangrentado, sus huesos asomados entre tejidos rasgados, sus pulmones haciendo esfuerzos por respirar.

No obstante, algo le dijo que nunca había estado en mejor compañía. Y de algún modo comprendió que, aunque la oración era lo único que le quedaba, por fin había conocido a Aquel a quien se debe orar.

«¿Hay alguna posibilidad de que intercedas por mí?» (Traducción libre)

«Puedes contar con eso desde ya».

Ahora bien, ¿por qué Jesús hizo esto? ¿Qué beneficio podía obtener al prometerle a este desesperado un lugar de honor en la mesa del banquete? ¿Qué rayos podía este traidor impertinente ofrecer a cambio? Quiero decir, es comprensible lo de la mujer samaritana. Ella podía volver y contar la historia. Y Zaqueo tenía algo de dinero que podía aportar. ¿Pero este tipo? ¿Qué va a hacer? ¡Nada!

Me da risa porque sé que no merezco esa clase de amor. Ninguno de nosotros lo merece. Si lo pensamos seriamente, cualquier aporte que pudiéramos hacer daría lástima. Ninguno de nosotros –ni siquiera el más puro– merece el cielo más de lo que lo merecía este sinvergüenza. Todos hemos entrado gracias a la tarjeta de crédito de Jesús, no a la nuestra.

También me da risa pensar que hay un ex convicto con cara de felicidad que recorre las calles de oro y sabe más de gracia que mil teólogos. Nadie más le hubiera dado una oración. Pero al final, eso era lo único que tenía. Y al final, fue lo único que necesitó.

Con razón lo llaman el Salvador.

—*Con razón lo llaman el Salvador*

*E*n alguna parte, en algún momento, de alguna manera te has enredado en la basura y luego has tratado de evitar a Dios. Has dejado que un velo de culpa se alce entre tú y tu Padre. Te preguntas si podrás acercarte otra vez a Dios. El mensaje de la carne desgarrada es que *sí puedes*. Dios te espera. Dios no te está evitando. Dios no te resiste. La cortina está caída, la puerta está abierta, y Dios te invita a entrar.

No confíes en tu conciencia. Confía en la cruz. La sangre ha sido derramada y el velo roto. Dios te da la bienvenida con los brazos abiertos.

—*Él escogió los clavos*

𝒯ue como descubrir el premio en una caja de cereal o toparse con una pequeña perla en una caja de botones, o encontrarse un billete de diez dólares en un cajón lleno de sobres.

Era lo bastante pequeño para pasar inadvertido. Tres palabras nada más. Sé que he leído ese pasaje cientos de veces. Pero nunca lo había visto. Quizás lo pasé por alto en la emoción de la resurrección. O tal vez por la brevedad del relato de Marcos acerca de la resurrección no le presté la atención debida. O acaso por ser el último capítulo del evangelio, mis ojos cansados siempre leyeron con demasiada rapidez para notar esta pequeña frase.

Pero no volveré a pasarla por alto. Ya la he resaltado con amarillo y subrayado con rojo. Puede que quieras hacer lo mismo. Mira en Marcos, capítulo 16. Lee los primeros cinco versículos que relatan la sorpresa de la mujer cuando encuentra removida la piedra. En seguida, deléitate con la bella frase pronunciada por el ángel: «No está aquí, ha resucitado» (v. 6), pero no te detengas ahí mucho tiempo. Avanza un poco más. Alista tu lápiz y disfruta de esta joya en el versículo séptimo. El versículo dice: «Pero id, decid a sus discípulos, y a Pedro, que él va delante de vosotros a Galilea».

¿Lo viste? Léelo de nuevo. (Esta vez he puesto las palabras en cursiva.)

«Pero id, decid a sus discípulos, *y a Pedro*, que él va delante de vosotros a Galilea»

Dime si no es este un tesoro escondido.

«No está aquí, ha resucitado... Pero id, decid a sus discípulos, y a Pedro, que él va delante de vosotros a Galilea» (Mr 16.6–7).

Si pudiera parafrasear estas palabras diría: «No se queden aquí, vayan a anunciar a los discípulos», una pausa y luego una sonrisa, «y especialmente a Pedro, que él va delante de vosotros a Galilea».

¡Qué clase de expresión! Es como si todo el cielo hubiera sido testigo de la caída de Pedro, y ahora todo el cielo quisiera ayudarlo a ponerse de pie otra vez. «Asegúrense de decirle a Pedro que no ha quedado fuera. Díganle que un fracaso no es el fin».

¡Asombroso!

Con razón lo llaman el evangelio de la segunda oportunidad.

No existen muchas segundas oportunidades en el mundo actual. Solo pregúntale al muchacho que no hizo el equipo de pelota de Pequeñas Ligas, o al tipo que recibió la carta de despido, o a la madre de tres a quien abandonaron por otra mujer.

No abundan las segundas oportunidades. Hoy día se trata más bien de «ahora o nunca». «Aquí no se tolera la ineptitud». «Toca ser duro para progresar». «No hay mucho espacio en la cima». «Tres intentos y estás fuera» «¡Es la ley de todos contra todos!»

Jesús tiene una respuesta sencilla para nuestra manía masoquista. «¿Es la ley de todos contra todos?», diría. «Entonces no vivas entre los "todos"». Eso tiene sentido, ¿no te parece? ¿Por qué permitir que un montón de fracasados te digan cuán fracasado eres tú?

Por supuesto que puedes tener una segunda oportunidad.

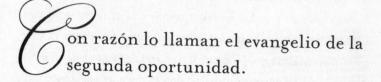

Con razón lo llaman el evangelio de la segunda oportunidad.

Solo pregúntale a Pedro. En un minuto se sentía más bajo que la panza de una serpiente, y al siguiente era el cerdo más importante en el comedero. Hasta los ángeles querían que este echador de redes angustiado supiera que no todo se había acabado. El mensaje llegó con fuerza y claridad desde el trono celestial y por medio de emisarios divinos. «Sin falta díganle a Pedro que tiene otro turno al bate».

Los conocedores de este tipo de temas afirman que el evangelio de Marcos es en realidad las notas transcritas y los pensamientos dictados de Pedro. Si esto es cierto, ¡entonces fue Pedro mismo quien incluyó estas dos palabras! Y si en realidad estas son palabras suyas, no puedo evitar imaginarme al viejo pescador enjugando una lágrima y tragando saliva al llegar a este punto de la historia.

No todos los días tienes una segunda oportunidad. Pedro debe haberlo sabido. La siguiente ocasión en que vio a Jesús, se emocionó tanto que apenas pudo ponerse los pantalones antes de saltar en el agua fría del mar de Galilea. También bastó –según cuentan– para que este aldeano galileo llevara el evangelio de la segunda oportunidad hasta Roma, donde fue asesinado. Si alguna vez te has preguntado qué podría motivar a un hombre a dejarse crucificar de cabeza, puede que ahora lo sepas.

No todos los días encuentras a alguien que te dé una segunda oportunidad. Y mucho menos alguien que te dé una segunda oportunidad cada día.

Sin embargo, Pedro encontró a ambos en Jesús.

—*CON RAZÓN LO LLAMAN EL SALVADOR*

*H*oy le estaba dando gracias al Padre por su misericordia. Y comencé enumerando los pecados que me ha perdonado. Agradecí a Dios por perdonar mis tropiezos y caídas, uno por uno. Mis motivos eran puros y mi corazón estaba agradecido, pero mi entendimiento de Dios estaba equivocado. Y me percaté de ello cuando usé la palabra *recuerdas*.

«¿Recuerdas la vez que yo...?» Estaba a punto de agradecer a Dios por otro acto de misericordia. Pero me detuve. Algo estaba mal. La palabra *recuerda* parecía fuera de lugar. Era la nota desentonaba en una sonata, la palabra mal escrita en un poema. Era un juego de béisbol en diciembre. No encajaba. «¿Acaso Él recuerda?»

Entonces *yo* recordé. Recordé sus palabras: «Y nunca más me acordaré de sus pecados» (Heb 8.12).

¡Vaya! *Esa* sí es una promesa extraordinaria.

Dios no solo perdona, sino que olvida. Borra el tablero. Destruye la evidencia. Quema el microfilm. Vacía la computadora.

Él no recuerda mis errores. Aunque es capaz de todo, esto es algo que se niega a hacer. Rehúsa guardar una lista de mis errores. Cuando le pido perdón no saca una tablilla sujetapapeles y dice: «Pero si ya te he perdonado quinientas dieciséis veces por eso».

Él no recuerda.

«Cuanto está lejos el oriente del occidente, hizo alejar de nosotros nuestras rebeliones» (Sal 103.12).

«Seré propicio a sus injusticias» (Heb 8.12).

«Si vuestros pecados fueren como la grana, como la nieve serán emblanquecidos» (Is 1.18).

No, Él no se acuerda. Pero tú y yo sí. Tú todavía recuerdas. Eres como yo. Todavía recuerdas lo que hiciste antes de cambiar. En el sótano de tu corazón merodean los fantasmas de los pecados del ayer. Pecados que has confesado, errores de los que te has arrepentido, daños que te has esforzado por reparar.

Y aunque eres una persona diferente, los fantasmas aún persisten. Aunque has cerrado la puerta del sótano, todavía te persiguen. Flotan para buscarte, espantan tu alma y te roban el gozo. Te susurran sin palabras y te recuerdan aquellos momentos en los que olvidaste de quién eras hijo.

Aquella terrible mentira.

Aquel viaje de negocios que te alejó del hogar, que te alejó tanto y tanto del hogar.

El momento de tu explosión de ira.

Aquellos años desperdiciados en el hueco de la mano de Satanás.

El día en que te necesitaron pero no acudiste.

Aquel día.

Aquellos celos.

Aquel hábito.

Espíritus de caídas pasadas. Espectros maliciosos que susurran disimuladamente: «¿De verdad crees que has sido realmente perdonado? Claro, Dios olvida la mayoría de nuestros errores, pero, ¿de verdad crees que podría realmente olvidar la vez que...?»

Dios no solo perdona, sino que olvida. Borra el tablero. Destruye la evidencia. Quema el microfilm.

Como resultado, tu caminar espiritual sufre cierta cojera. Claro, todavía eres fiel. Todavía haces todo lo que es debido, y dices las palabras correctas. Pero justo cuando empiezas a progresar, justo cuando tus alas empiezan a extenderse y te alistas para elevarte como un águila, el fantasma aparece. Sale de los pantanos de tu alma y te cuestiona.

«Tu pasado no te permite enseñar la Biblia».

«¿Misionero tú?»

«¿Cómo te atreves a pedirle que venga a la iglesia? ¿Qué pasará si se entera de la ocasión en que caíste?»

«¿Quién te crees *tú* para ofrecer ayuda?»

El fantasma escupe punzantes palabras de acusación, aturdiendo tus oídos a las promesas de la cruz. Y exhibe tus errores en tu cara, bloqueando tu visión del Hijo y dejándote la sombra de una duda.

Ahora seamos francos. ¿Tú crees que Dios envió ese fantasma? ¿Crees que Dios es la voz que te recuerda la putridez de tu pasado? ¿Crees que Dios estaba bromeando cuando dijo «nunca más me acordaré de sus pecados»? ¿Estaba exagerando cuando dijo que hizo alejar de nosotros nuestras rebeliones tan lejos como está el oriente del occidente? ¿Piensas realmente que Él haría una declaración como «seré propicio a sus injusticias» para luego echárnoslas en cara cada vez que pedimos ayuda?

Por supuesto que no. Tú y yo simplemente necesitamos un recordatorio esporádico de la naturaleza de Dios, de su naturaleza olvidadiza.

Dios es el Dios de la gracia
perfecta... o no es Dios.

El amor condicional es contrario a la naturaleza de Dios. Así como va contra tu naturaleza comer árboles y contra la mía que me salgan alas, es contra la naturaleza de Dios recordar los pecados que ha perdonado.

¿Sabes? O Dios es el Dios de la gracia perfecta... o no es Dios. La gracia olvida. Punto. El que es perfecto amor no puede guardar rencor. Si lo hace, entonces no es amor perfecto. Y si Él no es amor perfecto, bien podrías cerrar este libro e ir a pescar porque ambos estamos soñando con cuentos de hadas.

Pero yo creo en su olvido de amor. Y creo que su gracia tiene una pésima memoria.

Piensa en esto. Si Él no olvidara, ¿cómo podríamos orar? ¿Cómo podríamos cantarle? ¿Cómo podríamos atrevernos a entrar en su presencia si tan pronto nos viera recordara nuestro lamentable pasado? ¿Cómo podríamos entrar en la habitación de su trono vestidos con los harapos de nuestro egoísmo y glotonería? No sería posible.

Y no podemos. Lee este poderoso pasaje de la carta de Pablo a los gálatas y vigila tu pulso. Te vas a emocionar. «Porque todos los que habéis sido bautizados en Cristo, de Cristo estáis *revestidos*» (Gá 3.27).

Leíste bien. Estamos «revestidos» de Cristo. Cuando Dios nos mira no nos ve a nosotros, sino a Cristo. Nosotros estamos «vestidos» de Él. Estamos escondidos en Él, cubiertos por Él. Como dice la canción, «vestidos de su justicia y nada más, sin tacha delante del trono».

¿Dices que suena atrevido? ¿Sacrílego? Lo sería si fuera mi idea. Pero no lo es, es idea suya. Somos atrevidos no cuando nos maravillamos ante su gracia, sino cuando la rechazamos. Y somos sacrílegos no cuando pedimos su perdón, sino cuando permitimos que los pecados inquietantes del pasado nos hagan creer que Dios nos perdona pero no olvida.

Hazte un favor. Limpia tu sótano. Exorciza tu bodega. Toma los clavos del Calvario y sella la puerta.

Y recuerda... Él olvidó.

—DIOS SE ACERCÓ

Refrigerio espiritual

Ríos de agua viva

$\mathcal{T}$odo está en silencio. Es temprano. Mi café está caliente. El cielo aún está negro. El mundo sigue durmiendo. El día se aproxima.

En pocos momentos llegará el día. Se acercará rugiendo por las vías al levantarse el sol. La quietud de la madrugada se tornará en el ruido del día. La calma de la soledad se reemplazará por el golpeteo rítmico del paso de la raza humana. El refugio de las primeras horas de la mañana será invadido por las decisiones que tienen que tomarse y las fechas límites que hay que cumplir.

Durante las próximas doce horas quedaré expuesto a las exigencias del día. Ahora es el momento en que debo tomar una decisión. Por causa del Calvario, tengo la libertad de decidir. Así que decido.

Elijo el amor...

Ninguna ocasión justifica el odio; ninguna injusticia autoriza la amargura. Elijo el amor. Hoy amaré a Dios y lo que Dios ama. Elijo el gozo...

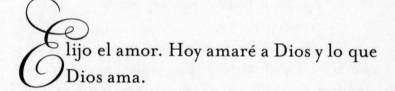

Elijo el amor. Hoy amaré a Dios y lo que Dios ama.

Invitaré a mi Dios para ser el Dios de la circunstancia. Rehusaré la tentación de ser cínico... la herramienta del pensador perezoso. Rehusaré considerar a las personas como menos que seres humanos, creados por Dios. Rehusaré ver en los problemas algo menos que una oportunidad de ver a Dios.

Elijo la paz...

Viviré perdonado. Perdonaré para que pueda vivir.

Elijo la paciencia...

Pasaré por alto los inconvenientes del mundo. En lugar de maldecir al que ocupa el sitio que me corresponde, lo invitaré para que así lo haga. En lugar de quejarme porque la espera es demasiado larga, agradeceré a Dios por un momento para orar. En lugar de cerrar mi puño ante nuevas tareas asignadas, las encararé con gozo y valor...

Elijo la amabilidad...

Seré amable con los pobres, pues están solos. Amable con los ricos, pues tienen temor. Y amable con los malvados, pues de tal manera me ha tratado Dios.

Elijo la bondad...

Prefiero estar sin un dólar antes que aceptar uno de manera deshonesta. Prefiero ser ignorado antes que jactarme. Prefiero confesar antes que acusar. Elijo la bondad.

Elijo la fidelidad...

Hoy guardaré mis promesas. Mis acreedores no se lamentarán de su confianza. Mis asociados no cuestionarán mi palabra. Mi esposa no cuestionará mi amor. Y mis hijos nunca tendrán temor de que su padre no regrese a casa.

Elijo la mansedumbre...

Nada se gana por la fuerza. Elijo ser manso. Si levanto mi voz que solo sea en alabanza. Si cierro mi puño, que solo sea en oración. Si hago exigencias, que solo sean a mí mismo.

Elijo el dominio propio...

Soy un ser espiritual. Luego de que haya muerto este cuerpo, mi espíritu remontará vuelo. Me niego a permitir que lo que se va a podrir gobierne lo eterno. Elijo el dominio propio. Solo me emborracharé de gozo. Solo me apasionará mi fe. Solo Dios ejercerá influencia sobre mí. Solo Cristo me enseñará. Elijo el dominio propio.

Amor, gozo, paz, paciencia, amabilidad, bondad, fidelidad, mansedumbre, dominio propio. A estos encomiendo mi día. Si tengo éxito, daré gracias. Si fallo, buscaré su gracia. Y luego, cuando este día haya acabado, pondré mi cabeza sobre mi almohada y descansaré.

—*Cuando Dios susurra tu nombre*

*I*nstantes eternos. Los has tenido. Todos los tenemos.

Balancearse en un columpio de terraza con un nieto en una noche de verano.

Contemplar el rostro de ella a la luz de una vela.

Poner tu mano en la de tu esposo mientras caminan juntos sobre las hojas doradas y respiran el aire fresco del otoño.

Escuchar a tu hijo de seis años dar gracias a Dios por todo, desde el pez de colores hasta la abuela.

Esos momentos son necesarios porque nos recuerdan que todo está bien. El Rey sigue en el trono y la vida todavía vale la pena vivirse. Los instantes eternos nos recuerdan que el amor sigue siendo la posesión más preciada y que no debemos temer al futuro.

La próxima vez que un instante de tu vida empiece a ser eterno, disfrútalo. Reclina tu cabeza en la almohada y sumérgete en ella. Resiste el impulso de acortarlo. No interrumpas el silencio ni quebrantes la solemnidad. Estás, en un sentido muy especial, pisando un terreno santo.

—*DIOS SE ACERCÓ*

¿*Todavía* puedes recordar? ¿Sigues enamorado de Él? Ten presente, eso imploró Pablo, que recuerdes a Jesús. Antes de recordar cualquier otra cosa, recuérdalo a Él. Si olvidas algo, no te olvides de Él.

Pero, ¡qué pronto olvidamos! Pasan demasiadas cosas a lo largo de los años. Tantos cambios por dentro. Tantas alteraciones por fuera. Y en algún lugar, ahí detrás, lo dejamos. No le damos la espalda... simplemente no lo llevamos con nosotros. Vienen los deberes. Llegan los ascensos. Se hacen presupuestos. Nacen los niños, y el Cristo... el Cristo es olvidado.

Un hombre jamás es el mismo
después de ver simultáneamente
su desesperación y la gracia inquebrantable
de Cristo.

¿Cuándo fue la última vez que te quedaste contemplando los cielos con tal asombro que enmudeciste? ¿Hace cuánto te percataste de la divinidad de Dios y de tu carnalidad?

Si fue hace mucho, entonces debes saber algo. Él sigue ahí. No se ha ido. Debajo de todos esos papeles, y libros, y reportes, y años. En medio de todas esas voces, rostros, recuerdos, e imágenes, Él sigue ahí.

Hazte un favor. Preséntate delante de Él otra vez. O, mejor aún, permítele presentarse delante de ti. Ve a tu aposento alto y espera. Espera hasta que Él venga. Y cuando aparezca, no te vayas. Pon tus dedos sobre tus pies. Pon tu mano en el costado perforado. Y mira esos ojos. Los mismos que fundieron las puertas del infierno y sacaron a los demonios disparados y a Satanás corriendo. Fíjate cómo te miran esos ojos. Nunca serás el mismo.

Un hombre jamás es el mismo después de ver simultáneamente su desesperación y la gracia inquebrantable de Cristo. Ver la desesperación sin la gracia es un suicidio. Ver la gracia sin la desesperación es devoción vana. Pero ver las dos, es conversión.

—*SEIS HORAS DE UN VIERNES*

*A*lgo ocurrió hace unas semanas que podría archivarse bajo la categoría de «Asombroso».

Un sábado por la mañana estaba jugando baloncesto en la cancha de la iglesia. (Un buen grupo se reúne cada semana para jugar.) Algunos son tan atléticos que pueden tocarse la punta de los pies con las manos sin doblar las rodillas, y tocar el aro cuando saltan. El resto de nosotros, cada uno con su correspondiente barriga, ya no podemos hacer ni lo uno ni lo otro. Tocarnos la punta de los pies con las manos ya ha dejado de ser una opción. El desafío que ahora enfrentamos es mirar hacia abajo y vernos la punta de los pies. Nunca tocamos el aro cuando saltamos y rara vez encestamos.

Pero a los de estómago plano no les molesta si jugamos con ellos. (No tienen otra alternativa. Nosotros tenemos las llaves del gimnasio.)

De todos modos, hace unos sábados nos encontrábamos en medio de un juego cuando corrí para coger un rebote. Debí de hacerlo muy lentamente porque alguien se me adelantó y atrapó la bola antes que yo. Y lo único que logré del salto fue un dedo en el ojo.

Cuando logré abrir el ojo, todo lo veía borroso. Mi lente de contacto no estaba donde solía estar. Creí tenerlo en un extremo del ojo. Dejé el juego y me fui al baño. Después de mirarme en el espejo, me di cuenta que no estaba, y que debió caerse en algún lugar en el piso.

Volví a la cancha. Los muchachos estaban en el otro extremo, por lo que el área donde había perdido el lente estaba disponible.

Me arrodillé y empecé a buscar. Nada. Cuando se dieron cuenta de lo que estaba haciendo, me ayudaron a buscar. Los diez estábamos de rodillas, jadeando como perrillos y mojados como caballo de vaquero.

Pero el necio lente no aparecía por ningún lado.

Estábamos por darnos por vencido, cuando alguien gritó: «¡Allí está!» Miré y vi que señalaba el hombro de uno de los jugadores. El mismo cuyo dedo había hecho una exploración un tanto violenta en mi córnea.

Allí, en su hombro, estaba mi lente. Había caído sobre él... se había pegado en su piel... y había permanecido allí mientras él jugaba, brincaba y chocaba con los demás jugadores.

Asombroso.

Más asombroso todavía cuando considera que el lente de contacto hizo todo este viaje de ida y vuelta pegado al hombro de uno de los jugadores atléticos. Uno de esos que tienen el estómago plano, se tocan la punta de los pies y saltan hasta el aro. Si lo hubiéramos encontrado en el hombro de uno de nosotros, los que ya «vamos cuesta abajo», nadie se hubiera impresionado. Algunos de nosotros tenemos la misma agilidad que un búfalo pastando. Pero cuando piensas en las peripecias que pasó ese pequeño pedazo de plástico y en lo extraño de haberlo encontrado, no puede sino pensar en incorporarlo al archivo de las cosas «asombrosas».

Mientras más pensaba en el incidente, más asombroso me parecía.

Y mientras más asombroso me parecía, más descubría sobre cosas asombrosas.

Una de las cosas que aprendí fue que las cosas asombrosas por lo general ocurren en situaciones asombrosas, como por ejemplo, un partido de básquetbol un sábado por la mañana.

Cada día tengo el honor de sentarme con un libro que contiene las palabras de Aquel que me creó... Asombroso.

También me di cuenta que hay más cosas asombrosas ocurriendo que las que generalmente uno ve. De hecho, al empezar a fijarme a mi alrededor, encontré más y más cosas que había etiquetado «era de esperarse» que merecían clasificarse como «bueno... ya sabes cómo».

¿Ejemplos?

Tengo mi dinero en el banco, junto con el dinero de otros miles de personas. ¿Quién sabe cuántas transacciones se hacen cada día? ¿Quién sabe cuánto dinero se deposita y cuánto se saca de allí cada día? Pero de alguna manera, cuando quiero sacar algo de dinero o quiero saber cuánto dinero tengo, el empleado (o el sistema) me puede dar lo que quiero.

Asombroso.

Cada mañana me subo a una camioneta que pesa media tonelada y me dirijo a una carretera interestatal donde –junto a miles de otros conductores– transformamos nuestros vehículos en misiles que viajan a más de cien kilómetros por hora. Aunque he pasado algunos sustos y percances, todavía silbo cuando voy conduciendo a una velocidad que habría hecho desmayar de susto a mi bisabuelo.

Asombroso.

Cada día tengo el honor de sentarme con un libro que contiene las palabras de Aquel que me creó. Cada día tengo la oportunidad de dejarle que me dé uno o dos pensamientos sobre cómo vivir.

Si no hago lo que Él dice, no quema el libro ni me cancela la suscripción. Si no estoy de acuerdo con lo que Él dice, no manda un rayo que parta en dos mi silla giratoria ni hace que un ángel borre mi nombre de su lista. Si no entiendo lo que Él dice, no me dice que soy un tonto. De hecho, Él me dice «Hijo» y en otra página me explica lo que no entiendo.

Asombroso.

Al final del día, al recorrer mi casa, entro al dormitorio de mis tres pequeñas hijas. Muchas veces las encuentro destapadas, así es que arreglo sus cobijas. Cuando sus cabellos ocultan su rostro, se los peino con la mano. Y una a una, me inclino y beso la frente de esos ángeles que Dios me ha prestado. Luego me paro en la puerta y me pregunto por qué a él le ha placido encargar a un tipo tan imperfecto y que tropieza tanto como yo la tarea de amar y guiar a estos tesoros.

Asombroso.

Luego voy y me acurruco en la cama con una mujer muchísimo más sabia que yo... una mujer que merece a un hombre mucho más apuesto que yo... pero una mujer que no estará de acuerdo conmigo en esto, sino que desde lo profundo de su corazón me dirá que soy lo mejor que pudo haberle pasado.

Después de pensar en la esposa que tengo, y cuando pienso que la tengo para toda la vida, muevo la cabeza y doy gracias al Dios de gracia por este privilegio, y digo, *asombroso*.

En la mañana, lo haré de nuevo. Conduciré por el mismo camino. Iré a la misma oficina. Acudiré al mismo banco. Besaré a las mismas hijas. Y me acostaré con la misma mujer. Pero estoy aprendiendo a no tomar a la ligera estos milagros de todos los días.

Solo piense, todo comenzó con un partido de básquetbol. Desde que encontré mi lente de contacto, he empezado a ver las cosas en forma mucho más clara.

*M*uevo la cabeza y doy gracias al Dios de gracia por este privilegio, y digo, *asombroso*.

He venido descubriendo muchas cosas: después de un rato, la congestión de tráfico se termina, las puestas de sol son gratuitas, las ligas menores son una obra de arte, y la mayoría de los aviones despegan y aterrizan a tiempo.

Estoy descubriendo que la mayoría de la gente son buenas personas y que solo son tan tímidas como yo para comenzar una conversación.

Me encuentro con gente que ama a su país y a su Dios y sus iglesias y que darían la vida por cualquiera de las tres.

Estoy descubriendo que si me fijo bien... si abro los ojos y observo... hay muchas razones para quitarme el sombrero, dirigir la mirada a la Fuente de todo y solamente decir, gracias.

—EN EL OJO DE LA TORMENTA

El Cristo de las galaxias es el Cristo de tus lunes. El Hacedor de las estrellas maneja tu itinerario de viaje. Relájate. Tienes un amigo con mucha influencia. ¿Se preocupa el hijo de Arnold Schwarzenegger por la tapa apretada de un tarro de jalea? ¿Se preocupa el hijo de Phil Knight –fundador de Nike–, si se le rompe el cordón de una zapatilla? Si a la hija de Bill Gates no le prende la computadora, ¿entra en pánico?

No. Tampoco tú deberías preocuparte. El Comandante en Jefe del universo te conoce por tu nombre. Él ha caminado por tus calles.

—MI SALVADOR Y VECINO

*U*n capitán sabio cambia la dirección de su barco según la señal del faro. Una persona sabia hace lo mismo.

He aquí las luces que busco y las señales que sigo:

- Ama a Dios más de lo que le temes al infierno.
- Una vez a la semana deja que tu hijo(a) te lleve a una caminata.
- Toma tus decisiones más importantes en un cementerio.
- Cuando nadie te esté mirando, vive como si te estuvieran viendo.
- Que tu primer éxito sea tu hogar.
- No gastes hoy el dinero que ganarás mañana.
- Si te enojas una vez, ora dos veces.
- Si hablas una vez, escucha dos veces.
- Solo guarda rencor cuando veas que Dios lo hace primero.
- Nunca dejes de maravillarte por las puestas de sol.
- Trata a las personas como ángeles; conocerás a algunos y ayudarás a hacer otros.
- Es más sabio errar hacia el lado de la generosidad que hacia el lado de la crítica.
- Dios te ha perdonado a ti; sería sabio hacer lo mismo.
- Cuando no puedas ver la mano de Dios, confía en su corazón.
- Toca tu propia trompeta y las notas sonarán aburridas.
- No te sientas culpable por la bondad de Dios.
- El libro de la vida se vive en capítulos, conoce el número de tu página.
- Nunca dejes que lo importante sea víctima de lo trivial.
- Vive tu liturgia.

En resumen:

La vida es como un viaje en goleta: Disfruta el paisaje. Explora la embarcación. Entabla amistad con el capitán. Pesca un poco. Y luego bájate cuando llegues a casa.

—*EN EL OJO DE LA TORMENTA*

¿*No* te parece increíble que Dios haya reservado un nombre para ti? ¿Un nombre que ni siquiera conoces? Siempre hemos imaginado que conservaremos el nombre que nos dieron. No es así. Imagina lo que eso implica. Al parecer tu futuro es tan promisorio que amerita un nuevo título. El camino por delante es tan brillante que se torna necesario un nombre nuevo. Tu eternidad es tan especial que ningún nombre común servirá.

Así que Dios tiene reservado uno para ti. A tu vida le aguarda más de lo que jamás imaginaste. A tu historia le falta más de lo que has leído. A tu canción le espera más de lo que has cantado. Un buen autor se reserva lo mejor para el final. Un gran compositor guarda su obra maestra para el final. Y Dios, el autor de la vida y compositor de la esperanza, ha hecho lo mismo para ti.

Lo mejor aún no ha llegado.

Y por lo tanto insisto que no te des por vencido.

Y por lo tanto te ruego que acabes el viaje.

Y por lo tanto te exhorto que estés presente.

Asegúrate de estar presente cuando Dios susurre tu nombre.

—*CUANDO DIOS SUSURRA TU NOMBRE*

*L*a religión apacigua, pero nunca satisface. Las actividades eclesiásticas podrán ocultar la sed, pero solo Cristo la apaga. Bébelo a *Él*.

Y bebe con frecuencia. Jesús emplea un verbo que alude a sorbos reiterados. En sentido literal, dice «venga a mí y beba y siga bebiendo». Un solo sorbo no apagará tu sed. Los sorbos regulares sacian las gargantas sedientas. La comunión incesante satisface a las almas sedientas.

Para tal fin, te ofrezco esta herramienta: una oración para el corazón sediento. Llévala como el ciclista lleva su botella de agua. La oración incluye cuatro líquidos esenciales para la hidratación del alma: la obra de Dios, la energía de Dios, su soberanía y su amor.

Señor, vengo sediento. Vengo a beber, a recibir. Recibo tu *obra* en la cruz y en tu resurrección. Mis pecados son perdonados y mi muerte es derrotada. Recibo tu *energía*. Revestido de poder por tu Espíritu Santo, puedo hacer todas las cosas por medio de Cristo, que me fortalece. Acepto también tu *soberanía*. Yo pertenezco a ti. Nada viene a mí sin haber pasado primero por ti. Recibo asimismo tu *amor*. Nada puede separarme de tu amor.

¿Acaso no necesitas sorbos frecuentes de la represa de Dios? Yo sí. Le he ofrecido esta oración en un sinnúmero de situaciones: reuniones angustiosas, días insulsos, recorridos extensos, viajes exigentes, decisiones que someten a prueba el carácter. Muchas veces al día voy al manantial subterráneo de Dios y a cambio de mi pecado y muerte recibo de nuevo su obra, la energía de su Espíritu, su señorío y su amor.

Bebe conmigo de su pozo sin fondo. No tienes que vivir con un corazón deshidratado.

Recibe la *obra* de Cristo en la cruz,

la *energía* de su Espíritu,

su *soberanía* sobre tu vida,

su *amor* inextinguible e infalible.

Bebe hasta lo profundo y bebe con frecuencia, así fluirán de ti ríos de agua viva.

—ACÉRCATE SEDIENTO

*E*n un mundo difícil debido al fracaso humano, hay una tierra exuberante con divina misericordia. Tu Pastor te invita a ir allá. Quiere que te recuestes, que te hundas hasta quedar oculto en los altos pastos de su amor. Allí encontrarás descanso.

—ALIGERE SU EQUIPAJE

Valor ante Dios

Él está loco por ti

«*M*e sacó a la libertad; ¡me salvó porque me amaba!» (Sal 18.19 DHH).

Y pensaste que Él te salvó a causa de tu decencia. Pensaste que Él te salvó por tus buenas obras o buena actitud o por lo bien parecido. Lo siento. Si tal fuere el caso, tu salvación se perdería al opacarse tu voz, o cuando tus obras pierdan su brillo. Hay varias razones para que Dios te haya salvado: para su gloria, para aplacar su justicia, para demostrar su soberanía. Pero una de las razones más dulces que Dios tuvo para salvarte es porque Él te ama. Ama tenerte a su lado. Para Él, eres lo mejor que se le puede aparecer en el camino. «Porque así como un joven se casa con su novia, así Dios te tomará por esposa» (Is 62.5 DHH).

Si Dios tuviera un refrigerador, tu foto estaría en él. Si tuviera una billetera, tu foto estaría en ella. Él te envía flores cada primavera y un amanecer cada mañana. En el momento que quieras hablarle, Él te escuchará. Él puede vivir dondequiera en el universo y elige tu corazón. ¿Y el regalo de Navidad que te envió en Belén? Respóndele, amigo. Él está loco por ti.

—*EL TRUENO APACIBLE*

*E*n mi ropero está colgado un suéter que rara vez uso. Es demasiado pequeño. Las mangas me quedan cortas, los hombros demasiado ajustados. Le faltan algunos de los botones y está deshilachado. Debería deshacerme de ese suéter. No me sirve. Nunca más lo usaré. La lógica dice que debería desocupar el espacio y deshacerme del suéter.

Eso es lo que dice la *lógica*.

Pero el *amor* no me lo permite.

Un detalle singular de ese suéter hace que lo conserve. ¿Qué es lo que tiene de particular? Primeramente, no tiene ninguna etiqueta. En ninguna parte de la prenda encontrarás una etiqueta que diga, «Hecho en Taiwan» o «Lávese en agua fría». No tiene ninguna etiqueta porque no fue producido en una fábrica. No tiene etiqueta porque no fue armado en una línea de producción. No fue confeccionado por un empleado sin nombre ganándose la vida. Es producto de la expresión de amor de una madre devota.

Ese suéter es singular. Único en su clase. No puede ser reemplazado. Cada hebra fue escogida con cuidado. Cada hilo seleccionado con afecto.

Y aunque el suéter ha perdido todo su uso, no ha perdido nada de su valor. Es valioso no por su función, sino por su creadora.

Fuiste deliberadamente planificado, específicamente dotado y amorosamente ubicado sobre esta tierra por el Maestro Artesano.

Eso debe ser lo que tenía en mente el salmista cuando escribió: «Tú me formaste en el vientre de mi madre» (Sal 139.13 DHH).

Piensa en esas palabras. Fuiste formado. No fuiste producto de un accidente. No fuiste el resultado de una producción en masa. No eres el producto de una línea de montaje. Fuiste deliberadamente planificado, específicamente dotado y amorosamente ubicado sobre esta tierra por el Maestro Artesano.

«Porque somos hechura de Dios, creados en Cristo Jesús para hacer las buenas obras que de antemano Dios dispuso que hiciéramos» (Ef 2.10).

En una sociedad que tiene muy poco espacio para segundas categorías, eso constituye una buena noticia. En una cultura donde la puerta de la oportunidad solo se abre una vez y luego se cierra de un golpazo, eso constituye una revelación. En un sistema que determina el valor de un ser humano según las cifras de su salario o la forma de sus piernas, permíteme que te diga algo: ¡El plan de Jesús es motivo de gozo!

Jesús le dijo a Juan que se avecinaba un nuevo reino… un reino donde el valor de las personas no se atribuye según lo que hacen, sino según a *quién* pertenecen.

—*APLAUSO DEL CIELO*

Somos su idea. Somos Él. Su rostro. Sus ojos. Sus manos. Su toque. Somos Él. Mira profundamente en el rostro de cada ser humano sobre la tierra y verás su parecido. Aunque algunos parecen ser parientes lejanos, no lo son. Dios no tiene primos, solo hijos.

—*EL TRUENO APACIBLE*

*C*on Dios en el mundo, no eres ni un accidente ni un incidente; eres un don para el mundo, una obra de arte divina firmada por Dios.

Uno de los regalos más preciados que jamás haya recibido es una pelota de fútbol firmada por treinta *quarterbacks* profesionales. No hay nada singular en la pelota. Hasta donde sé, la compraron en un almacén de descuento de artículos deportivos. Lo que la hace singular son las firmas.

Lo mismo ocurre con nosotros. En el esquema de la naturaleza, los *homo sapiens* no son singulares. No somos las únicas criaturas con carne y pelos, sangre y corazones. Lo que nos hace especiales no es nuestro cuerpo, sino la firma de Dios en nuestras vidas. Somos sus obras de arte. Somos creados a su imagen para hacer buenas obras. Somos importantes, no por lo que hacemos, sino debido a quién pertenecemos.

—*EN MANOS DE LA GRACIA*

*I*magínate, por un momento, en una situación como esta. Tu última hora con un hijo a punto de ser enviado al extranjero. Tus últimos momentos con tu cónyuge agonizante. Una última visita a tu padre. ¿Qué dices? ¿Qué haces? ¿Qué palabras eliges?

Vale la pena resaltar que Jesús escogió la oración. Él escogió orar por nosotros. «Oro por estos hombres. Pero también oro por todos aquellos que creerán en mí mediante la enseñanza de estos hombres. Padre, oro porque todos los que crean en mí sean uno... oro porque estos puedan ser uno en nosotros, para que el mundo crea que tú me enviaste» (Jn 17.20-21, paráfrasis del autor).

Observa que en esta última oración Jesús oró por ti. Tienes que subrayar con rojo y resaltar con amarillo su amor: «Oro también por todos aquellos que creerán en mí mediante la enseñanza». Ese eres tú. Cuando Jesús entró en el huerto, tú estuviste en sus oraciones. Cuando Jesús miró al cielo, estuviste en su visión. Cuando Jesús soñó con el día en el que estaremos donde Él está, te vio allí.

Su oración final fue acerca de ti. Su dolor final fue por ti. Su pasión final fuiste tú.

Luego se da vuelta, entra en el huerto, e invita a Pedro, a Santiago y a Juan para que se acerquen. Les dice que su alma «está muy triste hasta la muerte», y empieza a orar.

Nunca se ha sentido tan solo. Pero lo que tiene que hacerse, solo Él puede hacerlo. Un ángel no puede llevarlo a cabo. Ningún ángel tiene el poder para romper las puertas del infierno. Un hombre no puede hacerlo. Ningún hombre tiene la pureza para destruir las demandas del pecado. Ninguna fuerza en la tierra puede enfrentar la fuerza del mal y ganar, excepto Dios.

Cuando Jesús entró en el huerto, tú estuviste en sus oraciones. Cuando Jesús miró al cielo, estuviste en su visión.

«El espíritu a la verdad está dispuesto, pero la carne es débil», confiesa Jesús (Mt 26.41).

Su humanidad rogó ser librada de lo que en su divinidad podía prever. Jesús, el carpintero, implora. Jesús, el hombre, se asoma al foso oscuro y suplica: «¿No puede haber otro camino?»

¿Sabía él la respuesta antes de formular la pregunta? ¿Abrigaba su corazón humano la esperanza de que su Padre celestial hubiera encontrado otro camino? No lo sabemos. Pero sabemos que pidió ser librado. Sabemos que rogó una salida. Sabemos que hubo un momento en el que, si hubiera podido, habría dado la espalda a todo el desastre y se habría ido.

Pero no podía.

No podía porque te vio. Justo ahí, en medio de un mundo que no es justo. Te vio lanzado en un río de vida que no solicitaste. Te vio traicionado por aquellos a quienes amas. Te vio con un cuerpo que se enferma y un corazón que se debilita.

Te vio en tu propio huerto de árboles retorcidos y amigos dormidos. Te vio mirando el foso de tus propios fracasos y en la boca de tu propia tumba.

Te vio en tu huerto de Getsemaní, y no quería que estuvieras solo.

Quería que supieras que Él también ha estado ahí. Él sabe lo que es ser traicionado. Sabe lo que es sentirse confundido. Sabe lo que significa debatirse entre dos deseos. Sabe lo que es oler el hedor de Satanás. Y tal vez, más que nada, sabe lo que es suplicar a Dios que cambie de opinión y oírle responder, con dulzura pero firmeza: «No».

Porque eso fue lo que Dios le respondió a Jesús. Y Jesús aceptó la respuesta. En algún momento durante esa vigilia, a media noche, un ángel misericordioso visita el cuerpo exhausto del hombre en el huerto. Al levantarse, la angustia desaparece de sus ojos. Su puño se relaja. Su corazón deja de pelear.

La batalla se ha ganado. Tal vez hayas pensado que se ganó en Gólgota. No fue así. Quizás hayas considerado que el sepulcro vacío fue la señal de la victoria. No lo fue. La batalla final se ganó en Getsemaní. Y la señal de conquista es Jesús, en paz, entre los olivos.

Porque fue en el huerto que Él tomó su decisión. Mejor iría al infierno por ti que ir al cielo sin ti.

—*Y LOS ÁNGELES GUARDARON SILENCIO*

*C*uando todos te rechazan, Cristo te acepta. Cuando todos te abandonan, Cristo te encuentra. Cuando nadie se interesa por ti, Cristo te reclama. Cuando nadie está dispuesto ni siquiera a darte la hora, Jesús te dará palabras eternas.

—*EL TRUENO APACIBLE*

«*Porque* Dios hizo que Cristo, que en sí mismo no conocía nada de pecado, en realidad *fuera* pecado por nuestro bien, de manera que en Cristo pudiéramos ser hechos buenos con la bondad de Dios» (2 Co 5.21, paráfrasis).

Nota las últimas cuatro palabras: «la bondad de Dios». La bondad de Dios es tu bondad. Tú eres absolutamente perfecto. Intachable. Sin fallas ni defectos. Inmaculado. Sin rival. Sin desfiguraciones. Incomparable. Puro. Perfección inmerecida y aún así sin reservas.

No es de extrañar que los cielos aplaudan cuando te despiertas. Una obra maestra se ha puesto en acción.

«Shhh», susurran las estrellas. «Miren qué maravillosa es esa criatura».

«¡Guao!», exclaman los ángeles, «qué prodigio ha creado Dios».

Así que mientras tú gruñes, la eternidad se queda sin aliento y maravillada. Mientras tú das traspiés, los ángeles chocan con las estrellas. Lo que tú ves en el espejo como un desastre matutino, en realidad es un milagro matutino. Santidad en bata de baño.

Sigue y termina de vestirte. Ponte los anillos, aféitate la barba, péinate y cubre los lunares. Hazlo. Hazlo por el bien de tu imagen. Para conservar tu trabajo. Para beneficio de los que tienen que sentarse a tu lado. Pero no lo hagas para Dios.

Él ya te ha visto como eres realmente. Y en su libro, eres perfecto.

—*EN EL OJO DE LA TORMENTA*

*L*o que a ti te interesa, también le interesa a Dios.

Probablemente piensas que esto es cierto cuando se trata de asuntos importantes. Cuando se trata de dificultades de grandes ligas como la muerte, la enfermedad, el pecado y algún desastre... sabes que Dios se interesa.

Pero, ¿qué sucede con las cosas pequeñas? ¿Qué sucede con los jefes gruñones, las gomas ponchadas o los perros extraviados? ¿Qué sucede con la vajilla rota, los vuelos atrasados, los dolores de muelas o un disco duro de computadora que ha perdido sus datos? ¿Le importan estas cosas a Dios?

Digo, él tiene que supervisar todo un universo. Mantener a los planetas en equilibrio, vigilar a los presidentes y a los reyes. Hay guerras que le preocupan y hambrunas que debe de solucionar. ¿Quién soy yo para hablarle acerca de mi uña encarnada?

Me alegra que lo hayas preguntado.

Permíteme que te diga quién eres. En efecto, permíteme que proclame quién eres.

Eres heredero de Dios y coheredero con Cristo (Ro 8.17).

Eres eterno como los ángeles (Lc 20.36).

Tienes una corona incorruptible (1 Co 9.25).

Eres un sacerdote santo (1 P 2.5), un tesoro especial (Éx 19.5).

Fuiste escogido antes de la fundación del mundo (Ef 1.4). Tu destino es «loor y fama y gloria, y para que seas un pueblo santo a Jehová tu Dios» (Dt 26.19).

Pero, por encima de todo lo mencionado anteriormente, más significativo que cualquier título o posición, es el simple hecho de que eres hijo de Dios. «¡Fíjense qué gran amor nos ha

dado el Padre, para que se nos llame hijos de Dios! ¡Y lo somos!»
(4 Jn 3.4 NVI).

¡Me encanta esa última frase! «¡Y lo somos!» Es como si Juan
supiera que algunos de nosotros sacudiríamos nuestras cabezas y
diríamos: «No, yo no. Puede ser la Madre Teresa. O tal vez Billy
Graham. Pero yo no». Si eso es lo que sientes, Juan agregó esa frase
para ti.

¡Y lo somos!

Por lo tanto, si alguna cosa es importante para ti, también lo es
para Dios.

—*Todavía remueve piedras*

*E*n el libro de Dios, el hombre se encamina hacia un lugar. Tiene un
destino asombroso. Nos estamos preparando para desfilar por el
pasillo de la iglesia y convertirnos en la novia de Jesús. Vamos a vivir
con Él, a compartir el trono con Él, a reinar con Él. Contamos.
Somos valiosos. Más aún, ¡venimos con nuestro valor incorporado!
Nuestra valía es algo innato.

Como ves, si hay algo que Jesús quiso que todos entendieran fue
esto: que una persona vale por el simple hecho de ser. Por eso trató a
las personas como lo hizo. Piensa en esto. La chica pillada en líos
clandestinos con quien no debía; Él la perdonó. El leproso intocable
que pidió ser limpiado; Él lo tocó. El ciego que estorbaba a un lado
del camino; Él lo honró. Y el gastado y viejo charlatán, en el estanque
de Siloé, adicto a la autocompasión; ¡Él lo sanó!

...Escucha detenidamente. El amor de Jesús no depende de lo que hagamos por Él. En absoluto. A los ojos del Rey, tú eres valioso sencillamente porque eres. No tienes que verte bien ni hacer las cosas bien. Tu valor es innato.

Punto.

Medita en esto un minuto. Eres valioso sencillamente porque existes. No por lo que haces ni por lo que has hecho, sino simplemente porque eres. Tenlo presente. Recuérdalo la próxima vez que te dejen tirado por cuenta de ambiciones ajenas. Recuerda eso la próxima vez que algún embaucador intente poner una etiqueta con precio de ganga sobre tu valía personal. La próxima vez que alguien trate de hacerte pasar por una baratija, tan solo piensa en la manera como Jesús te honra... y sonríe.

—*CON RAZÓN LO LLAMAN EL SALVADOR*

Adoración

Una visión amplia de Dios

El día en que Jesús fue a adorar, su rostro fue cambiado.

«¿Me estás diciendo que Jesús fue a un culto de adoración?»

Así es. La Biblia habla de un día cuando Jesús se dio tiempo para estar con sus amigos en la presencia de Dios. Leamos del día en que Jesús fue para adorar:

> Seis días después, Jesús tomó a Pedro, a Jacobo y a Juan su hermano, y los llevó aparte a un monte alto; y se transfiguró delante de ellos, y resplandeció su rostro como el sol, y sus vestidos se hicieron blancos como la luz. Y he aquí les aparecieron Moisés y Elías, hablando con Él.
>
> Entonces Pedro dijo a Jesús: Señor, bueno es para nosotros que estemos aquí; si quieres, hagamos aquí tres enramadas: una para ti, otra para Moisés, y otra para Elías.
>
> Mientras él aún hablaba, una nube de luz los cubrió; y he aquí una voz desde la nube, que decía: Este es mi Hijo amado, en quien tengo complacencia; a Él oíd. (Mt 17.1-5)

Las palabras de Mateo presuponen una decisión de parte de Jesús de ir a estar en la presencia de Dios. El simple hecho de que escogió sus compañeros y subió a un monte sugiere que esta acción no fue impulso del momento. No fue que una mañana se despertó, miró el calendario y después su reloj, y dijo: «¡Huy! Hoy es el día en que debemos subir al monte». No; tenía que hacer preparativos. Suspendió el ministerio a la gente para que pudiera ocurrir el ministerio a su corazón. Puesto que el lugar escogido para la adoración estaba a cierta distancia, tenía que seleccionar el camino apropiado y seguir la senda correcta. Cuando llegó al monte, su corazón estaba listo. Jesús se preparó para la adoración.

Permíteme preguntarte: ¿Haces lo mismo? ¿Te preparas para la adoración? ¿Qué caminos tomas para subir al monte? La pregunta tal vez te parezca extraña, pero sospecho que muchos de nosotros sencillamente nos despertamos y nos aparecemos. Tristemente actuamos casi a la ligera cuando se trata de encontrarnos con Dios.

¿Seríamos nosotros tan indolentes con, digamos, el presidente? Imagina que recibes una invitación para desayunar el domingo por la mañana en el Palacio Presidencial. ¿Cómo pasarías el sábado por la noche? ¿Te prepararías? ¿Pensarías en lo que vas a decir? ¿Pensarías en lo que vas a preguntar y lo que vas a pedir? Por supuesto que sí. ¿Debemos prepararnos menos para un encuentro con el Dios santo?

Tristemente actuamos casi a la ligera cuando se trata de encontrarnos con Dios. ¿Seríamos nosotros tan indolentes con, digamos, el presidente?

Permíteme instarte a venir a la adoración preparado para adorar. Ora antes de venir para que estés listo para orar cuando llegues. Duerme antes de venir para que puedas estar despierto cuando llegues. Lee la Palabra de Dios antes de venir para que tu corazón esté blando al adorar. Ven con hambre. Ven dispuesto. Ven esperando que Dios te hable.

—*COMO JESÚS*

*A*doramos a Dios porque necesitamos hacerlo.

Pero nuestra necesidad está en un distante segundo lugar, a paso de tortuga, con respecto a la razón más legítima para la adoración.

¿El motivo principal para aplaudir a Dios? Él lo merece. Si cantar alabanzas solo nos desgastara la voz, si ofrendar solo nos vaciara la billetera –si la adoración no hiciera nada por nosotros– aun así deberíamos adorar. Porque Dios merece nuestra adoración.

¿De qué otra forma responderías tú a un Ser de flameante, incontaminada e infinita santidad? Un Ser sin mancha. Sin arruga. Un Ser en quien no hay lugar para un mal pensamiento, un día malo o una mala decisión ¡Nunca!? ¿Qué puedes tú hacer ante semejante santidad sino adorarla?

Y su poder. Él mueve fuerzas que lanzan meteoros, colocan los planetas en órbita, y encienden las estrellas. Ordena a las ballenas expulsar su aire tibio y salobre; a las petunias, que perfumen la noche; y a los ruiseñores, que gorjeen su alegría en primavera. Sobre la tierra, flotillas de nubes se forman y vuelven a formar interminablemente; dentro de ella, quejumbrosos estratos de rocas pugnan unos contra otros. ¿Quiénes somos nosotros para viajar sobre un orbe trémulo y cuajado de maravillas?

¿Y su ternura? Dios jamás ha quitado sus ojos de ti. Ni siquiera por un milisegundo. Él siempre está cerca. Él vive para escuchar el latido de tu corazón. Él adora escuchar tus oraciones. Él moriría por tus pecados antes que dejarte morir en pecado, y así lo ha hecho.

¿Qué puedes hacer tú con semejante Salvador? ¿No le cantarías? ¿No declararás, confesarás y proclamarás su nombre? ¿No doblarás la rodilla, inclinarás la cabeza, trabajarías con sus manos, darías de comer al pobre, y le ofrecerías tus dones adorándole? Claro que lo harías.

Adora a Dios. Alábalo con fuerza y a menudo. Por tu bien. Lo necesitas.

Y, por el amor de Dios, porque Él lo merece.

—*Cura para la vida común*

El propósito de la adoración {es} cambiar la cara del adorador. Eso es exactamente lo que le ocurrió a Cristo en el monte. La apariencia de Jesús se transformó: «Resplandeció su rostro como el sol» (Mt 17.2).

La conexión entre la cara y la adoración es más que coincidencia. Nuestra cara es la parte más pública de nuestros cuerpos, y está menos cubierta que otras áreas. Es también la parte más reconocible de nuestros cuerpos. No llenamos los álbumes escolares con fotografías de los pies de las personas, sino con retratos de sus caras. Dios desea tomar nuestras caras, estas partes expuestas y memorables de nuestros cuerpos, y usarlas para reflejar su bondad. Pablo escribe: «Por tanto, nosotros todos, mirando a cara descubierta como en un espejo la gloria del Señor, somos transformados de gloria en gloria en la misma imagen, como por el Espíritu del Señor» (2 Co 3.18).

Dios nos invita a ver su cara para poder cambiar la nuestra. Usa nuestras caras descubiertas para exhibir su gloria. La transformación no es fácil. El escultor que trabajó en el Monte Rushmore[5] enfrentó un desafío menor que el de Dios. Pero nuestro Señor está listo para la tarea. Le encanta cambiar la cara de sus hijos. Sus dedos hacen desaparecer las arrugas de la preocupación. Las sombras de vergüenza y duda se convierten en retratos de gracia y confianza. Dios afloja las mandíbulas apretadas y suaviza las frentes fruncidas. Su toque puede quitar las bolsas de cansancio de debajo de los ojos y convertir las lágrimas de desesperación en lágrimas de paz.

¿Cómo? Por medio de la adoración.

Esperaríamos algo más complicado, más exigente. Tal vez la demanda de memorizar Levítico en cuarenta días. No. El plan de Dios es más sencillo. Él nos cambia la cara mediante la adoración.

¿Qué es exactamente la adoración? Me gusta la definición que da el rey David: «Engrandeced a Jehová conmigo, y exaltemos a una su nombre» (Sal 34.3). La adoración es el acto de magnificar a Dios, de engrandecer nuestra visión de Él. Es entrar en la cabina para ver cómo se sienta y observar cómo trabaja. Por supuesto, su tamaño no cambia, pero sí nuestra percepción de Él. Conforme más nos acercamos, más grande parece. ¿No es eso lo que necesitamos? ¿Una noción

grande de Dios? ¿No tenemos *grandes* problemas, *grandes* preocupaciones, *grandes* preguntas? Por supuesto. Por consiguiente, necesitamos
una noción grande de Dios.

La adoración ofrece eso. ¿Cómo podemos cantar: «Santo, Santo,
Santo», y que no se expanda nuestra visión? O, ¿qué tal los versos del
himno «Alcancé salvación»?

> *Feliz yo me siento al saber que Jesús,*
> *Libróme del yugo opresor,*
> *Quitó mi pecado, clavólo en la cruz.*
> *Gloria demos al buen Salvador.*[6]

¿Podemos cantar esas palabras y que no se ilumine nuestra cara?

Una cara vibrante, brillante es característica del que ha estado en
la presencia de Dios. Después de hablar con Dios, Moisés tuvo que
cubrirse la cara con un velo (Éx 34.33-35). Después de ver el cielo, la
cara de Esteban relucía como la de un ángel (Hch 6.15; 7.55-56).

Dios está en el negocio de cambiar la cara del mundo.

Permíteme decirlo bien claro. Este cambio es obra de Dios, no
nuestra. Nuestro objetivo no es hacer que nuestras caras brillen. Ni
siquiera Jesús hizo eso. Al decir Mateo «se transfiguró» no está
diciendo que Jesús lo hizo. El verbo en griego indica que la apariencia
de Jesús fue cambiada. Moisés ni siquiera sabía que su cara brillaba
(Éx 34.29). Nuestro objetivo no es hacer algún conjuro para producir
alguna expresión falsa, congelada. Nuestra meta es sencillamente
estar ante Dios con un corazón preparado y dispuesto y entonces
dejar que Él haga su obra.

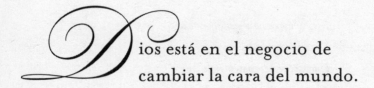

Dios está en el negocio de cambiar la cara del mundo.

Y lo hace. Limpia las lágrimas. Limpia el sudor. Suaviza nuestras frentes fruncidas. Toca nuestras mejillas. Cambia nuestras caras conforme adoramos.

—COMO JESÚS

Dios no existe para hacer de nosotros «la gran cosa». Nosotros existimos para hacer de Él «la gran cosa». No se trata de ti. No se trata de mí. Se trata únicamente de Él.

—NO SE TRATA DE MÍ

Padres, ¿qué están aprendiendo tus hijos de tu adoración? ¿Ven el mismo entusiasmo como cuando van a ver un partido de baloncesto? ¿Te ven prepararte para la adoración como cuando te preparas para salir de vacaciones? ¿Ven en ti hambre al llegar, buscando la cara del Padre? ¿O te ven contento de salir de la manera como llegaste?

Están observándote. Créeme. Están observándote.

¿Vienes a la iglesia con un corazón con hambre de adorar? Nuestro Salvador lo hizo.

¿Puedo instarte a que seas como Jesús? Prepara tu corazón para la adoración. Deja que Dios cambie tu cara mediante la adoración. Demuestra el poder de la adoración.

—COMO JESÚS

$\mathcal{D}$ios tiene una meta: Dios.

«Por mí... para que no sea amancillado mi nombre, y mi honra no la daré a otro» (Is 48.11).

¿Te sorprende? ¿Acaso no es esta una actitud, nos aventuraríamos a preguntar, egocéntrica? ¿No consideramos esta conducta como que Dios se promociona a sí mismo? ¿Por qué Dios se autoproclama?

Por la misma razón que lo hace el capitán de un bote salvavidas. Míralo de esta manera. Estás luchando por mantenerte a flote en un mar oscuro y frío. El barco está hundiéndose. El chaleco salvavidas se desinfla. Las fuerzas se desvanecen. En medio de la espesura de la noche se oye la voz del capitán del bote salvavidas. Pero no puedes verlo. ¿Qué quieres que haga el conductor del bote salvavidas?

¿Que se quede callado? ¿Que no diga nada? ¿Que se acerque con sigilo a los pasajeros que se están ahogando? ¡De ninguna manera! ¡Se necesita volumen! ¡Amplifícalo, amigo! En jerga bíblica, quieres que Él muestre su gloria. Necesitas oírle decir «Aquí estoy. Soy fuerte. Tengo espacio para ti. ¡Puedo salvarte!» Los pasajeros que se hunden quieren que el capitán revele su supremacía.

¿Acaso no queremos que Dios haga lo mismo? Mira a tu alrededor. Gente sumergida en mares de culpa, enojo, desesperación. La vida no funciona. Nos hundimos con rapidez. Pero Dios puede rescatarnos. Y hay un solo mensaje que importa. ¡El suyo! Necesitamos ver la gloria de Dios.

No te confundas. Dios no tiene un problema de ego. *Él no revela su gloria por su propio beneficio. Nosotros necesitamos verla por nuestro propio bien.* Necesitamos una mano fuerte que nos suba en el bote salvavidas. Y una vez a bordo, ¿qué se vuelve nuestra prioridad?

Sencillo. Promocionar a Dios. Declarar su supremacía. «¡Oigan! ¡Hay un bote resistente por aquí! ¡Un capitán experto! ¡Él los puede rescatar!»

Los pasajeros promocionan al capitán. «No a nosotros, oh Jehová, no a nosotros, sino a tu nombre da gloria, por tu misericordia, por tu verdad » (Sal 115.1). Si de algo nos gloriamos, nos gloriamos «en el Señor» (2 Co 10.17).

El aliento que tuviste para leer esa última frase te fue dado por una razón: para que puedas una vez más reflejar «como en un espejo la gloria del Señor » (2 Co 3.18). Dios nos despertó esta mañana con un propósito: «Cantad entre las gentes su gloria, y en todos los pueblos sus maravillas» (1 Cr 16.24).

—No se trata de mí

 Notas

1. Frederick Dale Bruner, *The Churchbook: Matthew 13-28*, vol. 2 de *Matthew: A Commentary by Frederick Dale Bruner* (Dallas: Word Publishing, 1990), p. 534.

2. Jack Canfield y Mark Hansen, *Chicken Soup for the Soul* (Deerfield Beach, FL: Health Communications, 1993), pp. 273-74.

3. C. J. Mahaney, "Loving the Church," grabación de un mensaje de la Covenant Life Church, Gaithersburg, MD, s.f., citado en Randy Alcorn, *Heaven* (Wheaton, IL: Tyndale House, 2004), p. xxii.

4. Charles R. Swindoll, *The Finishing Touch* (Dallas: Word Publishing, 1994), p. 292.

5. {Nota del editor} Monte de Estados Unidos al suroeste de Rapid City, Dakota del Sur, en el que, sobre una pared de granito, se esculpieron los rostros de los presidentes Washington, Jefferson, Lincoln y T. Roosevelt.

6. Horatio G. Spafford, «Alcancé Salvación», traducción de Pedro Grado.

Índice de fuentes

Todo el material de *Lecturas inspiradoras de Lucado* fue publicado originalmente en libros escritos por Max Lucado. Todos los derechos de las obras originales están reservados por Max Lucado. Textos en inglés de los siguientes libros fueron traducidos nuevamente: *And the Angels Were Silent*, *God Came Near*, *It's Not About Me*, *No Wonder They Call Him Savior* y *Six Hours One Friday*.

Índice temático

Acerca del autor

Con más de 100 millones de productos impresos, Max Lucado es uno de los autores más leídos de Estados Unidos de América. Sirve a la iglesia Oak Hills en San Antonio, Texas, donde vive con su esposa, Denalyn, y su dulce aunque travieso perro, Andy.